La 28
28

Carta della Francia e parte d'Italia, dove è lineato di rosso il Viaggio, di cuj in questo diario si fà menzione

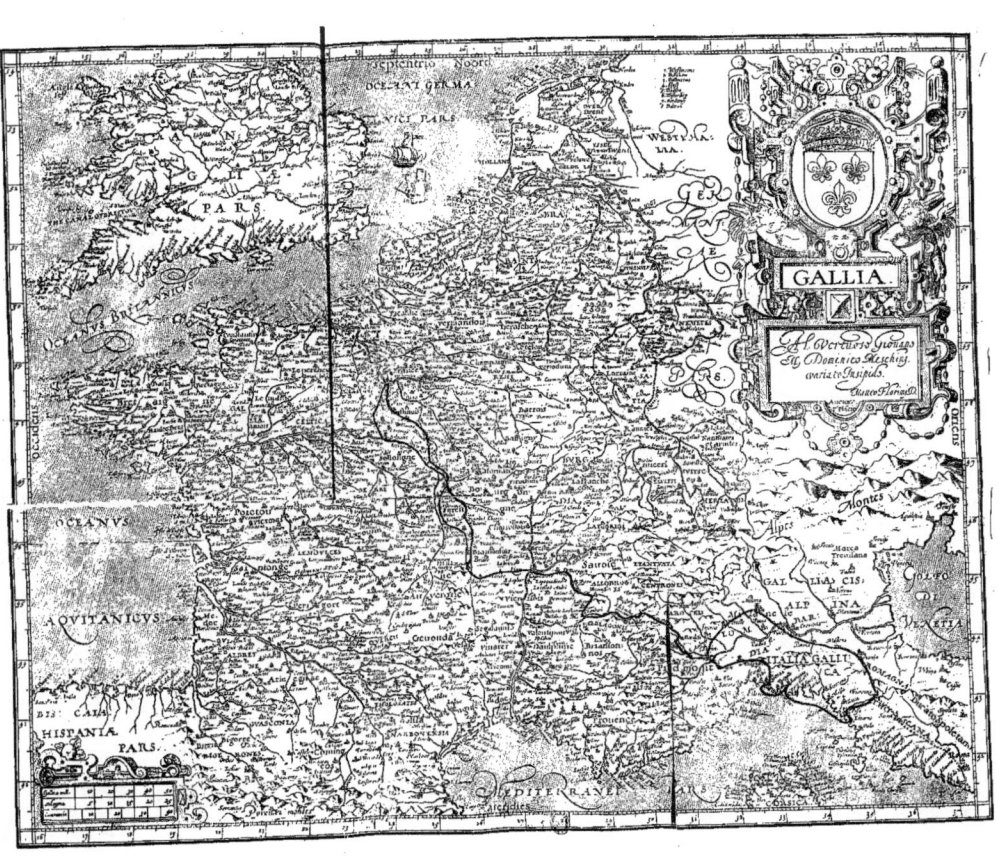

UN' AMBASCIATA.

UN' AMBASCIATA.

DIARIO

DELL'ABATE G. FR.^{co} RUCELLAI

PUBBLICATO

DA

G. TEMPLE-LEADER E **G. MARCOTTI.**

FIRENZE,
TIPOGRAFIA DI G. BARBÈRA.

1884.

Proprietà letteraria.

PREFAZIONE.

Agli intelligenti della storia e della letteratura nazionale parve già degno di lieta accoglienza il nostro *Mercante fiorentino*, dove si illustrava mediante l'inedito e curioso *Zibaldone* di Giovanni Rucellai uno dei più insigni e singolari personaggi di Firenze nel quattrocento. Egualmente inedito e proveniente dalla stessa nobile casata dei Rucellai, il presente *Diario* si riferisce a tempi e ad uomini molto minori: è un prodotto di quel seicento, del quale generalmente si esagerano i torti e le miserie, ma che certo in Toscana come in tutta l'Italia fu un'epoca di fiacchezza e di decadenza in confronto agli splendori e al vigore del rinascimento.

Morta e seppellita la libertà cittadina da parecchie generazioni, si cercherebbero invano nella Firenze del seicento uomini del tipo di Giovanni Rucellai: la discendenza di questo ci dà invece un azzimato abatino, quale occorreva come addetto ad un'ambasciata di complimento. — Il granducato di Toscana nel seicento pesava ben poco sulla bilancia del mondo, mentre nel quattrocento Lorenzo il Magnifico aveva tenuto le redini della politica italiana. Nel quattrocento Firenze aveva affari degni di ambasciatori come il Machiavelli e il Guicciardini: nel seicento il granducato, osservate le esigenze dell'etichetta di corte, aveva si può dire esaurito il suo compito in fatto di politica estera.

L'ambasciata straordinaria affidata da Ferdinando II nel 1643 a monsignor Lorenzo Corsi non aveva altro oggetto che quello di portare le condoglianze del Granduca al re Luigi XIII per la morte della regina Maria de' Medici. Venuto a morte nel frattempo anche Luigi XIII, di girare le condoglianze alla reggente Anna d'Austria e al minorenne Luigi XIV; e giacchè l'ambasciata attraversava gli Stati di Savoia, di partecipare dette condoglianze a Madama Cristina di Francia reggente in Torino, al duchino Carlo Emanuele II in Chambéry. — Tutte le istruzioni si riducevano in sostanza a cercar di ottenere il più possibile e accordare il meno possibile in fatto di etichette, di titoli e di precedenze.

Ma come allora un viaggio a Parigi non era cosa agevole nè frequente, naturalmente chi lo effettuava credeva di dover prender nota dell'itinerario, degli incidenti, di ciò che più colpiva la curiosità circa i paesi, gli uomini e i costumi. Inoltre le corti a cui si presentava l'ambasciata mettevano i componenti di questa in contatto con quelle alte sfere, circa le quali i menomi particolari sembrano interessanti e ai contemporanei e ai posteri. Poi, monsignor Corsi e il suo seguito ebbero a fare in Parigi un lunghissimo soggiorno: quindi l'occasione di visitare minutamente la capitale francese, di addentrarsi nell'osservazione degli usi parigini e della corte borbonica. Infine, essi si ritrovarono colà in un momento storico di grande importanza: quando, ancor calde le ceneri di Richelieu e di Maria de' Medici, venne a morte anche Luigi XIII; e il governo passò alle mani della reggente Anna d'Austria, ossia veramente nelle mani del Mazzarino. Se la missione di monsignor Corsi, estranea agli affari, non era tale da esigere nè da produrre uno studio degli intrighi politici rannodati a quegli avvenimenti, la semplice osservazione superficiale della corte in quei gravi momenti aveva uno speciale interesse.

Il *Diario* dell'abate Rucellai rende di tutto questo un conto quotidiano ed esatto: non è da cercarvi la profondità analitica nè le rivelazioni diplomatiche quali si potrebbero sperare, per esempio, dalla relazione d'un ambasciator permanente di Venezia; non è da cercarvi filosofia della storia o storia dell'economia pubblica: dal suo quadro, leggermente colorito, si acquista però una sufficiente cognizione del come apparivano le persone e le cose. I mezzi di viaggio, le dame e le donne, le funzioni religiose e le feste profane, le etichette e i ricevimenti, la vita quotidiana e gli spettacoli straordinari, sono cose che la storia, quale ora la s'intende, non respinge come materiali insignificanti. — I curiosi particolari intorno alla società milanese, alla corte di madama reale in Torino, al giovinetto Carlo Emanuele duca di Savoia, al passaggio del Moncenisio, alla navigazione sulla Loira, al ritorno per la via di Genova e di Livorno, non sarebbero forse sufficiente motivo per ritenere il presente *Diario* meritevole di pubblicità. Ma la sua parte più importante consiste nella veramente completa descrizione di Parigi, dell' alta società parigina e della corte francese.

Quarant' anni or sono, vennero pubblicate in Germania relazioni inedite d' un' ambasciata di Ussiti, inviata nel 1465 da Giorgio Podiebrad re di Boemia a diversi potenti e secreti suoi alleati per invocarne il soccorso quand' egli fu attaccato dal cattolicismo aggressivo di papa Pio II e dall' ambizione di Mattia Corvino. Le suddette relazioni non rivelavano nulla circa la vera missione politica affidata al barone Leone di Rosmital; eppure furono dagli studiosi e dai curiosi generalmente apprezzate perchè riferivano singolari ed originali particolarità circa la Germania, le Fiandre, l' Inghilterra, la Francia, la Spagna, il Portogallo, l' Italia e l' Austria.

Il *Diario* dell'abate Rucellai si riferisce ad epoca più recente e non abbraccia tanta varietà di costumi: ma in compenso è quasi affatto scevro dagli errori, dai pregiudizi, dalle puerilità che sovrabbondano nelle memorie riguardanti il viaggio diplomatico del barone di Rosmital. — Non brilla per l'acume e per lo spirito come De Brosses e come Montaigne; ma l'abate Rucellai, se registra le messe quotidiane, non corre dietro alle reliquie e a simili superstizioni come gli addetti e i segretari dell'ambasciatore ussita. Il suo resoconto non contiene scene colorite di tornei e di miracoli: nel seicento la compassata severità dell'abito nero, pretesco, alla spagnuola, non ammetteva più le brillanti cavalcate in velluto cremisi, a' ricami d'oro e di perle come nel quattrocento: per disgrazia di monsignor Corsi e dei suoi addetti, le dame e damigelle si contentavano d'inchinarsi cortesemente al forestiero, invece di baciarlo sulla bocca per dargli il benvenuto come usava, per fortuna del Rosmital, non solo alla corte del bello e gaio Edoardo IV d'Inghilterra, ma anche a quella del cupo e sanguinario

Luigi XI di Francia. Il Rucellai visita la corte di Torino che portava il lutto, ritrova in lutto la corte di Francia, vi trova il Re moribondo, assiste alla sua morte e ai suoi funerali: Luigi XIV, che doveva ecclissare col suo splendore le magnifiche reminiscenze della corte di Borgogna visitata dal Rosmital, era un bambino quando riceveva con precoce serietà gli omaggi dell'ambasciata toscana. — Le monache nel seicento non osavano più invitare nei loro chiostri a *mattinate danzanti* i forestieri d'alto rango, nè mostrare, come nel quattrocento ai compagni del Rosmital, gli occhi pieni di fiamme e i piedini ben calzati. — Ma è giusto che ogni opera porti il carattere del tempo e degli autori: la curiosità della verità non deve essere esclusiva: secondo noi, le poche note circa la corte savoiarda sotto la reggenza di *Madama*, la completa descrizione di Parigi e della corte francese nell'interregno fra il Richelieu e il Mazzarino, nella loro prosaica esattezza hanno un valore da non dispregiare.

È vero che circa la storia speciale di Parigi esiste una considerevole massa di pubblicazioni:

il catalogo della *Biblioteca nazionale* di colà classifica sotto questa rubrica circa duemila titoli di opere diverse; e cinquanta pagine vi sono dedicate nella *Bibliografia storica e topografica della Francia*. — Dalla *Fleur des antiquitez de Paris* di Gilles Corrozet nel 1533 fino al recente *Paris, ses organes et sa vie* di Maxime Du Camp si è tanto stampato sul conto di quella colossale città, che non è da cercare delle rivelazioni nel *Diario* del Rucellai. Va però notato che nella massa, di descrizioni di Parigi complete sincrone al nostro *Diario*, la sola che venga citata come di qualche importanza è l'*Itinéraire de Paris* di I. Boisseau: e anche questo non è nulla più se non una *Table alphabétique contenant les noms et situations des choses plus considérables décrites sur le plan de la ville et banlieue de Paris:* la quale fu stampata appunto nel 1643, forse servì di *guida* al Rucellai e ai *camerati* di questo, certo è un libro *rarissimo*, a giudizio dei più accreditati bibliografi. E in ogni modo resta sempre interessante verificare quale impressione facesse agli occhi dell'ambasciata italiana la capitale della Francia; quali fossero colà, a giudizio de' forestieri, le cose più notevoli e più degne di menzione.

Quando monsignor Corsi andava in Francia era già passato e lontano il tempo in cui la leggenda di Leonardo da Vinci spirante fra le braccia di Francesco I simboleggiava onori sovrani accordati alla sovrana arte italiana. — Era tramontata la splendidissima epoca in cui Fra Giocondo costruiva la superba tomba del cardinale d'Amboise, la camera dorata del Parlamento di Parigi e i due ponti sulla Senna per i quali il Sannazzaro lo proclamava veramente *Pontefice*. — Non erano più i tempi in cui per il Re di Francia veniva dipinta da Andrea del Sarto la *Carità*: in cui Benvenuto Cellini faceva i dodici Dei d'argento per la sua tavola, il Giove e il Marte in bronzo per i suoi palazzi, e la potenza del suo genio otteneva sul cuore del Re, altrettanto ardente amico delle arti quanto delle donne, poco minore ascendente che la bellezza di madama d'Etampes. — Non erano più i tempi in cui per lo stesso Re il veronese Matteo dal Nassaro cesellava l'altare portatile della cappella da campo; in cui il Rosso e il Primaticcio riempivano Fontainebleau con opere stupende di pittura, di scultura e di stucco, guadagnandovi principesche entrate di grassi canonicati e di pingui abazie; e intorno ad essi lavoravano il Vignola, il Serlio, Nicolò da Modena, il Ponzio, il Rustici, il Naldini, il Mimi, Ruggero di Bologna, il del Barbiere, il Penni, il Miniati, il Caccianimici, il Bagnacavallo.

Verso la metà del seicento a Parigi soltanto un oscuro scultore, il Bordoni, rappresentava la nostra arte decaduta: e più di lui venivano considerati nella *colonia italiana* il cavallerizzo Arnolfini e Bernardino Imbotti maestro d'armi.

Sul mercato francese non primeggiavano più Firenze colle lane e colle sete, nè Milano colle armi, nè Venezia coi prodotti dell'Oriente; all'Italia non si domandavano più che fiori artificiali, manteche e guanti *alla frangipana*. Un viaggiatore fiorentino del quattrocento avrebbe potuto mostrare i tesori dell'antichità classica nuovamente venuti alla luce: i nostri diplomatici del seicento non potevano vantare altra superiorità fiorentina che quella di saper ballare la *gagliarda*.

Ritornati in Firenze, l'abate Rucellai e i suoi

camerati non avranno certo mancato di raccontare ai loro nobili amici del *casino* di Santa Trinita i particolari delle loro relazioni colle allegre dame torinesi e parigine dal seno scoperto e colle gioviali locandiere; particolari che nel presente *Diario* sono diplomaticamente velati. Ed è da ritenere che l'abatino debba essere stato il benvenuto presso le dame fiorentine, alle quali poteva comunicare un tesoro di preziose osservazioni sopra altri importantissimi argomenti; perchè era già venuto il tempo che il mondo civile guardava a Parigi come a focolare del buon gusto, della moda e dei costumi eleganti. Per l'addietro l'Italia aveva insegnato agli altri anche questo, come aveva insegnato le belle arti, le buone lettere, la politica, la grande mercanzia, la nuova scienza umanista: ma Caterina e Maria de' Medici non erano più: come Richelieu aveva gettato i fondamenti della preponderanza politica francese, già la corte sovrana di Luigi XIV germinava da quella d'Anna d'Austria. L'Italia divisa, dibattuta fra Spagnuoli e Francesi, perdeva il suo carattere, subiva l'etichetta spagnuola e il costume francese.

Ma conviene prendere i tempi come sono e studiarli come sono stati.

D'altra parte, se l'ambasciata di cui presentiamo il *Diario* non aveva un importante compito politico, se i suoi componenti non ottennero un posto di celebrità nella storia, non si può dire che sieno stati tutti uomini insignificanti. L'ambasciatore monsignor Lorenzo Corsi aveva allora quarantadue anni. Fatti i suoi studi a Bologna, a Parma e a Perugia, e addottoratosi, entrò molto giovane nella prelatura romana come abbreviatore: a venticinque anni era già protonotario apostolico partecipante. Compiuti lunghi viaggi in Italia e presso le corti di Francia, di Spagna e di Germania, nel 1637 il principe cardinale Carlo de' Medici gli aveva conferito l'ufficio di suo maggiordomo maggiore. — Aveva dunque l'esperienza d'un sufficiente tirocinio per la missione straordinaria che gli fu commessa dal Granduca nel 1643. Due anni dopo da Innocenzo X gli fu addossato un incarico molto più serio, la vicelegazione, ossia il governo effettivo di Avignone: vi stette otto anni, dimostrando abilità ed energia nel lottare colle fazioni fra i nobili e i popolani di quel territorio. Nel 1656 fu da Alessandro VII creato commissario generale della Sanità in Roma e nel distretto romano: e si può dire che restasse vittima dell'ufficio, giacchè nello stesso anno morì colà di febbri miasmatiche. Fu uomo fastoso come portavano i tempi, la sua nascita e la sua condizione; fu molto dedito alle pratiche religiose come esigeva il suo carattere di ecclesiastico; fu in vita e in morte caritatevole secondo gl'impulsi d'un ottimo cuore; degli studi a sufficienza intelligente cultore da meritare d'essere ascritto fra gli accademici della Crusca.

Giovanni Rucellai, autore del *Diario*, aveva, quando prese parte all'ambasciata, trentacinque anni, portava il titolo di abate, ma non oltrepassò la soglia della carriera ecclesiastica; già da dieci anni si era laureato in diritto civile nello studio di Pisa; dove, oltre le leggi, aveva studiato le matematiche sotto il più grande dei maestri, Galileo. D'ingegno oltremodo versatile, coltivò anche la pittura e in questa fu ritenuto ai suoi tempi come uno dei buoni scolari del Vignali. Per riuscire buon viaggiatore aveva una qualità essenziale, la facilità di apprendere le lingue straniere: non solo conosceva bene il greco, il latino e il francese, ma anche l'inglese, e fino l'arabo e lo slavo. Era eccellente nella musica, anzi aveva una vera riputazione come suonatore di chitarra. Insomma monsignor Corsi non poteva scegliere un più utile nè più piacevole *camerata*. — Nè gli mancavano le doti necessarie a bene esercitare pubbliche funzioni: giacchè in seguito il Granduca lo fece entrare nel Consiglio dei Dugento e poi nel Senato; e gli affidò successivamente il commissariato di Pistoia e quello di Pisa. — Il manoscritto del *Diario* uscì dagli archivi dei Rucellai per mezzo d'una sua discendente, Maria Luisa maritata nei Goggi di Prato, dai quali finalmente venne a mano di Giovanni Temple-Leader che ora lo pubblica.

L'altro Rucellai che partecipò come *camerata* all'ambasciata, Giovan Francesco, era lontano parente di Giovanni e molto più giovine di questi: non aveva allora che venti anni. Si fece conoscere ben presto per uomo di valore, giacchè a soli ventotto anni fu mandato ambasciatore residente a

Venezia. Vi stette tre anni, e ritornato a Firenze diresse al *Serenissimo principe Leopoldo di Toscana* un suo *Discorso intorno alle cause che mantengono la libertà della Repubblica di Venezia*. Egli chiama *libertà* lo stato pubblico dei Veneziani, intendendo libertà da dominio straniero e dal dominio d'un principe. Egli mira col suo discorso a combattere l'opinione allora prevalente, che la *libertà* di Venezia si dovesse alla sapienza, alla fortezza, alla moderazione, alla costanza e alla prudenza dei suoi governanti. Secondo lui le cause sono invece le seguenti: « il sito della città, singolare, forte, opportuno » — una « natural propensione alla libertà » — le « leggi a questa totalmente accomodate, posposto ogni altro rispetto » — « il temperamento regolato della natura dei Veneziani » — « la vita dissoluta da essi praticata. » La qual ultima ragione egli illustra ricordando che era stata fatta « legge nei secoli passati di invitare dalla Germania ad abitare in Venezia le pubbliche meretrici e a proprio loro comodo assegnarli una contrada, ad oggetto di tenere gli animi della gioventù occupati nei piaceri del senso perchè lontani poscia fossero dagli animi loro quegli stimoli generosi, et ammortito avessero quelli spiriti che sollecitando l'animo alla maggioranza li rendono insopportabile l'eguaglianza dei suoi concittadini. La quale usanza ha tal forza anco nei tempi moderni che, mancato il bisogno di far venire le donne dai paesi oltramontani, a quelle che nate et allevate sono a popolar Venezia, dall'autorevole esempio dei più vecchi incitati, i giovani si veggono consacrare i propri affetti. » — Qui mostra il Rucellai che non gli mancava acume, e più ancora dove esamina come prevalesse a Venezia la politica di fomentare nella gioventù l'ignoranza. Non così nel considerare come principalissima fra le cause da lui ricercate *la fortuna*. In genere poi il suo discorso rivela un astio profondo contro il Governo veneto, da cui gli pareva di essere stato poco considerato durante il suo ufficio. Egli era di un carattere molto suscettibile, giacchè andato ambasciatore a Milano nel 1655, si trovò subito a gravi puntigli col duca di Valvados generale spagnuolo; assalito dai bravi di questo ne riportò gravissime ferite: e per di più il Granduca, troppo debole di fronte alla prepotenza spagnuola, fu costretto a richiamarlo, nè più volle servirsene a pubblici uffici.

Ma insomma da quello che i due Rucellai avevano già fatto e da quello che fecero poi si vede che monsignor Corsi si era scelto per *camerati* non soltanto nobili giovani, ma anche giovani capaci, e che intendevano di fare sul serio i primi passi in quel po' di vita pubblica che la signoria granducale consentiva ancora ai suoi sudditi.

Per queste ragioni parve agli editori che valesse la pena di presentare al pubblico il *Diario* del Rucellai, non senza averlo prima diligentemente confrontato con una copia esistente nell'archivio del signor marchese Corsi-Salviati. Giacchè l'ambasciatore monsignor Corsi aveva nel proprio seguito come cameriere e segretario un Bernardino Bianchi, il quale aveva incarico di tenere periodicamente informato il marchese Corsi fratello di monsignore della salute del suo padrone e circa le vicende del viaggio e dell'ambasciata. Quindi, egli inviava ad ogni corriere copia di ciò che di mano in mano veniva registrato nel *Diario*. — Che il Rucellai ne fosse il vero autore o, se volete, sulle comuni impressioni della comitiva il vero compilatore, non è dubbio : sul suo manoscritto si rilevano in molti punti quei pentimenti e quelle correzioni *currenti calamo* che accadono solo a chi scrive di suo : nei fogli inviati dal Bianchi al marchese Corsi si vede l'andatura corrente di colui che copia e che si limita ad omettere o abbreviare i particolari dell'originale da lui giudicati inutili allo scopo d'informazione periodica.

In un solo punto il Bianchi inserì di proprio alcuni particolari trascurati dal Rucellai : e sono particolari di servizio a tavola, quali potevano parere specialmente interessanti a lui, cameriere oltrechè segretario, disdegnati come volgari dal Rucellai gentiluomo. — Di ciò e di alcune altre circostanze contenute nelle lettere che il Bianchi dirigeva, oltre il *Diario,* al marchese Corsi, parve agli editori di dover tener conto come di un opportuno complemento al *Diario,* mediante le *Note* in appendice al volume. E così di dover nelle *Note* registrare alcune indicazioni che servono alla migliore intelligenza del testo.

Anzi il testo potrebbe, volendo, prestarsi ad un abbondante commentario, specie per ciò che riguarda la corte di Francia. Ma, a che pro accumulare le note riproducendo quello che è generalmente notorio ? A merito della lingua e della letteratura francese, e anche dell' influenza esercitata dalla Francia sul mondo civile, non c' è forse storia più universalmente popolare che la storia moderna di Francia, non escluse le minuzie e neppure le frivolezze. Un poco per le gravi e solenni narrazioni, un poco per le ghiotte e pittoresche memorie, un poco per i romanzi più o meno storici, non solo Luigi XIII e Luigi XIV, non solo Richelieu e Mazzarino, non solo Maria de' Medici e Anna d'Austria, non solo i principi del sangue e i bastardi reali, ma anche i minori personaggi coi quali si trovò a contatto l'ambasciata di monsignor Corsi non hanno bisogno di illustrazione. Il vescovo di Beauvais e lo Chavigny fra i ministri; Bouteiller, Bellièvre e Séguier fra i magistrati; fra i militari Condé, Schomberg, La Force; fra i cortigiani Bassompierre, il duca di Beaufort, il duca di Mercœur, il conte di Brienne e il capitano Guiteau.... sono tutte figure principali o secondarie nella storia, ma tutte conosciutissime. Così la duchessa d'Aiguillon, la duchessa di Guisa, la duchessa di Montbazon, la principessa di Guémené, la duchessa di Longueville, madamigella di Rohan, madamigella d'Orléans, la duchessa d'Orléans, la contessa di Brienne, madama di Bellièvre, la duchessa di Nemours, madamigella d'Elbeuf, la principessa di Condé, la duchessa d'Enghien, formano una galleria femminile altrettanto seducente quanto *importante* (per adoperare una parola allora e colà di moda nel mondo degli intrighi politici): ma basta percorrere le *Memorie* del cardinale di Retz per trovarne così maestrevolmente delineati i medaglioni, da scoraggiare qualunque velleità di riproduzione imitativa.

Invece, non si trascurò di riprodurre una carta della Francia, che lo stesso Rucellai aveva inserita nel suo manoscritto indicandovi l'itinerario dell'ambasciata; e le noterelle del Rucellai relative alla strada percorsa e alle spese del viaggio. Per di più, s'inserì il fac-simile dei passaporti quali usavano in quel tempo. Infine si osservò nella stampa la maggior possibile fedeltà all'originale. Insomma si ebbe in mira di conservare al *Diario* il carattere del tempo anche nei suoi accessori, ben sapendo che gli studiosi e i curiosi del passato più facilmente perdonano lo scrupolo minuzioso di quello che approvino l'arbitrio anche felice.

VIAGGIO DI FRANCIA

OVERO

DIARIO

DESCRITTO DA GIOVANNI RUCELLAI

MDCXLIII.

Diario o uero Relatione di uiaggio di M.sg Lorenzo Corsi spedito Ambasciatore strasordinario dal S.^{mo} Gran Duca di Toscana Ferd.° II° al Re Chs.^{mo} Lodouico XIII° in condoglienza per la morte della Regina sua Madre

MARIA DE MEDICI

al quale Ambas.^{re} conuenne complire poi per la morte del Re Chs.^{mo} Lodouico XIII° seguita li 14 di Maggio con il nuouo Re Lod.° XIIII° et Anna d' Austria Regina reggente, e passare con Lor Maestà tutti a due questi ofizi insieme, l' anno 1643 si come ancora con il Duca e Duchessa di Sauoia descritto da Gio. Rucellai.

Se bene il Ser.^{mo} Gran Duca di Toscana haueua fatto complire dal sig.^r Conte Ferdind.° de Bardi suo gentilhuomo residente alla Corte Christss.^a con il Re, uolse niente di meno spedire espresso Ambasciatore a Sua Maestà per la condoglienza della morte della Regina sua Madre Maria de Medici, e perciò elesse a tale effetto l' Alteza sua Monsg.^r Lorenzo Corsi Protonotario Apostolico participante, suggetto qualificato per l' esperienza, e talento con il quale adorna altre infinite sue qualità, e fattoli intendere per il sig.^r Caualiere Gio. Batis.ᵗᵃ Gondi P.ᵐᵒ Segretario di Stato l' eletione fatta della sua persona per tale Ambasceria, l' impose similmente si douesse mettere al ordine di quanto bisognaua per fare il uiaggio, mentre in tanto egli medesimo andaua distendendo la sua instrutione con quanto fussi necessario per la speditione.

Riceuuto il sopra detto comandamento e publicatasi tal dichiaratione Mong.ʳ fu a renderne gratie a S.ᵃ A.ᵃ quale li soggiunse che poteua pensare a prouuedersi di Gentilhuomini Camerati rimettendo ciò al suo arbitrio pensando solo l' Alteza sua di dargli un Segr.° che spediua in Spagna quale l' hauerebbe seruito e di Secretario, e di Gentilhuomo Camerata al pari de quali desideraua lo trattassi fece dunque Mong.ʳ eletione di quattro Camerate cioè

il sig. Luigi Antinori
il sig. Lorenzo Capponi
il sig. Gio. Fran.ᶜᵒ Rucellai
et il sig. Abb.ᵗᵉ Gio. Rucellai che poi fu Sen.ʳᵉ
l' anno 1663

e stabilito il numero della famiglia che seco per suo seruitio uoleua condurre, cioè sig. Romualdo Cecchi, Auditore, e Cappellano, Pietro Spinaldi maestro di casa, Pier Fr.ᶜᵒ Pierattini Coppiere, e Cameriere, Bernardino Bianchi Cameriere, e Segretario, un Paggio, un Furiere, e Corriere di Sua Alteza S.ᵐᵃ tre Staffieri, et un Cuoco, e quattro camerieri delle soprad.ᵉ sig.ᵉ Camerate, in tutto n.° 18 persone.

Il dì 11 Gennaio 1642 uenne il sig. Caualiere Gondi

a uisitare Mong.ʳ in sua casa per consegnarli come fece d'ordine di Sua Alteza S.ᵐᵃ la sua instrutione con il dispaccio per la sua imbasciata dandoli insieme un mandato di ducati millecinq. cento, solito darsi da S. A.ᶻᵃ per il uiaggio; li disse in oltre che poteua ogni uolta incamminarsi uerso Parigi per eseguire quanto Sua Alteza limponeua.

Haueua di già uestito tutta la sud.ᵃ sua famiglia di bruno alla franzese di panno nero, andò il dì 13 di Gennaio dal Gran Duca, Gran Duchessa, e SS.ᵐⁱ Principi a licentiarsi con tutte le sue camerate essendo stato riceuuto dal Gran Duca, e Gran Duchessa sotto il baldacchino.

Il dì 17 fece la deuotione della San.ᵐᵃ Comunione, con tutta la sua famiglia, e comitiua in San Michele.

La mattina de 18 di Gennaio in Domenica udita la Messa in sua casa doue uenne quasi tutto Firenze a darli il buon uiaggio, e preso licentia montò in una sua carroza a sei con le ssg.ʳᵉ Camerate, et il sig.ʳ Baldacchini, seg.ʳⁱᵒ datoli da S. A. S., e s'incamminò su le 19 hore uerso la porta a San Gallo accompagnati da quantità di carroze di amici, che lo seruirono sino al ponte Rosso quiui fatto il complimento con tutti i sig.ʳⁱ montò Sua Eccellenza a cauallo con tutta la sua comitiua per alla uolta di Bologna, Milano, Turino, Chiamberì, Lione, e Parigi conforme era l'ordine di Sua Alteza, et andandosi con tempo bellissimo ancor che la notte antecedente, con molti giorni addietro fusse sempre piouuto, si passò Luccellatoio Osteria, e scesi in una uallicella si guazò alcune uolte il fiume Garza lungo il quale camminandosi buon pezo trouammo s'un la man sinistra la bella forteza di san Martino posta in una collinetta che uerso Leuante guarda una bellissima pianura, sotto le radici dell'Alpi hauendo per altre parti diuerse collinette, e per parte di tramontana le medesime Alpi, la quale forteza, e posta sopra S. Pier a Sieue, doue arriuammo di buon hora, luogo destinato per la posata, doue si stette comodamente alloggiati. Teneua Sua Eccell.ª ordine che in passando di Bologna non entrasse nella città, spedì però a questo effetto, questo medesimo sig.r il suo Coppiere a quella uolta con lettere del sig.r Conte Alessandro Bentiuoglio per procurarli un alloggio per il suo arriuo fuor della città, impose anco al medesimo Coppiero li procacciasse 4 carroze per condursi a Milano, pensando lasciare, a Bologna i caualli e la lettiga.

A dì 19 Gennaio Lunedì Giornata 2.ª

Essendo la notte passata neuicato assai bene la mattina fattasi una buona leuata partimmo con buonissimo tempo di San Piero a Sieue, e passati Scarperia cominciammo a salire il giogo doue si trouò moltissimo diaccio, e neue, che rendeua non così facile il nostro cammino, e passati con buon tempo, e senza uento, allo scender della montagna trouammo il fiume Uiola che si guadò alcune uolte uicino a Firenzuola, doue arriuati si desinò et il Potestà uenne a uisitare S. Eccel.ª: dopo desinare si rimontò a cauallo, e salendo la Radicosa, a sette miglia di cattiua strada, trouammo Pietra Mala Osteria della Posta, e poco dopo le Filicaie, che distingue i confini fra S. A. et il Papa, di doue caminando sempre per cattiuissima strada con neue e diaccio la sera sul tardi s'arriuò a Scarica l'asino, et hauendo S. E. per essere il luogo sterile, fatto intendere anticipatamente al P. Ab.te del Monistero degl'Oliuetani, che è quiui che uolentieri hauerebbe accettato il fauore del alloggio, smontò al detto Monastero, trouandoui preparato per se, e per tutta la sua famiglia doue si stette con assai buone comodità eccetto, del uino che fu cattiuissimo. Il sig. Ambas.re tenne a cena seco il P. Abate.

A dì 20 Gennaio Martedì giornata 3.ª

Partita di Scarica l'asino S. E. camminando sempre per monti con diaccio, e neue trouammo Loiano osteria grossa e passati auanti con dificultosa strada arriuammo a Pianoro osteria buona, doue si rinfrescò a cauallo, e quiui si guadò il fiume Saula et hauendo camminato buon pezo di strada lungo la riua del detto fiume, trouammo il Coppiere di Sua Eccl.ª che haueua di S. Piero a Sieue spedito a Bologna per prouueder le carroze per Milano con auuiso d'hauerle prouuedute, e del alloggio che haueua preparato i Padri della Certosa per fauor delle lettere dell' sig. Conte Alessandro Bentiuogli, et arriuati alle porte della città di Bologna, non entrammo ma si pigliò il cammino dietro le mura di essa sopra delle quali ogni tanto d'interuallo si uedeuano sentinelle, che guardauano dette mura in guisa di forteza per la guerra col Duca di Parma. Non seguitarono tutte le camerate il sig.r Ambas.re essendo rimasti in Bologna il s. Luigi Antinori, il sig.r Gio. F.co Rucellai et il sig. Mario Baldacchini, a quali S. E. concesse licenza per sodisfare alle loro curiosità di ueder la città. Il sig.r Ambasciatore scaualcò al Conuento della Certosa un miglio discosto da Bologna doue si trouò buonissimi preparamenti per esser que padri preuenuti della uenuta di S. E. dalla lettera del sig. Conte Ales.dro. S. E. non posò in Bologna per obbedire al comando di S. A. S. Il conuento della Certosa è assai ben grande, e qui ui si uidde alloggiata una compagnia di caualli comandata dal sig. cap.o Rapaccioli da Ministri del quale ci fu fatto cortesia, e nel ingresso del conuento si trouoron tutti i soldati in parata alla porta, che con l'armi alla mano salutorono l'Ambas.re. La sera a cena che fu fatta da quei Padri a spese del sig. Conte Aless.o Bentiuogli lautissima, il tromba della detta Compagnia di caualli fece alcune sonate, e S. E. li fece dar buona mancia.

A dì 21 Mercoledì 4ª Giorn.ta

Uenute le carroze al conuento dopo hauer fatto quiui un poca di colatione su le 18 hore S. E. con le sig.ʳ Camerate et il s. Baldacchini montò in una di esse, e si piglio il cammino uerso Modana a un miglio si passò il fiume Reno sopra del quale è un ponte di 24 archi, e dopo alquanto di strada si uidero le Prata di sala doue il S. Duca di Parma fece la mostra e li posò la notte quando passò su lo stato della Chiesa. Per le strade si trouorno diuerse rouine fatte dal insolenza, et impeto de suo soldati, e passando auanti con bellissimo tempo si trouò un osteria detta il Lauino doue S. E. uolse rinfrescarsi per hauer nome di bonissimi uini. Circa otto miglia discosto da Bologna si riscontrò il sig. Bastiano Antinori di ritorno da Modana doue era andato Ambasciatore del s. Card.ˡᵒ Antonio Legato di Bologna; nel passar del quale non si fermorno le carroze, solo camminando esse si salutorno semplicemente: a dieci miglia discosto da Bologna si trouò la Samoggia Osteria doue Sua E.ᵃ haueua destinata la posata, e quiui smontati si trouò la detta Osteria tutta mal al ordine, rispetto al esterminio che di fresco haueua patito dalla scorreria del s. Duca di Parma. Nella detta osteria era alloggiata una compagnia di soldati del Papa che rese scomodissimo il nostro alloggio; il s. Amb.ʳᵉ spedì di quiui a Modana al s. Bartolommeo Ugolini Imbasciatore del Gran Duca a quella Corte, il suo furiere dicendoli che sarebbe passato di quiui a desinare ma che non gli facesse incontro di sorte alcuna tenendo ordine di passare incognito.

A dì 22 Gennaio Giouedì 5ª Giornata.

Fatta una buona leuata il s. Amb.ʳᵉ dalla Samoggia s'incamminò uerso Modana, e si trouò Castel franco luogo del Papa circa a 4 miglia di cammino, nel quale partitamente e per il contorno erano circa 20 Comp.ᵉ di fanteria, sotto il comando del sig.ʳ Marchese Mattei, dal quale bisognò procurar licenza di poter passare lungo il forte Urbano forteza ben munita, et hauendo S. E. mandato il suo Auditore dal detto sig. Marchese per la licenza la concesse subito; s'udì Messa in Castel franco, e si passò lungo la detta forteza, e dopo buon pezo di strada si trouò il fiume Panaro che separa i confini dello stato della Chiesa da quello di Modana, su le riue del fiume dal una parte, e l'altra si uiddero soldati a cauallo che guardauano in forma di sentinelle ciaschuno il suo confine, essendoui spartite al intorno Compagnie di caualli da una parte, e l'altra, a tal effetto per scorrere, e questo per li correnti romori. Noi montati in barca di là dal fiume si uidde il sig.ʳ Amb.ʳᵉ Ugolini, con il sig. Marchese Guicciardini, et il sig. Mar.ˢᵉ Bellinzini, che con quattro carroze una a sei, et il resto a quattro erano uenuti a riscontrare S. E. et entrati in carroza S. E. in primo luogo, nel 2° il sig. Amb.ʳᵉ Ugolini, nel 3° il sig. Mar.ˢᵉ Guicciardini, nel 4° il sig. Lorenzo Capponi, e nel 5 il sig. Mar.ˢᵉ Bilanzini, condussero il s. Amb.ʳᵉ incognito in Modana; et andò a smontare in casa il sig. Amb.ᵣₒ Ugolini, e con S. E. andorno le ss. Camerate, e s. Baldacchini, e delli seruitori solo il Coppiere, et il paggio per seruire a tauola. Il resto della famiglia si posò al Osteria. In Modana si uidde il sig.ʳ Duca a piedi mascherato con comitiua di 25 o 30 suoi gentilhuomini. Si uidde la forteza nuoua fatta da questo Duca assai bella, e nella città ui si trouò dimolta caualleria, essendo anco in buon numero diuisa per i contorno di fuori, e per quell poco si dimorò in Modana, si uidde la città assai bene sporca, e buia. Si uidde il Duomo fatto alla Gotica con tre naue assai malinconico lungo passi 80 e largo la naue di mezzo passi 15 e laltre passi 8 e nel Altar Maggiore e il corpo di S. Geminiano protettore della città il campanile e assai alto e bello e tutto di marmi.

Per di fuori da un lato della chiesa uicino al tetto sta di basso rileuo una figuretta di marmo rappresentante il famoso Potta da Modana.

Il s.ʳ Duca ha 4 fratelli, cioè il Card.ˡᵉ i principi Cesare, Carlo Aless.º e Filiberto, tre pro zij Luigi, Ipolito e Borso, dua zie Giulia, e una monaca, dua figliuoli maschi Alfonso, e Almerigo, tre femmine Isabella, Leonora et Adelaide.

La città gira quasi tre miglia con 4 porte e fa per l'arme una croce turchina in campo d'oro e fa circa $\frac{m}{15}$ anime.

Il sig. Amb.ʳᵒ fattoli forza dal sig. Amb.ʳᵒ Ugolini desinò in sua casa insieme con le ss. Camerate, e s. Baldacchini, dopo hauere riuerito la s.ª Ambasciatrice,

quale parimente desinò a tauola nel primo luogo, e
S. E. a lato, era anco a tauola il sig. Marchese Guicciardini, et il s. seg.^{rio} Tartaglini, dopo desinare riceuuendo S. E. le uisite dalli ss. Capitani Uincentio
Capponi, e s. Portigiani, e fatto complimenti con la
sg.^{ra} Ambasciatrice si licentiò, e saliti nel istessa carroza della mattina con il medesimo ordine detti sig.^{ri}
accompagnorno il s. Amb.^{re} un miglio fuor di Modana
doue S. E. entrato nella sua carroza s'inuiò alla uolta
di Marsiglia osteria della posta a 8 miglia da Modana,
doue si posò con cattiuissimo alloggio.

A dì 23 Uenerdì Giornata 6.ª

Dall'osteria di Marsiglia fatta una buona leuata
S. E. s'incamminò uerso Reggio a desinare, et a buon
pezo di cammino si trouò Rubbiera luogo del s. Duca
di Modana in forma di forteza, cinto di fosse attorno
e passati auanti si trouò Reggio doue si desinò, iui
si trouò il s. cap.º Cellesi con una compagnia di caualli
che passaua a Firenze, e con esso s'andò alla Messa
nella Chiesa della Madonna ueramente ricca di pietre,
e di belle pitture, e stucchi dorati assai grande in
forma di croce, e dopo la Messa andato alquanto a
spasso per la città doue la diligenza delli habitatori
in una minutia ci si mostrò grande cioè che alcuni
huomini andauano con una spazola, et una cassetta
raccogliendo il salnitro ch'era attaccato per le mura
delle case nella strada, si andò a desinare al'Osteria,

doue fummo trattati assai bene, et il detto sig. Cap.º Cellesi desinò con il sig. Amb.ʳᵉ. Leuati da tauola e uisto partire la detta compagnia si montò in carroza per la uolta di Parma. In Reggio ui era il s. Principe Cesare Gour.ʳᵉ della città et il s. Principe Hipolito suo zio, che habita fuor del Castello per suo gusto, e non si uiddero. Il sig. Amb.ʳᵉ sentendo essere in Parma il sig. Duca, destinò la posata a 3 miglia uicino a essa, in un Osteria detta il Ponte a L'enza, e questo per sfuggire il sig.ʳ Duca per l'ordine che teneua. Nella detta Osteria si trouò pessimo alloggio, a segno che al s. Amb.ʳᵉ e ss. Camerate conuenne dormire in terra con materasse sopra del fieno per esserci penuria di letti, lasciando considerare a chi legge come poteua stare la seruitù, per passare il quale ponte ci è un datio di tre, o quattro soldi di quella moneta per persona, a piedi, o a cauallo o in carroza il detto fiume ha un gran letto e per le crescenze del acque a proportione hanno fatto il ponte che è di archi 26. Auanti s'arriui alla detta Osteria ad un trar di mano è una casaccia che distingue i confini di Modana, e Parma, et in capo al ponte sta l'affittuario che risquote il datio per il Duca di Parma. Per la strada da Reggio a l'osteria del Ponte a L'enza si uedeuano di luogo in luogo coraze acquartierate per quei uillaggi. La Chiesa della Madonna di Reggio è ufitiata da Padri Seruiti. Si uedde nel Duomo una bellissima tauola di un S. Luca di mano di Anibale Caracci pittore famoso.

A dì 24 Sabato Giornata 7ª.

Partito dalla detta Osteria S. E. arriuò di buon hora a Parma, alle porte della quale li Ministri di quel Duca, mentre il s. Amb.ʳᵉ uoleua passare incognito, non uolsero che per la città si portassero le pistole, et archibusi che haueua seco, che li condussero al altra porta. S. A. era in Parma ma non si uidde. S. E. con le Camerate smontorno di carroza et andorno incognitamente a piedi uedendo la città quale è molto bella, e tutta in forteza si uidde il palazo del Duca cominciato a fabricare molto alla grande con due grandissimi cortili ma però non finiti doue appunto in tal mattina si daua la mostra a ottocento dragoni, e dieci compagnie di fanteria, si uidde il Duomo chiesa assai bella ma però non troppo grande, e famosa per la cupola dipintaui dal Coreggio quale adesso si comincia a scortecciare si uiddero anco bellissime tauole in S. Gio. A tre miglia da Parma si passò in barca il fiume Taro, doue si paga il datio di 3 giuli per carroza, e seguitando il cammino di miglia dodici si desinò a S. Donnino città assai ordinaria, doue parimente si uiddero coraze e fanteria. Quiui s'hebbe auuiso ch'erano stati assassinati, e morti passeggieri, onde si camminò ben prouuisti d'arme meglio che si potè. Montati in carroza dopo desinare s'auanzò il cammino uerso Firenzuola senza intoppo ueruno e passati per il Castello fuori di esso si trouò l'osteria della Posta, nella quale s'era ordinata la posata, e quiui smontati si stette ragioneuolmente. E sempre per quei contorni si uedeuano coraze, e fanterie acquartierate che erono quelli che assassinauano i uiandanti hauendo questo medesimo giorno ammazati dua contadini e per la uia si uedeuano case abbandonate per le straneze di questa soldatesca.

A dì 25 Domenica Giornata 8ª.

Partito di buon hora da l'hosteria di Firenzuola S. E. dopo dodici miglia di cammino si trouò Piacenza bellissima città e pure anco essa in forteza, e sentito messa in una Chiesetta uicino alla porta senza fermarsi punto si seguitò il cammino, se bene smontati a piede, pure incogniti per che ci era la sig.^{ra} Duchessa si uiddero alcune bellissime Chiese e grandi, et una bella piaza nella quale erano posti dua caualli di bronzo molto belli, del Mochi da S. Sepolcro sopra uno ui e Alessandro e l altro Ranuccio duchi di Parma.

Fa questa città $\frac{m}{15}$ anime facendone molte più auanti la peste.

Auanti di partire si prouuede d'una altra carroza che faceua il numero di quattro, e questo per il gran bagaglio che tre di esse non poteuano condurre rispetto alle cattiue strade passati Piacenza di mezo miglio si trouò il Po quale si passò in barca con hauer pagato il datio di 3 giuli e $\frac{1}{2}$ per carrozza, era questo gran barcone ritenuto da un grosso canapo che si sosteneua sopra sette piccole barchette assai distanti l'una dal altra in fila nel mezo del fiume e quell'ultima era ritenuta immobile per una grand'ancora, o altro termine fermo; a due miglia di cammino per strade cattiue, e sospettose si arriuò ad un osteria detta la casa Rossa doue si fece il desinare in forma di colatione per esser luogo assai piccolo e sfornito: di quiui partitosi senza incontro alcuno per li sospetti che ui erano di ladri, dopo 8 miglia di strada si arriuò a Casal Pistorlengo luogo grosso dello stato di Milano, e per il passaggio si ueggono Fonbi, e Codogno luoghi grossi del Cardinale Triuultio. Hauendosi due miglia addreto passato il confine del Piacentino con lo stato di Milano diuidendolo una croce ad un luogo detto l'osteria della Mirandola. Smontati al Osteria in Casal Pistorlengo ui si trouò una compagnia di caualli che di Cremona passaua a Tortona, e ui si stette benissimo alloggiati.

A dì 26 Lunedì Giornata 9ª.

Fatta una buona leuata si partì S. E. di Casal Pistorlengo e incamminatosi per strade assai cattiue tutte circondate da piccoli fiumicelli, e riui occorse dopo alquanto spatio di cammino a due miglia uicino a Lodi doue si era destinato di desinare, che mentre si seguitaua il uiaggio con prosperità, non ostante ch'una carroza fussi passata felicemente quella del

Amb.^re e Camerate, dette la uolta per la parte del rio precipitando più di 4 braccia di ripa, e riuoltandosi due uolte la carroza, prima d' arriuar all' acqua tutti quei di drento rimasero sommersi, con pericolo grandissimo d' annegarsi, se bene in detto fiume chiamato Brettonica non erano che poco più di dua braccia d' acqua perchè auanti che quei sig.^rl si fussero potuti sbrogliare da i lor ferraioli, et altre bagaglie per la stretteza della carroza ci uolse qualche poco di tempo, e l' aiuto particolare di Dio perchè ogn' uno subito cascati cercò di uscire della carroza, et uscirno i primi il sig. Imb.^re et il sig. Gio. Fr.^co Rucellai il sig. Lorenzo Capponi, et il sig. Luigi Antinori per esser nel mezo della carroza nel tempo della caduta non uscirono così subito ma però cacciando il capo fuora si potettero riauere alquanto, Gio. Rucellai che sotto tutti era rimasto fatto forza notando uscì, e dreto tenendolo abbracciato per i piedi il sig. Baldacchini quali trasportati per lungo spatio da la corrente del acque che era grande pericolorno più che gl' altri non si potendo riauere detto Rucellai per la uiolenza che li faceua il sig. Baldacchini, pure una uolta liberatosi da questo abbracciamento sempre notando si rizò e così mezo sbalordito ritenne il Baldacchini, ch' era portato dalla corrente dell' acqua; nessuno si fece male alcuno, attestando quelli che ueddero essere stato un miracolo, affogò subito un cauallo, et accorsa la seruitù alla riua il meglio che potettero chi con corde, et altro trassero in su la strada tutti quei sig.^{ri} quali sì per auer beuto come per il freddo grande che gli haueua messo addosso quell acqua erano un poco sbalorditi, a dugento passi per fortuna si trouorno alcune buone case di contadini luogo detto L'olmo, doue fatto di gran fuochi e spogliatisi tutti si rasciugorno il meglio che potettero, et al sig. Amb.^{re} sig. Gio. e sig. Gio. Fran.^{co} Rucellai conuenne rimettersi i medesimi panni per essere nella medesima carroza caduti nell'acqua i loro tamburi e ualigie. Si messe in una coperta da soma tutta la roba molle in confuso per rasciugarla con più comodo a Lodi, passando in ogni modo quella giornata allegramente essendosi uisti così malconci, e male alla uia senza danno alcuno seguì questo accidente sulle 17 hore, et alle 21 poco asciutti s'incamminorno a piedi uerso l'osteria di Lodi a due miglia lontano dal luogo della disgratia. Arriuati al osteria su le 23 hore si desinò, e cenò essendo ancor tutti digiuni si diede ordine di rasciugar alcune robe bagnate e tutti li spacci dell'Amb.^{re} Si andò a riposare per potere il giorno seguente andare a ristorarsi a Milano.

A dì 27 Martedì Giornata x^a.

Da l'osteria di Lodi ancor non bene asciutti risoluè S. E. passar a dirittura a Milano e montato in carroza s'inuiò alla uolta di Marignano destinato per la desinata. Ma auanti di partire andando le carroze lungo le mura di Lodi il sig. Amb.^{re} con le Camerate

entrorno a piedi nella città per iui ringratiar la M.ª
Santiss.ª del passato pericolo, in una Chiesa in forma
ottangola molto bella, e ricca, dedicata al suo Nome
e lasciatoci il uoto, si seguì auanti per strade dirotte,
e cattiue, et a 10 miglia da Lodi si trouò Marignano
grosso castello de Marchesi Medici milanesi per mezo
del quale passa il fiume Lamber assai ben grosso, che
pochi giorni a dietro dicon crescessi a segno che so-
prauanzaua un ponte di legno che ci è essendo pre-
cipitosissimo. Smontati ad un osteria auanti si passassi
il fiume ui si trouò una compagnia di caualli, che dis-
sero passaua a Tortona e desinato con buonissime comodità particolarmente di uino, pane, e formaggio
spedì il sig. Amb.ʳᵉ il suo furiere al sig. Residente
Rinuccini a Milano con lettera acciò li prouuedesse
l'alloggio, senza però che gli facessi fare incontri di
carroze, ne lui uenisse con altra che con una a sei.
Dopo desinare s'incamminò uerso Milano, e passato
il detto fiume Lamber sopra il ponte di legno si lasciò da banda il palazo del Marchese in sul fiume
molto bello e grande, e fatto in guisa di forteza si
proseguì auanti per cattiuissime strade per i fanghi,
e diacci et a mezo miglio lontano di Milano si trouò
il sig. Pier Frn.ᶜᵒ Rinuccini Residente per il Gran Duca
con una carroza a sei solo quale complito con S. E.
entrorno tutti nella detta carroza et entrati in Milano su le 23 hore hauendo prima riscontrato il sig.
Ferdind.º Uguccioni in una carroza a due e prima di
far altro si andò alla miracolosa Mad.ª di S. Celso per

render di nuouo gratie. Questa Chiesa è molto bella
e ricca con una bellissima facciata di marmi e statue,
et un nobil Chiostro di loggie auanti. Andò dopo S. E.
a smontare a casa il medesimo sig. Residente, hauendoli quiui preparato l'alloggiamento: teneua il sig.
Amb.re ordine di stare incognito e perciò non ammesse, ne fece uisite alcune, eccetto che di amici particulari come del sig. Abate Tauerna sig. Uerzellino
Uisconti, sig. Marchese Lunati, sig.r Manfredi, e sig.
Carlo Settala, fattili conoscere da Gio. Rucellai, quale
per diuerse amicizie che ci haueua riceuette molti
fauori, et in particolare, dal sig. Marchese Sforza Briuio, sendo da lui stato lautamente banchettato. Conuenne al sig. Amb.re tratteneruisi più di quello si immaginaua hauendo il sig. Residente Rinuccini per non
sapere la certeza della uenuta di S. E. inuiati i passaporti di Turino alla Corte a Pisa, giudicò per spedirsi
più presto S. E. dopo hauerne dato conto a Firenze
spedire a Turino al sig. Bartol.eo Compagni che l'inuiassi il duplicato di detti passaporti. Si trattenne in
tanto S. E. in Milano dal dì 27 che ui giunse sino al
giorno 3 di Febbraio. Nel qual tempo andò con le
ss.e Camerate a ueder parte delle curiosità della città,
quale e di circuito x miglia et 11 porte, come il Castello così famoso e forte doue si uedde fra gl'altri
prigioni Don Duarte di Braganza fratello del Re di
Portogallo, Gio. quarto.(¹) * La biblioteca Ambrosiana

---

* Vedi le Note a pag. 295.

così numerosa di libri e ben ordinata come di bellissimi quadri dei più eccellenti pittori d'Europa. La Sagrestia del Duomo con armadi grandissimi pieni d'argenterie e paramenti da Chiesa, e Reliquie. Il corpo di S. Carlo con l'interuento di alcuni canonici in habito, la testa del Santo è un poco liuida, e nera, e guasto il naso, et il resto tutto uestito riccamente, posto in una cassa di cristalli di monte grandissimi nel piano di sotto della Chiesa nel mezo della croce; della magnificenza della quale sarebbe troppo lungo il discorrerne per esser ripiena di bellissime statue così di drento come di fuora, et in numero infinito, e per esser ancora tutte le marauiglie sì l'incrostatura, come il didrento, e tetto ancora, di marmi bianchi con lauori bellissimi di scale a chiocciole, e di ballatoi e passeggi sopra il tetto che chi non li uede là sù proprio non li stimeria tali; attorno al Coro poi drento la Chiesa, oltre i lauori di bronzo ci sono infiniti bassi rilieui di marmo, sicome già si ueggono ancora nella facciata, quale non è finita racchrescendosi la Chiesa due arcate et il basso rilieuo che ua sopra la gran porta è un grandissimo pezo di marmo entroui la creatione del mondo che quello solo uale 12 mila scudi. Di fuora fa un bellissimo uedere quelle arcate di marmo sopra i tetti per portar fuora l'acqua benissimo lauorate, e la fabbrica tutta uia si tira auanti e lunga 186 passi e l'aggiunta 46 et larga 85 passi. La Chiesa è benissimo ufitiata da quantità di canonici, et altri preti, et i riti sono diuersi in qualche parte dalla Romana, essendo all' Ambrosiana, e ne è Arciuescouo il sig. Card.^{le} Monti quale ha una bellissima habitatione in Canonica uicino alla Chiesa.

A dì 28 Mercoledì Gior.^{ta} xi^a.

Leuatisi la mattina un poco tardi per risarcire i disagi del uiaggio passato si sentì messa in S.ª Agnesa Chiesa dirimpetto alla casa del sig. Residente, doue cantorno le monache di detta Chiesa assai bene, si andò poi a uedere la chiesa di S. Ambrogio quale è ufitiata da frati, e preti, et è molto grande, e bella sì come il conuento ancora. Dopo desinare insieme con il sig. Marchese Lunati, et altri ssg.^{ri} si andò a sentir cantare le monache di S.ª Caterina, che ueramente sono eccellenti in questa uirtù e particolarmente una chiamata Donna Regina Maria.... e concertorno di tutti gli strumenti ancora.

A dì 29 Giovedì Gior.^{ta} xii^a.

Leuatisi, e riceuute alcune uisite particulari d'amici il s. Amb.^{re} e ss. Camerate a piede si condussero al Monas.^{ro} di S.ª Radigonda, doue alla Messa che si sentì cantorono quelle monache con squisiteza marauigliosa, e dopo la Messa si andò al parlantino, doue si uiddero due suore Arcinbolde molto complite, e se li rese gratie del fauore della musica; dopo desinare uennero alcune uisite come del sig. Teobaldo, e sig.

Lodouico Uisconti, sig. Conte Bolognini, et altri, alcuni de quali poi licentiatisi si andò a spasso per la città e la sera a ueglia si sentì con altri uirtuosi cantare un frate di Cestello fiorentino compositore molto stimato in Milano.

A dì 30 Giornata xiii^a Uenerdì.

Usciti di casa con alcuni de sopra detti sig.^{ri} si tornò alla Chiesa di S.ª Caterina doue alla Messa cantorono quelle monache diuinamente e fecero fra l'altre un concerto di circa uenti uiole con l'organo, che faceua mirabile armonia, dopo si andò al Carmine doue quella mattina si faceua la festa di S.^{to} Andrea Corsini, e ui si sentì una buona musica. La Chiesa e assai ben grande, e bella. Dopo desinare si andò a casa il sig. Manfredi Settala, lì condotti dal sig. Gio. Rucellai molto suo amico doue si uiddero una mano di curiosità nella sua Galleria, sì di quadri, come di lauori a tornio e strumenti di diuerse sorti, occhiali e simili et una bella Libreria, sendo questo sig. persona ingegnosissima e uirtuosissima, e così si passò la giornata, uedendo ancora altre curiosità della città che per breuità si tralasciano.

A dì 31 Sabato Gior.^{ta} xiiii^a.

Questa mattina, dopo esser andato alquanto attorno per la città si arriuò allo spedale grande che ueramente non si può uedere più suntuosa fabbrica sendoci fra l'altre marauiglie un cortile di smisurata grandeza con bellissime loggie attorno tutte ripiene fra gl' archi di meze statue di terra cotta o pietra molto belle, di lì si andò alla Chiesa di S. Antonio de Teatini riccamente adornata, e dipinta tutta dal Procaccino, Serano, e Palma molto uaga alla uista; dopo desinare si andò alla Chiesa della M.ª di S. Celso, doue in tal giorno ui si cantorno le Litanie della Mad.ª dai primi musici della città; si uedde anco la gran fabbrica del Lazeretto, che contiene un infinità d' istanze; tornati a casa S. E. scrisse a Parigi al sig. Conte Bardi pregandolo a prouuederli, e prepararli una casa, et incaparrarli paggi, e lacchè, et altri seruizi necessari perchè speraua uerso la fine di Febbraio essere a quella Corte.

A dì P.º Febbraio Domenica Giorno xv.

Usciti di casa si andò a sentire la Messa e musica al Mons.ʳᵒ di S. Radiconda doue quiui arriuò il Corriero spedito a Turino per il duplicato del passa porto con lettera del sig. Bartolom.º Compagni de 30 del passato, dicendo che S. E. si poteua liberamente inuiare alla uolta di Turino poichè hauerebbe mandato a Uercelli huomo a posta per il prossimo Lunedì. Pregò anco il Compagni il sig. Amb.ʳᵉ che lo preuenisse prima del suo arriuo in Turino per poter con lui negotiare de trattamenti e titoli da darsi, e riceuuersi in quella Corte. Dopo desinare si andò al uespro alla Mad.ª delle Gratie Chiesa de la Rosa de Padri Domenicani assai bella, doue si sentì buona musica, e si uidde la pricissione delle principali Dame della città solita farsi ogni prima domenica del mese, quali Dame erano molto bene adornate, e riccamente uestite et in gran numero; tornati a casa si pensò a dar ordine per le carroze per Turino che per mezo di Ducati cen cinquanta se ne fermorono quattro.

A dì 2 Lunedì Gior.ᵗᵃ x6ᵉ.

Questa mattina per alcuni impedimenti delle carroze non si potette partire, sichè si passò in uedere, e comperare molte cose per quelle botteghe. E dopo desinare si andò su la piaza del Castello a ueder dar la mostra a gran numero di soldatesca della città, doue era grandissimo concorso di Dame, e Caualieri per uedere così bella rassegna, e la sera le ss. Camerate andorono ad un festino di ballo in casa il sig. Conte Archinto, doue si fa alla Napoletana cioè con il Maestro del ballo che inuita, fuori che alla corrente, e la sera auanti ci era stato un bel festino di giuoco al quale pure interuennero le dette ss. Camerate. Tornati a casa disse S. E. che si poteua partir la mattina, et incamminarsi alla uolta di Turino poichè il sig.ʳ Bartol.º Compagni haurebbe fatto che in Uercelli luogo del confino per hora delli Spagnoli a dì 2 Febbraio il Lunedì ui si trouasse un trombetta con il duplicato de passa porti che aspetterebbe il suo arriuo, et insieme lo conuoierebbe. Si diede ordine a tutto quello faceua bisogno, e si andò a riposare.

Lista delli Ofiziali del Esercito Catt.º nello stato di Milano.

Gen.ˡᵉ dello stato di Mil.º il Co.ᵉ di Siruela.
Mtr.º di Cp.º Gen.ˡᵉ D. Gio. Uasques Coronado.
Gen.ˡᵉ della Caul.ᵃ dello stato il M.ˢᵉ di Carazena.
Gen.ˡᵉ della Caul.ᵃ di Nap.ˡⁱ D. Uin.º Gonzaga.
Gen.ˡᵉ dell' Artigl.ᵃ il M.ˢᵉ Fr.ᶜᵒ Serra.

Infanteria Spagnuola.

Mtr.º di Campo D. Rodrigo Muxica.
Mtr.º di Campo Uincente Monsurio.
Mtr.º di Cap.º D. Gio. Gaetano Depadiglia.
Mtr.º di Cap.º D. Petro Gonzales.
Mtr.º di Cap.º D. Gregorio Britto.

Infanteria Borgognona.

Mtr.º di Cap.º il Baron di Battiuil.
Mtr.º di Cap.º il Baron Anton Dupré.

Infanteria Napoletana.

Mtr.º di Cap.º D. Fr.ᶜᵒ Tuttauilla.
Mtr.º di Cap.º D. Bernd.º Galeotto.

INFANTERIA LOMBARDA.

Mtr.º di Campo il Conte Fr. Ferrante Bolognino.
Mtr.º di Cap.º il Co.ᵗᵉ Lodouico Trotti.

INFANTERIA ALEMANNA.

Col.º il Pnpe Borso Deste.
Col.º Antonio Mesner.

INFANTERIA SUIZZERA E GRIGIONA.

Col.º Melchior Lussi.
Col.º Antonio Mulina.

CAUALLERIA ALEMANNA.

Col.º Giorgio Stò.
Col.º Bartol.º del Rera.
Col.º D. Felippo Aizaldi.
Col.º Gio. Bat.ᵃ Faidana.
Col.º Gori.
Col.º Uernier.
Col.º Caualieri.

GOUERNATORI DI PIAZE.

Vercelli . . . . Don Uince.º Monsuri.
Sant' Ia . . . . Baron Dupré.
Trino . . . . Baron Battuil.
Ponte Stura . . . . . . Il Medesimo.

Asti	Conte Galeazo Trotti.
Uilla nuoua d'Asti . .	D. Bernardo Galeotti.
Annone	Antonio Grauellono.
Rocca d'Arras	Gio. Sormano.
Cencio	Il Cap.º
Finale	D. Gio. De Castro.
Alessdria	D. Antonio Sottelli.
Ualenza	D. Gabriel De Cardenas.
Breme	D. Carlo Sfondrato.
Monte Curone	D. Greg.º Britto.
Nouara	D. Diego D'Aragon.
Mortara	Hippol.º Criuelli.
Seraualle	D. Garsia Rauanal.
Ponzone	Fabbricio Corte.
Forte di San Doual.	D. Gio. D'Aranda.

A dì 3 Martedì Gior.ta XVIIª.

Hauendo il sig. Amba.re stabilito la sua partenza di Milano per questo giorno fatta la prouuisione che bisognaua montò la mattina a buon hora in carroza per alla uolta di Nouara con buonissimo tempo, e dopo 10 miglia di cammino si trouò Magenta castello grosso doue questo giorno si faceua la fiera con gran concorso di gente, passato auanti a 2 miglia si trouò Bufaloro castello, et a l'osteria della Posta si desinò assai ben male et a un miglio uicino ci arriuò un corriero speditoci dal sig. Residente Rinuccini con lettere di Firenze. Sotto la detta Osteria corre un fiume chiamato Nauilio per il quale si ua a Milano in breue tempo. Partiti dal desinare si camminò due miglia per strade acquose, e cattiuissime a segno che l'acqua entraua sino a meza la carroza, et arriuati alla riua del Tesino si passò la barca pagandosi 9 giuli per tutte a quattro le carroze, essendo questo datio d'un March.^{se} Milanese. Si seguitorno a trouare le strade acquose, e cattiue, e dopo x miglia si arriuò la sera a Nouara hauendoci le guardie delli Spagnoli fatto qualche dificultà nel lasciarci entrare, si smontò al Osteria doue il Gour.^{re} mandò a sapere chi fusse l'Amb.^{re} facendo instanza di uedere il passa porto quale se li mostrò. S. E. andò a uisitare incognito Mg.^{r} Torniello Uescouo di quella città suo amico, dal quale fu accolto con estrema cortesia, non uolendo che ne egli ne le sue Camerate partissero dal Uescouado, al che non uolse acconsentir mai il sig. Amb.^{re} e tornatosene al Osteria, trouò regalo di uino squisitissimo et altri rinfrescamenti mandati da detto Mong.^{re}. Era di Nouara allora Gouer.^{re} D. Hodrigo Musicca Maestro di Campo del terzo di Lombardia, et iui diceuano ui fusse acquartierato mille caualli, e molte comp.^{e} di fanteria. La città non è troppo ripiena d'abitatori, le cui entrate sono ridotte a poco per i danni della guerra: (²) è assai ben forte di muraglie e fortificationi di terra, con la cittadella ancora se bene un poco alla antica et Vescouado rendeua $\frac{m}{13}$ scudi ma hora non se ne caua $\frac{m}{3}$.

A dì 4 Mercoledì Gior.ta x8a.

Partito di Nouara di buon hora S. E. alla uolta di Uercelli, a 2 miglia di strada si guadò il fiume Gogna pericolosissimo in tempi piouosi, e passati oltre si trouò Cameriano grosso castello già et ora di fresco distrutto da Franzesi sendo riposte quantità di masseritie, e grascie de poueri habitatori in una Chiesa ammassate per non hauer doue meglio conseruarle dalle continue scorrerie de nemici, essendo tutte le case distrutte, e rouinate. Dopo buon pezo di strada uicino a un miglio a Uercelli passammo lungo il forte San Doual tutto di fortificatione di terra quale per le passate pioggie haueua in qualche parte patito, et è posto in una gran pianura. Passati a guazo il fiume Sesia, e Serino molto uicini l'uno a l'altro si arriuò a Uercelli, alle fortificationi del quale era aggiunto un fortino sul fiume Sesia di 4 baluardi di terra mezo incamiciato, quale si da mano con il forte San Dual per la uicinanza. Bisognò pagare il datio per passare il fiume ancor che si guadassi et alle porte della città ci fu fatto dificultà dalle guardie uolendoci la licentia del Gouernatore per lasciarci entrare, di fuora si scorgono le fortificationi cioè le uestigie di dette fatte dalli Spagnoli, nel ultimo assedio, e le batterie che diedero uedendosi nelle ruine. Uenuta la licentia fecero entrare una carroza per uolta tenendo serrati i cancelli. Entrati nella città s'andò a smontare all

Osteria de 3 Re doue si trouò il trombetta speditoci dal s. Compagni con li passa porti, quale trombetta ci fu condotto da un aiutante del sig. Gour.ʳᵉ, hauendolo tenuto serrato come nemico, acciò non uedessi ne parlassi ad alcuno. Riceuè S. E. li passa porti con lettere del Compagni che stornorno la determinatione fatta di proseguir la mattina seguente il uiaggio contenendo che per douere arriuar in Turino il s. Principe Tommaso, (³) e per la prima uolta dopo i romori il s. Principe Mauritio già Cardinale (⁴) non haurebbe potuto S. E. hauere quei riscontri, e quelle comodità che bramaua la sig.ᵃ Duchessa di Sauoia (⁵) perciò lo consigliaua a differire la sua comparsa sino a Domenica e per aggiustar le giornate si destinò trattenersi a Uercelli il giorno seguente. Intanto il Gou.ʳᵉ uolse uedere il passa porto quale mostratoli fece qualche difficultà per non esser sottoscritto dal Gouer.ʳᵉ di Milano ma solo dal gran Cancelliere, del che poi in ogni modo restò appagato. Bene è uero che riuolse il trombetta fino alla partenza serrandolo in una camera acciò non praticassi. Chiamasi il Gou.ʳᵉ D. Uin.º Monsurio Maestro di Campo del terzo di Sauoia. Arriuò in questa il Cap.º Paganelli che di Milano ueniua alla sua Compagnia portando lettere del sig. Residente Rinuccini.

A dì 5 Giovedì Gior.ᵗᵃ x9ᵃ.

Destinato fermarsi questo giorno S. E. in Uercelli per l'auuiso del s. Compagni, consumò la mattina dopo hauere udita la messa alla chiesa di S. Agata doue si faceua la festa, e sentito cantare alcune monache molto bene, in uedere il conuento, e Chiesa di S. Andrea De Canonici Regolari, quale è bellissima et grande, con una facciata di pietra tutta ricamata di moschettate; il conuento è molto capace, e grande in qualche parte rouinato per l'ultimo, e p.^{mo} assedio sendo posto quasi su le mura, scorgendosi da esso di doue dauano la batteria li Spagnoli et il luogo doue erano accampati gl'eserciti, che per la parte di ponente la batteuano, passando a guazo i fiumi Sesia, e Serino li soldati del Cardinale della Ualletta per dar soccorso alla città. Tornato a desinare a l'Osteria S. E. passò il giorno in casa scriuendo a Firenze, e le ss. Camerate se n'andarono a spasso per la città quale è più tosto piccola che grande e lì cominciono le donne a uestire quasi alla franzese. Si uedde una mascherata di 18 o 20 uestiti parte da femmine, e parte da huomini di bianco quale andauano danzando per la città con certi strumenti e la sera si fece un bel festino di ballo in casa un particulare doue erano molte Dame, et alcune in maschera, fra l'altre la sig.^{a} March.^{a} Gattinara ricca, e bizarramente uestita di uelluto piano nero con guarnimento di perle se bene il paese per i trauagli di guerra è molto distrutto, e consumato.

A dì 6 Uenerdì Gior.ta xxa.

Risoluto S. E. partirsi di Uercelli mandò il suo Coppiero dal s. Gou.re acciò li concedesse il tromba et insieme licenza di poter metter su le poste il suo furiere che spedì a Turino con lettere per il sig. Compagni il s. Gou.re concesse il tutto et udita la S.a Messa, e fatta un poca di colatione S. E. montò in carroza et incamminatosi per strade acquose, e cattiue a 8 miglia si trouò S. Germano castello distrutto doue è la posta et iui ci rinfrescamo. Sono i pozi in quei paesi fondissimi che per tirar su lacqua adoperano un certo ordingo fatto in forma d'arcolaio, passati auanti si arriuò a Tronzano castel distrutto uicino a Sant'Ià un miglio doue ci lasciò il sig. Caualier Paganelli che sino lì era uenuto accompagnarci, non potendo restar per esser paese de Franzesi cioè del Duca di Sauoia, ma se n'andò a Sant'Ià doue egli haueua la sua Compagnia. Si fece per questa sera la posata doue si stette malissimo alloggiati, e senza letti a segno che al sig.r Amb.re e Camerate conuenne dormire sopra il fieno in su la nuda terra in stanze a terreno senza finestre, e senza porta e la famiglia per le carroze; in quel tempo auanti cena il Gou.re di Sant'Ià mandò un suo aiutante con una mano d'altri caualli ad offerire a S. E. l'alloggio che in sul principio dubitammo non fussi gente iui uenuta per assassinarci, ringratiò il sig. Amb.re il Gou.re del cortese inuito, sì come ancora fece per lettera al sig. Caualier Paganelli espressamente passar questo ufitio, non potendo per l'hora tarda mandarci uno de sua a posta bramando di partire la mattina a buon hora, si stette a cena benissimo per hauer portata tutta la prouuisione di Uercelli se bene l'oste ci uolse far pagare come se egli ci hauesse dato ogni cosa di suo per le buone comodità che ci trouammo. Questo giorno si fecero 16 miglia da Uercelli a Tronzano.

A dì 7 Sabato Gior.^{ta} 21^a.

Partiti da Tronzano c'incamminammo alla uolta di Ciuas, e passando per una campagna spatiosissima e bella con buonissime strade quale per non esser battute da passeggieri rispetto alle guerre erano piene d'herba, et a pena si riconosceuano sì come quella bella campagna restaua in gran parte inculta sì per la scarseza delli habitatori, come per l'incursione dei soldati. Lasciando su la mano sinistra poco lontano Liuorno buona terra, a 7 miglia di cammino si trouò Seano castel grosso, ma pur anco egli rouinato doue si trouorono alcune coraze del sig. Principe Tommaso, mandateci dal sig. Compagni per nostro conuoio, e fatto iui un poco di colatione con buonissima strada c'incamminammo poi uerso Ciuas a 2 miglia si trouò il fiume Dora quale si guadò benchè fussi assai rapido e pieno di acqua, e largo più di quattrocento passi nel quale fu per pericolare la 2ª carroza per esser caduto un cauallo sì che conuenne al Cocchiere gettarsi nel acqua che quasi era alta un braccio e mezo. Passati con felicità tutti il fiume si trouorono di Ciuas altre coraze, e quelle prime si ritornarono a Seano. Passati auanti per il cammino si uedder da lungi Massan, Randisson, Inurea, e Uerrua luoghi grossi del Piemonte arriuammo dopo 9 miglia di cammino da Sean a Ciuas terra grossa del Duca di Sauoia, distrutta, e rouinata assai dalle cannonate se bene quasi tutta in fortificatione, et a l'entrar di essa si trouò in parata una compagnia di fanteria et arriuati all Osteria della Corona ui si trouò un altra Compagnia di fanti che il Gou.re di Ciuas Monsu di Meson Blance franzese haueua ordinato per guardia di S. E. Et egli uenne subito a uisitare il sig. Amb.re regalandolo di buonissimi uini. Il sig. Compagni per allora non si trouò hauendo smarrito per la strada la nostra traccia, quale poi arriuò la sera, fece dare il sig. Amb.re buona mancia al corpo di guardia e tromba. Si cenò lautamente a spese però del Imbasciatore e si andò a riposare. Si fece questo giorno da Tronzano a Ciuas 16 miglia.

A dì 8 Domenica Gior.ta 22a.

Leuatisi questa mattina ciascheduno si udì la S.ta Messa nella Chiesa di S. Fran.co e tornati a casa fu di nuouo a reuerir S. E. il Gou.re ringraziandolo del regalo del uino, e del honore fattoli di hauer messo il corpo di guardia al Osteria doue era alloggiato.

— 34 —

Entrato dopo a desinare si notò la strauagante forma del pane quale e lungo più d'un braccio e mezo e sottile a similitudine d'ossa di morti, dopo desinare si montò in carroza, et il sig. Compagni si auanzò a cauallo per abboccarsi egli prima con il sig. Conte di Cumiana destinato trattenitore, et introduttore del Imb.^{re} per Mad.^{a} S.^{ma}. Si guadarono per il cammino alcuni fiumi camminandosi per strade acquose, e cattiue a 2 miglia uicino a Turino si trouò una carroza a sei mandata da Msg.^{r} Nuntio, con entroui il suo Seg.^{rio} quale complì da parte di Sua Sig.^{a} Illma con il s. Amb.^{re} dandoli il titolo del Eccellenza, offerendoli la carroza quale non accettò per douere in breue entrare in quelle di Madama, a poca distanza di quiui si trouarono due carroze a sei di Mad.^{a} uestite a bruno, essendo nella prima di esse il sig. Conte di Cumiana

Arriuo in Turino.

che uenne a riscontrare e riceuere in nome di Mad.^{a} il sig. Amb.^{re} quale smontato entrò nel primo luogo e nel secondo il detto sig.^{r} Conte, e ne gl'altri le sig.^{re} Camerate, et il sig. Baldacchini, et il sig. Compagni; nel altra carroza a sei entrorono il sig. Auditore, et altri della Corte del sig.^{r} Amb.^{re}. Arriuò in quel mentre un altra carroza a sei del sig. Mar.^{se} Uilla con sua mandati, et un altra del sig. Amb.^{r} di Francia, con Gentilhuomini, e Caualieri di Malta mandati a complire con il sig. Amb.^{re}. Uennero ancora altri ss. a cauallo. Entrati in Turino su le 23 hore fuori del quale si uedeua un bellissimo e gran borgo tutto rouinato per l'ultimo assedio sì come una gran mana di belle uille che su la man manca sopra la collina in gran numero si ueggono. Ueggonsi ancora le uestigie del assedio, et i baluardi e cortine tutti percossi da quantità di colpi di cannone, sendo questa città fortissima tanto la nuoua quanto la uecchia circondata per tutto da baluardi Reali e fossi con una Cittadella impentagono. Il recinto non è troppo grande, ma sì bene è pieno d'habitatori, e di quantità di botteghe comperandosi niente di meno ogni cosa molto caro. La maggior parte delle case sono su le cantonate delle strade, appuntellate per il danno che riceuettero dal cannone. Ci è una bella piaza chiamata del Castello con belle loggie da due bande, et il Castello in mezo habitatione di Madama. Nel fondo della piaza riesce un largo, e lungo stradone con bei palazi di qua, e di la tutti ad un modo adornati di cornice, et altri lauori di pietra che porta uerso la città nuoua doue è un altra grandissima piaza e lunga non ancora ripiena per esserui prima il fosso della città uecchia. Si ueggono di già molte case nuoue in questo accrescimento quale uiene dalla parte della Cittadella, e sarebbe forse compito se le turbolenze, et i trauagli non hauessero da un pezo in qua tanto tormentato quello stato. Per tornare all'habitatione di Mad.ª dico che è un palazo in quadro con quattro torre su le cantonate assai comodo per di drento, e posto quasi su la muraglia. Con gl'altri palazi Ducali comunica questo per uia d'una lunga galleria coperta di lauagne alla franzese la quale entra in uno che si finisce di fabbricare adesso ma non s'habita, e da questo si trapassa per dreto al Duomo ad un altro palazo cominciato da Uittorio Amedeo Duca di Sauoia, assai bello, e comodo doue ora ultimamente habitaua la Pnp.ª Sposa figl.ª di Madama e moglie del Pnp.ᵉ Mauritio suo zio. Ma per tornare doue ci eramo partiti dirò che entrati in Turino su le 23 hore S. E. fu accompagnata da tutto quel corteggio alla casa destinatagli per alloggio, doue smontato e rifatti i complimenti con quei sig.ʳⁱ il sig.ʳ Amb.ʳᵉ si ritirò in camera con il sig. Conte di Cumiana, doue negotiò per qualche tempo con lui pigliando poscia licentia di andare a dar parte a Mad.ª di quanto era seguito. Il sig. Amb.ʳᵉ l'accompagnò lontano una stanza alla scala, senza darli la mano trattandolo però d'Ill.ᵐᵒ. Intanto s'intese che il Duchino si ritrouaua a Chamberì, e che in Turino solo erano Mad.ª la Pnp.ª Sposa il Pnp.ᵉ Maurizio, e Pnp.ᵉ Tommaso. Tornato il sig. Conte da palazo si trattenne a cena con il sig. Amb.ʳᵉ stando a tauola nel secondo luogo, et il sig.ʳ Amb.ʳᵉ seruito di lauar di mano con la saluietta bagnata da Gentilhuomini della Duchessa, da Coppiere particulare, et altri Ministri di quella Corte, e panattiera d'auanti, e da altra seruitù bassa come di ualletti di piede di Mad.ª uestiti a bruno; e licentiato dopo cena ciascheduno se n'andorno le ss. Camerate a i lor quartieri in diuerse case di Gentilhuomini per non esser in quella del sig.ʳ Amb.ʳᵉ capacità sofficiente stando tutti benissimo acquartierati.

A dì 9 Lunedì Gior.ta 23a.

Hauendo S. E. riceuuto lo scritto riscontro, et hauendo imposto la sera al suo Auditore che questa mattina andassi a render gratie a tutti quei ssg.ri come segni del honore fattoli nel mandarlo a riscontrare, hauendo trouato il sig. Amb.r di Francia in letto indisposto quale pregò detto sig. Auditore che facesse sue scuse se in persona non poteua essere a reuerire il sig. Amb.re, e fatti i complimenti che doueua con tutti rimontò in carroza con la quale era andato a fare queste uisite, e se ne tornò a rendere conto a S. E. di quanto haueua fatto. Uennero la mattina a reuerire il s. Amb.re il sig. Conte, il sig. Abate della Montà padroni della casa doue era alloggiato, e poco dopo il sig. March.se di Uoghera con il suo figliuolo al quale dette del Eccellenza e la mano accompagnandolo a uista della carroza partendo prima il sig. Amb.re. Dopo desinare uenne a uisitarlo il sig. March.se d' Aglie poi il sig. March.se Uilla gli trattò quanto a titoli e mano, et accompagnature conforme il sig. Mar.se di Uoghera, et a questi, et altri pochi che appresso si diranno haueua ordine il sig. Amb.re di corrispondere con l'Eccellenza se bene la pretendeuano tutti i Caualieri del ordine. Uennero questo giorno altre uisite di nationali, come del sig. Uincentio Ubaldini, e d'altri. Essendosi fermata l'audienza di Madama per le 24 hore dal sig. Conte di Cumiana

Prima Audienza di Mad.^{ma}

trattenitore, non uenne prima che su l'un hora di notte a leuar S. E. di casa con due carroze a sei per condurlo come seguì a palazo entrando nella prima S. E. et il sig. Conte e sig.^{re} Camerate, sig.^{r} Baldacchini, e sig. Compagni, con quattro lacchè auanti, otto staffieri, e due paggi alla portiera tutti uestiti a bruno, e di più quattro ualletti di piedi di Mad.^{a}. Nella seconda entrorono il sig. Auditore, Coppiere, et altri. Arriuati al Castello si trouò fuori la prima guardia d'alcuni caualli che guardaua la prima porta per la quale entrati con le carroze passando per un ponte leuatoio si trouò un altra guardia di moschettieri tutta gente bella e scelta, smontato il sig. Amb.^{re} di carroza prese le lettere per Mad.^{a} dal Segretario del Gran Duca, Gran Duchessa, e Pnp.^{e} Cardinal de Medici, e saliti per una scala a lumaca si arriuò in un salone doue si trouò la guardia de Lanzi di S. Alteza, e passati in altra sala si trouò altra guardia d'Alabardieri, e dopo in una gran camera trapassati si uidde pure in ispalliera nuoua guardia di lancie spezate. Entrati di quiui in un gran camerone tutto coperto di nero con letto, e quattro lumiere di cristallo accese chiamata la camera di parata, doue stanno per ordinario Caualieri, e Dame, a discorso, e la Duchessa ancora. Alla porta della quale uenne a riceuere S. E. Monsu di Bon Port Maior Domo di Mad.^{a} e passati per quella stanza tutta piena di Dame, e Caualieri si arriuò ad un gabinetto doue poch'altri che le Camerate, e famiglia del sig. Amb.^{re} fur lasciate passare.

Era questo Gabinetto adornato di quadri, e studioli d'ebano, pieno di bellissime Dame tutte uestite alla franzese, habito ora comune per la nobiltà di Turino, di lì si passò in una piccola camera tutta parata di nero, et ancho essa piena di Dame, e Caul.ri principali con letto pur nero con i balaustri attorno, nel quale giaceua la sig. Duchessa per un poco d'indispositione che gl'era soprauuenuta. La Pnp.a Maria Giulia Sposa era anco essa in piedi a capo del letto sotto un bel lauoro d'argento che sosteneua alcuni lumi. Espose il sig. Amb.re la sua imbasciata presentando le lettere a S. A. quale fattolo coprire subito, ascoltò con grandissima attentione, e cortesia, parlandoli sempre in franzese per più di un quarto d'hora. Finito il ragionamento fece S. E. che le Camerate, reuerissero anco esse S. A. assistendo esso accanto a letto per nominarli chi erano. Fu il primo Gio. Rucellai che per essere in habito lungo chiamauano l'Abate Rucellai, al quale Sua Alteza fece grandissime cortesie et offerte con ricordarsi della sua casa in Francia dicendo che l'Abate il Uecchio era uno de suoi buoni amici, che molto bene ne haueua memoria eccedendo con parole di gentileza; andorno poi gl'altri secondo che si trouauano, et al sig. Mario Baldacchini perch'andaua Segretario del Gran Duca in Spagna impose S. A. riuerissi la Regina sua sorella, e li dessi nuoua di lei. Licentiatosi da S. A. alla quale il sig. Amb.re se bene da lei si pretendeua, non dette titolo di Reale, hauendone così l'ordine nel instrutione che haueua autorità di dire la Sua Real Persona ma non già Real Altezza. Se ne tornò dunque seruito dal medesimo Maior Domo sino a quella porta doue lo riceuè; si montò in carroza, e si tornò al alloggiamento, doue lautamente cenato ciascheduno andò poi a riposarsi, e questa sera si fermorono le uisite della sig. Pnp.ª Maria Giulia sposa e del sig. Pnp.ᵉ Maurizio suo marito, e zio per il giorno seguente dopo desinare.

A dì x Martedì Giorn.ᵗᵃ 24ª.

Questa mattina il sig. Amb.ʳᵉ sul tardi uenute due carroze a due di palazo, uscì di casa seruito dal sig. di Begian Gentilhuomo di bocca di Mad.ª di bello spirito, e di buonissima conuersatione e dopo hauer dato una girata intorno alla città, e Cittadella per ueder le ruine del ultimo assedio, e passati a guazo il fiume Dora che quasi tocca le muraglie di Turino, sorgendo dal Monseni se ne sbocca nel Pò pur anco esso uicino alla città. Si uedde il suo ponte ch'essendo stato quasi rouinato, è risarcito adesso di legname; rientrati nella città si tornò a desinare, dopo il quale uennero le due solite carroze a sei a pigliar S. E. con il Conte di Cumiana per condurlo al palazo doue habitaua la sig.ª Pnp.ª doue fu riscontrato al capo delle scale da Monsu di Ualfré Maior Domo del sig. Pnp.ᵉ Mauritio suo marito, quale lo condusse da S. A. che in una Camera con superbissimo letto, e paramenti sotto il baldacchino con Dame attorno, e Pnp.ˢˢᵉ lo

staua attendendo, a uista del quale S. A. gli andò in
contro tre, o quattro passi, accogliendolo con dimostrationi cortesissime e quasi abbracciandolo e fattolo
coprire stando tutti due in piedi ascoltò l'imbasciata,
e discorrendo rispondeua tanto sensatamente che con
giusta ragione si può dire che il suo spirito, et ingegno superi l'età essendo di 14, in 15 anni. Era adornata d'una collana di superbissimi diamanti e fili di
bellissime perle, e ueste ricamata d'oro sì come a
proportione appariuano quelle dame che li faceuano
corona, non essendo questa imbasciata del tutto di
condoglienza come quella della Duchessa sua madre;
presentò S. E. le ssg.^{re} Camerate. Le quali S. A. accolse cortesemente e poi auanzatasi due passi da uantaggio licentiò il sig. Amb.^{re} quale fu accompagnato
dal detto Maior Domo alle stanze del Pnp.^{e} Mauritio,
doue introdotto uenne S. A. a riscontrarlo circa quattro passi lontano da un tauolino doue diede l'audienza,
e fattolo coprire come Don Mauritio, e Don .... Pnp.^{e}
naturale di Sauoia et altri Caualieri del ordine, e Ministri principali sì come seguì al audienza di Mad.^{a} e
Pnp.^{ssa}; stauano dunque l'uno e l'altro in piedi a discorrere, doue si uedeua che con molta cortesia, e
corrispondenza erano stimati, e riceuuti gl'ofizi che
faceua passare il Gran Duca uerso quella casa. In
tanto si andaua dalle ss. Camerate riguardando un
numero grande di quadri bellissimi di Andrea di Raf-
faello, e di altri pittori insigni de i quali era riccamente parata, e ripiena non solamente quella stanza,

— 42 —

ma altre ancora. Presentò S. E. le Camerate a S. A. quale gradì molto le di loro dimostrationi, et auanzatosi quattro passi d'auuantaggio di quello haueua fatto nel riscontrar S. E. si licentiò, e da l'istesso Maior Domo fino a capo le scale fu accompagnato e montato in carroza se n'andò girando per la città sin che si fece l'hora di uedere una festa che si faceua quel giorno in honore della nascita di Mad.ª. Andò S. E. in casa d'un particulare a uedere con le sig.re Camerate, doue ad un terrazino era posto un strato di uelluto con sedie, di doue si scorgeua molto bene l'operatione di quei Caualieri che c'interueniuano.

Breve descrizione della festa fatta in Turino.

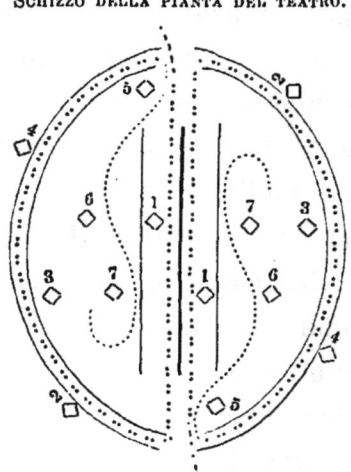

SCHIZZO DELLA PIANTA DEL TEATRO.

1 Saracino, con la lancia.
2 Porco, col dardo.
3 Mostro, con la pistola.
4 Animale, con la palla volante.
5 Toro, con l'accetta.
6 Homo, con lo stocco, al capo.
7 Sirena, con lo stocco, in terra.

Era in su la piaza di Castello, e palazo di Mad.ª ordinato uno steccato doppio in forma ouata, con una liza nel mezo pur anch'essa doppia che diuideua per diametro detta figura ch'era di lungheza una giusta carriera da correre lancie, era seminato il campo in diuersi luoghi, e posti, di uarj mostri di carta pesta inargentati, e dipinti con l'ordine che di sotto si dirà; in testa al teatro di la dalla carriera era un palco destinato per i Giudici, e dirimpetto a questo in testa in principio di detta carriera fuori dello steccato era alzato un alto monte, sopra il quale appariua un tempio in forma rotonda dedicato alla Dea Uenere, et al suo figliuolo Cupido, di doue si sentirno cantare alcuni uersi che alludeuano alla giostra che dai Caualieri che da quel monte uscir doueuano si staua preparando; si aperse dunque il monte, e da quello ne uscirono sedici Caualieri sopra caualli bardati in diuerse maniere, con le coppie però dei medesimi colori, et i Caualieri con pennacchiere superbe, e bizarramente inmascherati; questi senza far mostra ne altro, al suono di tromba come è uso alle giostre, tirati per sorte la prima coppia si accinsero alla carriera uno di sotto, et uno di sopra alla detta liza doppia, doue erano scompartiti a proportione due fantocci dipinti, e con la testa in argentata di carta pesta, e spiccata dal busto, quale doueuano i Caualieri infilzare correndo con la lancia, e portarla uia. Poscia ciascheduno di loro recuperata la lancia alla fine della dritta carriera la lasciauano cadere in terra, e dauano di mano ad una zagaglia, che di dietro fra la sella e le coscie teneuano, uoltando per lo steccato ouato la lanciauano ad un mostro che fuori di esso uicino alla lor mano stanca era posto, e senza interrompere niente il corso immediatamente cacciaua mano ad una pistola che nelle fonde dinanzi alla sella del cauallo teneua, e con essa colpiua un lione che da la mano destra a proportionata misura era collocato. Rendeua stupore il uedere ciaschun de dua Caualieri per la sua parte aggiustare il tempo, et i colpi a quelli del compagno, operando tutti a due nella medesima maniera. Rimessa la pistola nella fonda daua di piglio ad una palla uolante cioè con punta di ferro et alcune penne per guida la quale scagliaua ad altro animale posto a mano sinistra, e senza interrompere mai la uelocità del cauallo cauaua dal altra fonda una accetta con il quinto colpo colpiua in testa di un toro lasciandoui il ferro posto nella fine del circuito del teatro e principio della sua carriera, entrato poi con la medesima uelocità nel campo, e fatto un caracollo cacciaua mano ad uno stocco, e di marrouescio portaua uia la testa ad un' altra figura, e seguitando il corso rizandosi su le staffe et abbassando la uita uerso la terra infilzaua con l' istesso la testa d' una sirena che sul suolo giaceua indi fatto un altro caracollo pasaua, facendo sempre il simile il compagno che era cosa difficile il potere con uno sguardo godere di tutte a due l'operationi, quali furono da tutti perfettamente esercitate, et in più breue tempo di un mezo Miserere. Mutorono poi un Saracino di mezo, e l' accomodorono per poter correre tutti a due da una medesima banda, et insieme; ciascheduno mostrò il suo ualore, et in particolare il sig. Pnp.e Tommaso. Stauano i Patrini nel mezo del teatro per meglio uedere chi de i lor Caualieri fallisse acciò potessero mostrare ai Giudici le loro ragioni. Era Madama quel giorno leuatasi di letto e con la sig.a Pnp.a Sposa e con il sig. Pnp.e Mauritio staua ad una delle sue finestre a godere una sì bella uista quale ueniua augumentata da innumerabil popolo che iui era concorso, e per la piaza e su per i palchi, e finestre; e così fattosi sera si terminò questo trattenimento, e S. E. ritornò a casa andando le sig.ʳ Camerate dopo cena ad un festino di ballo in palazo che durò sino a giorno, doue era adunato il fiore della nobiltà, e belleza delle Dame di Piamonte tutte uestite alla franzese e scoperte il seno, con gioie in quantità credo io tutte buone, e uere, stando la sig. Pnp.ᵃ sotto un baldacchino non ci si trouando Mad.ᵃ per essersene ritornata a letto, e l'altre Dame a sedere di qua, e di la dalla sala, quale tutta era illuminata da quattro gran lumiere di cristallo, et i Caualieri parte in piedi, e parte a sedere con le Dame si stauano. Cominciò il Pnp.ᵉ Mauritio e la Sposa un Brando nel quale inuitorno molte Dame e Caualieri durando per lungo spatio di tempo poi si cominciò a danzare la Corrente e con quella si durò sino alla fine facendola in diuerse maniere, alla quale ballorono ancora le sig.ʳᵉ Camerate per le quali si propose d'introdurre anco la gagliarda (⁶) come si suole a Firenze che non andò auanti per non la saper far quelle Dame; ballaua fra l'altre sig.ʳᵉ meglio di tutte Madamussella di San Germano Dama di S. A. che con una belleza singulare compariua sopra l'altre. Finito il festino tutte le Dame, et alcuni Caualieri scelti, e sig.ʳᵉ Camerate ancora furono introdotti in una gran sala alla porta della quale staua il Pnp.ᵉ Mauritio, doue erano preparate alcune tauole in giro, con una molto grande in mezo, cariche di confetioni, e frutti canditi di diuerse sorti finissimi, et in quantità così grande che auanzò più di meza ancorchè tutti se ne caricassero abbondeuolmente che costaua più di 1000 F. e così si finirono le feste per la nascita di Madama.

A dì 11 Mercoledì Gior.^{ta} xxv^a.

Andò questa mattina S. E. su le 19 hore a reuerire il sig. Pnp.^e Tommaso seruito con le solite carroze a sei, e dal sig. Conte di Cumiana quale lo riceuè nella medesima forma in tutto e per tutto che usò il sig.^r Pnp.^e Mauritio, licentiatosi S. E. dopo hauerli presentato le Camerate se ne tornò a casa a desinare, staua allora il sig. Pnp.^e in una casa particulare molto male al ordine, di masserizie, e paramenti. Dopo desinare andò S. E. seruito da le due carroza a due caualli a render le uisite al sig.^r Marchese di Uoghera quale stando a terreno uenne a riscontrare il sig.^r Ambasciatore a mezo il cortile, e l'introdusse in una camera piena di bellissimi quadri, una gran parte de quali haueua trasportato da Roma quando ui fu Amb.^{re}. Finita la uisita accompagnò S. E. sino alla carroza lasciandolo partire. Quale se n'andò a rendere altra uisita al sig. March.^{se} d'Aglie sendo riceuuto da lui alla fine delle scale, e seruito conforme gl'altri. Si fece poi una girata fuori di porta per finire il giorno, e tornatosene S. E. a casa non essendo le ssg.^r Camerate ancor satie di ballare, e di godere di quella libertà che quasi più che franzese iui si esercita con baci et altri diuersi giuochi allegri se n'andorono ad alcuni festini che per la città si faceuano insino a giorno doue interueniua ancora la sig.ª Pnp.ª in maschera con alcune Dame sue fauorite.

A dì 12 Giovedì Gior.ᵗᵃ 26ª.

Questa mattina non essendo il sig. Amb.ʳᵉ uscito di casa uenne a uisitarlo il sig. March.ˢᵉ di Pieneza Grle della fanteria di Mad.ª quale fu trattato di Eccel.ⁿ e con la mano, et accompagnato fino alla carroza. Dopo desinare uenute le due carroze a sei con Monsù di Begian quale lo serui in luogo di trattenitore, andò a render la uisita al sig. March.ˢᵉ Uilla, e uisitare la sig.ª March.ˢᵃ sua moglie, quale era in letto, fu da essi trattato nella medesima maniera delli altri grandi. Dopo montato in carroza et uscito fuori della porta della città nuoua si andò alla uilla di Mad.ª detta il Ualentino un miglio lontano dalla città la quale è posta su la riua del Pò di forma assai lunga per una gran galleria che guarda uerso la città ancora non finita, e tutta coperta di lauagne alla franzese con i tetti alti et adornati di finestre che corrispondenti con quelli degl'altri ordini, o palchi fanno una uista mirabile. Il giardino e barco furono guasti quasi del tutto dalla soldatesca, il primo piano è parato con un numero infinito di quadri di fiori, e paesi et alcune figure, di fattura ordinaria, se bene molto uago al occhio. Il secondo, è addobbato di bellissimi e ricchissimi quoi d' oro di bassi rilieui e di fiori al naturale, uago epproportionato adornamento per una uilla con quadri di buonissimi pittori, et in particolare certi del Albano Bolognese, ui si uede ancora quantità di studioli d' ebano, et auorio, e quel ch' eccede i palchi delle stesse camere così ricchi d' intaglio come pieni d' oro, che ardisco di dire che simili non se ne uedono in Roma ; ci è un gabinetto con molti specchi di Uenezia grandissimi, e con la uolta rabescata d' oro bizarramente. Di quiui S. E. se ne tornò a casa, et hauendo fermato la seconda audienza di Mad.ª per licentiarsi uenne su le 2 hore di notte il sig. Conte di Cumiana con le solite due carroze a sei, e lo condusse a palazo doue fu riceuuto, e trattato nella medesima forma che nella prima audienza sendo pure S. A. tutta uia in letto. Mi ero scordato d' auuertire che tutte queste funzioni furono fatte in habito lungo da prete sì come andò uestito sempre che stette in Turino S. E. e questa fu una delle cagioni che il Nuntio non uolendo dar del' Eccellentia ad un Prelato ancor che Imb.re del Gran Duca, non uolle ne meno uenire a uisitarlo il primo che perciò fra di loro non si uiddero, seguì l' istesso con Monsù D' Aiguebonné Imb.re e Gour.re di Turino per il Re di Francia, mostrando per se medesimo d hauer buona intentione ma di non uoler esser il primo a metter queste usanze. Era questi come dissi Gour.re, e non poteua la Duchessa ancorchè patrona spedire un Corriero ne fare aprir le porte senza sua licentia, tenendo come si sa i Franzesi la Cittadella, e l'altra guarnigione di presidio per la città. Tornatosene dopo la seconda audienza a casa la quale in uero non mancaua di comodità perchè entrandosi in una loggia, e passando per un cortile con un poco di giardinetto si montaua assai comode le scale, che da un ricetto portauano in una gran sala parata di panni d'arazo con quantità di palle d'artiglieria sopra un cammino assai ben grosse, iui cascate a tempo del assedio sì come se ne uede ancora quasi in tutte le case, si passaua poi in altro salottino parato similmente d'arazi con baldacchino di uelluto rosso trinato d'oro, nel quale mangiaua S. E. con le sig.ᵉ Camerate, entrauasi poi in una galleria parata di uelluto con trine d'oro con quadri, e teste sopra sgabelloni, di lì si passaua nel anticamera parata d'arazi con sedie di uelluto, entrandosi da quella nella camera doue dormiua e daua udienza il sig. Amb.ʳᵉ con letto di uelluto, e bandinelle di dommasco turchino con trina d'oro con il baldacchino e tauolino similmente di uelluto turchino, e sedie di uelluto rosso, accanto a questa era un gabinetto molto bello e uago di pitture, et a basso le cucine et altre comodità; ueniua seruito S. E. con scalco e trinciante con cappa senza spada, e da Monsù di Begian gentilhuomo di bocca di Mad.ᵃ quale assisteua in piedi e copriua, e daua la saluietta bagnata a S. E. il quale era seruito di Coppiere e di Trinciante. Era tutto il seruito d'argento ma però senza mostra di credenza non facendo che un semplice tauolino di bottiglieria con una sotto coppa e quattro bicchieri senza caraffini non usandole, portando alle Camerate il bicchiere sopra un piatto d'argento. Fu spesata da Mad.ª anco tutta la famiglia, e trattata lautamente pur anco essa in argento facendosi due tauole seconde una per l'auditore e camerieri, e l'altra per li staffieri. Questa sera sendo inuitato il sig. Amb.ʳᵉ con le Camerate a cena dal sig. Barl.º Compagni ui andò con Monsu di Begian ancora trattato lautamente in compagnia di alcune Dame sua amiche, e parenti.

A dì 13 Uenerdì Gior.ᵗᵃ 27ª.

Non essendo questa mattina il sig.ʳ Amb.ʳᵉ uolsuto uscire di casa restò a scriuere le sue lettere dando parte di quello era seguito fin qui a Firenze come anco a Parigi al sig. Conte Bardi circa il trattamento del sig. Amb.ʳᵉ di Francia, et essendo rimasti questa mattina sul tardi di douer andare alla Messa al Duomo intitolato S. Gio. non seguì altrimenti trouando il sig. Conte di Cumiana alcune scuse, sì che non toccò a S. E. mentre stette in Turino a sentirne nessuna forse per mancamento di Paggi, o di strati o di qual che cosa simile non potendosi inuestigarne la cagione. In questa Chiesa ch'è assai grande, e bella è posto sopra l'altar maggiore in luogo alto per doue si ua da una scala del Coro il SS.ᵐº Lenzuolo che rinuoltò nel sepolcro il N. S. G. Chsto, tenuto iui in gran ueneratione, sopra un altare doue si dice Messa tutto circondato di ferri dorati, e questo non si uidde perchè non se ne fece instanza e perchè ci deuono essere assistenti ancora alcuni Uescoui. Ci sono altre Chiese assai belle, e ben ufitiate. Fatta l'hora del desinare, e uenute le due carroze di Mad.ª a due andò S. E. a render la uisita al Marchese di Pieneza quale trattò e riceuè in ogni conto come gl'altri; di quiui andò S. E. a uisitare in casa sua il sig. Conte di Cumiano Trattenitore e poscia se ne tornò a casa, doue pensato di uoler abbondar in termine di cortesia uerso l'imb.ʳᵉ di Francia, per douer andar egli ad esporre l'imbasciata al suo Re, poichè si discordò ne i trattamenti e pretensioni della mano, e d'altro, e gli fu impedito perciò il uisitarsi: prese S. E. espediente questa sera di mandare il sig. Luigi Antinori sua Camerata a baciarli le mani, e darli conto, che domani s'incaminaua per Parigi riceuette cortesemente questo ufitio il sig. Amb.ʳᵉ di Francia, e lo gradì in estremo, e subito mandò un suo Gentilhuomo a renderglene gratie, et a darli il buon uiaggio quale S. E. riceuè a meza la galleria, e poi l'accompagnò tutta. Intanto le Camerate andorno a diuerse ueglie con Monsù di Begian, per la libertà et allegria delle quali parue più dura la partenza destinata per il giorno seguente. Ha il s.ʳ Duca di Sauoia uicino a due milioni d'entrata l'anno. Dicono.

Listra de Caualieri dell' Ordine della Nontiata in Turino.

Il sig. Duca.
Il sig. Pnpe Mauritio.
Il sig. Pnpe Tommaso.
Il sig. March.se d'Oise franzese Conte di San Mauritio di Piemonte.
Il sig. March.se d'Es Sauoiardo.
Il sig. March.se Uilla Ferrarese.
Il sig. March.se D' Aglie Piamontese.
Il sig. March.se di Lolino Sauoiardo.
Il sig. March.se di Uoghera.
Il sig. March.se di Bernes Sauoiardo.
Il sig. Conte Arduino Ualperga Piam.se
Monsù di Doüergo Piam.se
Il sig. Conte Alerano di San Giorgio Monferrino.
Monsù della Manta Piam.se

Tutti questi portono al collo come un nastro ma d'oro smaltato di doue pende la SS.ma Nontiata e pretendono del Eccl.a e fra loro se la danno e cuoprono auanti Mad.a et altri Pnpi.

Diuerse cariche del Duca di Sauoia.

March.se Uilla Gnrle della Caull.a e Consigl.e di Mad.ma.

March.se di Pienza Grle della Fanteria, e Consigl.e

March.ᵉ Lodouico d'Aglie soprin.ᵗᵉ delle finanze e Conlg.ᵉ

Monsù di San Tommaso P.ᵐᵒ Seg.ʳⁱᵒ

Conte di Cumiana P.ᵐᵒ Trattenitore.

March.ᵉ Pallauicino Gou.ʳᵉ dell Duca.

Don Felice di Sauoia figl.ᵒ naturale del Duca Carlo Emanuel Gouer.ʳᵉ della Sauoia.

Alcuni Sig.ʳⁱ principali del Piamonte.

Il March.ᵉ di Uerrua.

Il March.ᵉ San Germano.

Il March.ᵉ di Uoghera di Casa del Pozo.

Casa Scaglia.

A dì 14 Sabato Gior.ᵗᵃ 28.ᵃ

Stabilita per questo giorno la partenza di Turino con hauer fatta la prouuision di caualli, e cinque muli per le some quali haueuano le loro coperte di panno con l'arme del Imb.ʳᵉ con corona, e cappello e dopo hauer lasciato grossissime mancie alla famiglia di Mad.ᵃ che la seruì et a Monsù di Begian ancora fatta un poca di colatione uenne il sig. Conte di Cumiana con le due carroze a sei, in una delle quali entrando S. E. con le ss. Camerate e detto sig. Conte seruito da diuersi nationali essendo il resto della sua famiglia a cauallo s'inuiò alla uolta di S. Ambrogio doue era destinata la posata; et essendo camminati un miglio fuor della porta non permesse il sig. Amb.^re che il sig. Conte e quell'altri sig.^ri uenissero più auanti, sì che licentiatosi dal detto montò a cauallo, e per strada bonissima quasi poluerosa a sei miglia distante da Turino si trouò Riuoli grosso Castello posto in collina su la cima della quale risiede un bellissimo e gran palazo, e uilla del Alteza di Sauoia che per esserci bonissima aria spesso ci suol uenire a uilleggiare, e passandosi sotto di esso, a quattro altre miglia si trouò Auigliana altro grosso Castello e forte presidiato hora da i Franzesi, dopo il quale a tre altre miglia si trouò S.º Ambrogio piccolo Castello posto in piano alle radici d'un alto monte nella cima del quale è una Badia detta di S. Michele hora del Pnpe Mauritio di bellissima jurisditione arriuando dicono sino in alcuni luoghi di Francia. Qui si fece la fermata e si stette alloggiati ragioneuolmente con buonissimo uino, e sino a qui si andò sempre con sospetti di malandrini, essendo necessitati perciò a conuoiare il nostro bagaglio per sicureza, sendo solito per altro mandarlo auanti, o lasciarlo a dietro, e sicome ci referì un Corriero speditoci dal Compagni. L'istessa sera, facemmo molto bene ad usar simil diligenza perchè fu egli assalito per il cammino da gl'assassini, dalle mani dei quali se bene egli scampò per hauer buon cauallo, e per non portare appresso di sè cosa alcuna, non si sarebbono già liberati i nostri carriaggi. Questo giorno si fecero tredici miglia.

A dì 15 Domenica Giornata 29ª.

Udita la S.ª Messa in S. Ambrogio si montò a cauallo trouando il terreno imbiancato per la neue caduta la notte, et a otto miglia di strada giunti al osteria della Posta si uidde il fauoloso sasso partito nel mezo come raccontano da Orlando Paladino uolendo egli prouar la sua spada, sendo questi un gran pietrone diuiso per il mezo come se da spada ueramente tagliato fussi. Seguitando auanti quasi sempre lungo il fiume Dora s'arriuò ad un castello piccolo chiamato Busolin, e passato un ponte ci auanzammo sino a Susa con grandissimo uento, per mezo della quale si passò hauendo prima passato un ponte ch'attrauersaua la detta Dora. È questa Città assai piccola e brutta in sito molto malinconico a piè delle montagne, in un angolo con una collinetta uicino sopra della quale è una forteza in luogo molto uantaggioso. Si cominciò a salire dolcemente fra certe montagne per il medesimo letto del fiume doue il uento fu per portarci uia, e di doue si uedeua a l'alto della montagna, esser gran turbine, e gran burrasca di neue; arriuammo alla Nuoualese piccolo Castello per il quale bisogna per forza passare sendo ristretto fra quei monti, lì trouamo un osteria assai incomoda e cattiua, fredda e piena di fummo per il uento, e per i fori delle muraglie, per i quali penetraua giusto come se si fussi stato di fuora; i letti erano ripieni di foglie di castagno, e per ueder lume a tauola conuenne accendere i nostri stoppini per la scarsità e cattiuità delle candele, e mentre credeuamo dopo cena di riposare sendo tutti andati a letto e quasi fra il sonno sentiamo un gran romore per l'osteria, e la padrona che gridaua al armi, sichè smontati giù dal letto, e preso le nostre pistole che a capo di esso stauano accorremmo al romore non sapendo s'erano quelli della terra, che tutti fussero uolti uerso di noi sendoci molta soldatesca per guardia del passo, o che cosa fussi, trouammo che un soldato briaco haueua tirato una pistolettata senza colpire però al nostro credentiere il quale gli rispose con una carabina che per esser mez' al oscuro anche essa non fece effetto et acquietatosi il tumulto si cercò di riposare il meglio che si potè.

A dì 16 Lunedì Gior.^{ta} 30.^a

Credeuamo questa mattina poter passare la cima del Mon Senì che per essersi sempre auanzato il uento et accresciuto il turbine non ci fu permesso, sì che ci conuenne per tutto il giorno restare in questa cattiua e fredda habitatione perchè altro non si uedeua che neue, e diaccio, nè altro si sentiua che romore. Sentimmo la S.^a Messa et il giorno ci trattenemmo a giocare hauendo stoppato il meglio che si poteua una di quelle camere che era meno aperta, e forata dell'altre, e credendo S. E. poter partire questa mattina e passar la montagna essendo solito il uento quantunque la notte tiri grandissimo sul far del giorno calmare, spedì auanti il suo furiere acciò prouuedesse le Ramaze per scendere la montagna di la et insieme fermassi l'alloggio a Laneburg, doue pensaua andar la sera, ma uedendo sul tardi che questo non si poteua fare l'ispedì dreto un Marrone, così detti in quell paese quelli, che portono in sedia, o in Ramaza sopra la neue i passeggieri, sendo huomini forti, et assuefatti a quei rigori. Ritornato il Marrone ci auuisò che il nostro Corriere era passato con grandissima difficultà, e pericolo. Questa sera arriuò un Corriere spedito dal Imb.re di Francia di Turino a Parigi al quale S. E. diede il duplicato di quello haueua scritto al sig.r Conte Bardi in Turino. Uenne da S. E. il commessario del luogo per intendere il fatto di quell soldato e per farlo gastigare dal Gouer.re di Susa conforme più piaceua a S. E. Il qual Gouer.re, subito che li fu peruenuto all'orecchi si messe in cammino e uenne a ritrouare il sig. Amb.re acciò egli stesso imponesse il gastigo. Ringratiò S. E. il Gou.re e lo pregò a uolerlo liberare.

A dì 17 Martedì Gior.ta 31.ª

Essendo calmato alquanto il uento grande sul far del giorno risoluè S. E. partire per passare il Mon Senì et udita la S.ª Messa, e fatta la prouuisione di sei sedie su certe stanghe per prezo d'una doppia e mezo l'una con sei di quei Marroni per sedia portando però a dua per uolta con certe cigne si cominciò a salire, et il resto della famiglia chi a cauallo chi sopra certi muletti che iui stanno a posta, e chi a piede seguitò il cammino con qualche poco di uento, e con diaccio e neue grandissima diacciando a ciascheduno tutti i membri, et in particolare il naso e la barba. La salita è grandissima per più di due leghe, et in molti luoghi si camminaua come su per una scala con gran precipizi sotto i piedi che faceuan temere della sicureza di quei Marroni che ueramente non metteuano mai piede in fallo mutandosi fra di loro con gran leggiadria, e destreza, portando sotto le scarpe alcuna uolta certi ferri con quattro punte che gli chiamano Ramponi, e se gli legano con certe corde per poter esser più sicuri per camminar sopra la neue diacciata, si uede in alcune uallate per il cammino alcune grandissime masse di neue che dicono quei Marroni esser caduta da l'alto della montagna che spiccatasi e rotolando al basso uien sempre aumentandosi la mole nel mese di Marzo quando cominciano a cessare i diacci, e chiamano costoro questa massa Ualanca; e dopo due miglia di salita si arriuò ad alcune case sepolte nella neue che chiamano la Ferrera, e dopo un altra lega similmente di salita per passi di gran terrore non essendo in alcuni luoghi più larga la strada di un palmo si arriuò ad una capanna detta la gran Croce, doue smontati di sedia, et entrati drento per il baglior della neue non si uedendo lume ci riscaldammo un poco ad un piccolo fuoco che iui era acceso, e licentiate le sedie si rimontò a cauallo per il piano detto di S. Niccolò su la sommità del monte quale distingue il Piemonte dalla Sauoia, e qui Mad.ª tiene una guardia di sette, o otto soldati per far prigione, e ritenere quelli che se ne fuggono dalla sua Armata. Ci era anco una slitta tirata da un cauallo nella quale entrorono il sig. Lorenzo Capponi, et il sig. Abate Rucellai, la qual seguitando tutti a cauallo andando bene auuertiti di non uscire un palmo dalla pesta perchè subito si affondaua, e sommergeua nella neue. Sì come interuenne al sig.ʳ Amb.ʳᵉ. A due miglia si trouò l'osteria della Posta, et a mano manca si uedeua il lago ch'è sopra la montagna passandoci ben uicino tutto diacciato, e coperto di neue che a non lo sapere non si conosceua dal quale ha origine il fiume Dora che passa sotto le mura di Turino. Passati auanti per quattro miglia di detta pianura, e più si arriuò al luogo doue si comincia a scendere la montagna, e doue erano preparate le Ramaze per tutti: gli si pagorono dua testoni l'una. Erano queste come piccole sedie basse di legno mal fatte fermate sopra due legni che per la parte di nanzi alzano le punte a l'in sù come le treggie, e le slitte per meglio potere strisciare sopra il diaccio, a questi sono adattati due legni di dua braccia lunghi in circa, e non troppo grossi quali seruono per guida tenendoli in mano il Marrone mentre cammina et aggrauando hor l'uno, hor l'altro per sostenere e uoltare la Ramaza ; e quando con maggior uelocità uuol esser guidato il passeggiere fa porre a sedere a suoi piedi il Marrone e lascia precipitare a benefitio di natura la Ramaza, la quale cammina per una stradella un poco affondata e quasi traccia che la mantiene diritta sebene con i piedi stessi il Marrone ancor sedendo, e calcando la neue la fa uoltare, e la trattiene, e ne luoghi di gran pendenza, per meglio ritenere il corso usano certe catene di cinque o sei nodi o pur certe corone di ritortole auuolte in forma di ciambella quale mettono ad una di quelle punte d' auanti, e uenendo a strascicare nella neue fa più aspro il cammino, e non scorre tanto. Quando poi si uolessi camminar più adagio si fa star in piede il Marrone quale se bene sdrucciola anco egli con i piedi senza però muouere i passi trattiene a sua uoglia il passeggiero. In queste dunque entrati tutti si fece con uelocità indicibile uicino a quattro miglia di calata in meno di mezo quarto d' ora che per salirla ci uuol uicino a due hore. Il cammino è precipitoso, e quasi spauenteuole sul principio hauendo alcune uolte a suoltare su la punta d' un precipitio ben fondo, ma essendo assicurati a poco a poco ne godeuamo in estremo per essersi fatto quell giorno ultimo del Carnouale bellissimo tempo e sole ch' era uaga cosa il uedere tanto numero di Ramaze che quasi arriuauano a trenta in distanza proportionate l'una dal altra per non si urtare, e camminauano così quiete che pareuano animate, godendo in estremo di simil uista quelli che erano delli ultimi uedendo già in basso quelle che prima erano partite. Si arriuò così felicemente a Laneburg terra posta alle radici delle montagne, e sepolta nella neue con qualche buon numero d'abitatori sendoui uno studio di circa 100 scolari che da i luoghi della Sauoia, e sino di Turino ci sono mandati per esser luogo lontano da i diuertimenti e proportionato per lo studio. Si desinò e si stette squisitamente; sì di uino come di altre uiuande, sendoci stato portato una lepre tutta bianca, et alcune pernici del medesimo colore, le quali dicono fanno per quelle montagne di neue et al tempo di state diuentono bigie. Dopo desinare per essere arriuati a buon hora, e per godere del bel tempo alcune delle Camerate uolson di nuouo farsi Ramazare sì che presi alcuni muletti e fatta la montata in poco meno di due hore in mezo quarto d'hora tornorono di doue erano partiti, riportando poi quei Marroni su le spalle le loro Ramaze. L'alteza della neue per tutto doue si passa in molti luoghi è più d'una picca e mezo. La sera s'andò alla Chiesa della terra doue erano le quarant'hore, e si cantorono le Tanie, et altre Orationi in rendimento di gratie del hauer così felicemente passato quella montagna. La Chiesa è piccola con un bello, e ricco Altare. Parlano questa gente, o franzese, et italiano egualmente male l'una, e l'altra, e portono certe scarpe di legno tutte d'un pezo; e mentre si cenaua uennero alcune figlie del paese a cantare cert'arie alla loro usanza, e così si terminò Carnouale.

A dì 18 Mercoledì Gior.^{ta} 32.^a

Udita la S. Messa questa mattina prima giornata di Quaresima si montò a cauallo per la uolta di S. Andrea doue si destinò la posata per un cammino strettissimo e pieno di neue, e diaccio et alle uolte con precipizi horribili che faceuano arricciare i capelli perchè non si potendo smontare da cauallo hauendo per una parte la montagna con cinque o sei braccia di neue che ristringeua la strada, e dal' altra il precipitio, bisognaua per forza andare senza metter piè a terra, massime che si era tanto carichi di panni, et impacciati da grossi stiuali et infastiditi da uento gelato che batteua nel uiso che perciò bisognaua fidarsi delle buone ancorchè brutte, e piccole caualcature, et essendosi leuato un tempo stranissimo di nuouo uento, e neue rendeua assai più scomodo, e faticoso il cammino fra quelle alte, et horribili montagne; si passò da diuersi castelli quali poco si discerneuano per esser così coperti, alcune uolte si passorono ponti di legno sopra il fiume Erco lungo il quale si camminò quattro leghe, e s'arriuò a S. Andrea su le 21 hora in circa, si desinò standosi malissimo massimo in tempo di quaresima trouandoci solo di buono il burro ch'è dispensato. Qui che siamo nel principio della Sauoia si comincia a distinguere il uiaggio in leghe che sono una di esse quasi quattro miglia italiane. Seguitò sempre su la sera a peggiorare il tempo et incrudire, e noi ce n' andammo a riposare.

A dì 19 Giouedì Gior.¹ᵃ 33.ᵃ

Udita la S. Messa e fatta un poca di colatione non si douendo per questo giorno far lungo uiaggio si camminò con tempo non troppo buono ma però senz'acqua lungo quasi sempre il medesimo fiume Erco passando, e ripassando molte uolte i ponti sopra di esso, arriuammo dopo quattro leghe a S. Gio. della Moriana città sotto la quale corre il fiume Arua pericolosissimo in tempi piouosi che si passò sopra un ponte di legno facendone hora Mad.ᵃ fabbricare uno con le pile di pietra molto bello, e smontati al osteria molto comoda, capace, e pulita si preparò la cena. Uenne subito Monsg.ʳ Paolo Migliet Uescouo di quella città persona di gran garbo a uisitare il sig. Amb.ʳ offerendoli l'alloggio, quale non accettato indi a poco in persona gl'andò a render le uisita al Uescouado doue haueua una buona habitatione. È questa città non troppo grande posta in una uallata fra alti monti di circa dua mila habitatori; tornati a cena si stette assai bene per hauer mandato Mong.ʳ Uescouo a regalare alcune trote, e uino buono se bene di questo, e forse migliore ne era ancora l'oste fornito, fece S. E. chieder licentia di poter mangiar del uoua per sè, e sua famiglia. E detto Mong.ʳ Uescouo Paolo Migliet da Chamberì stato ser.ʳᵉ del sig.ʳ Pnpe Cardle di Sauoia in Roma, et hora è gran Cancelliere del ordine della Nontiata, e sig.ʳ del temporale, e spirituale auendo il dominio temporale di 14 terre, e s'intitola Episcopus et Princeps Maurianensis, rende il Uescouado circa tre mila ducati e da uantaggio con qualche aggrauio di spese, e limosine. La Chattedrale ha 18 Canonici, e 12 preti e li Canonicati fruttano chi più e chi meno il maggiore non passa dugento scudi, et il minore cento. La città è antichissima essendo mille dugento anni che fu fondata la Cattedrale. Questa giornata si fecero quattro leghe.

A dì 20 Uenardì Gior.^{ta} 34.^a

Fatta una buona colatione si montò a cauallo con tempo neuoso, et a mezo miglio si ritrouò il detto fiume Erco entro del quale sbocca il fiume Aruan che passa sotto S. Gio. e perde quiui il suo nome, e seguitando il cammino quasi sempre lungo il detto fiume Erco quale si passò una uolta sopra un ponte di due grand'archi di pietra, et alcune altre uolte si guazò. Si arriuò in capo a due leghe da S. Gio. alla Chiambra buon Castello con certi gran portici di legno su la strada, e dopo due altre leghe Itier altro Castello doue per la comodità del acque che calano da i monti uicini si lauorono ogni sorte di ferramenti e particolarmente di chiodi da cauallo, e passando auanti un altra lega si trouò Argentin altro Castello doue parimente si lauorono i ferri cominciò a rischiararsi un poco il tempo cessando di neuicare ma però con strade motose, e cattiue con un'altra lega di cammino ci ritrouammo a Gubella, e primo su la mano manca uedemmo sur una collinetta una forteza assai ordinaria detta Charbonière, è questa Gubella buon Castello posto fra altissimi monti e diuiso dal sopraddetto fiume Erco, che per esser così rapido haueua fatto gran danno in questo luogo doue per rimediarci faceuano appunto una grandissima palafitta per poter seguitare il commercio con un gran borgo ch'è di là dal fiume doue è la posta al quale si passaua ora per uia d'alcune barche douendoci per ordinario essere il ponte. Smontato quiui S. E. ui trouò un Corriere speditoui da Chamberì dal sig. Don Felice Pnpe natural di Sauoia, e Gour.^{re} di Chamberì e Sauoia quale reuerito S. E. cercò di sapere quando pensaua essere alla Corte del sig. Duca, essendo già tre giorni che il sig. Don Felice lo staua attendendo al quale rispose che pensaua poterui arriuar il giorno seguente con che se ne ritornò il Corriere.

A dì 21 Sabato Gior.^{ta} 35.^{a}

Uolendo S. E. essere in Chamberì questo giorno a buon hora per sbrigarsi dalla uisita del sig. Duca e seguitar il suo uiaggio, inuiò auanti il bagaglio, et incamminatisi alla uolta di Momigliano con buonissimo tempo, e con quantità di neue, e diaccio pur sempre lungo il detto fiume Erco ch'a due leghe di cammino perde il suo nome entrando nel fiume Isera. Passati sopra un ponte di legno camminando pur per cattiue strade lasciando su la mano manca il detto fiume dopo due leghe da una collinetta che si salì si scorgeua un luogo detto il Po, o altro uero nome doue sono alcune barchette che passano innanzi et indietro i passeggieri. Auanzatisi con il uiaggio passando per molte terricciole assai buone su la mano destra si uidde Miolano Castello sopra d'una collinetta nel quale i Duchi di Sauoia confinano i delinquenti prigioni in uita, e seguitandosi il cammino sino in sei leghe dalla Gubella, si trouò Momigliano Castello grosso, e bello posto in costa d'una collina nella cima della quale ui è la bella e nominata forteza con tre recinti di mura, et ottocento soldati di guarnigione, doue si saluò il Duchino per qualche tempo nel ultime turbolenze. Fu assediata un tempo fa dal Re di Francia, e minata ancora ma senza frutto per essere inespugnabile. Pigliato un poco di riposo in Momigliano al Osteria, e rimontati a cauallo ci incamminammo alla uolta di Chamberì per strade motose, e cattiue con quantità di neue, et ad un miglio uicino si trouò il sig. Conte Carlo Gironimo Moretto Gentilhuomo di Camera del sig.r Duca di Sauoia quale con due carroze a sei una di fregioni, e l'altra di muli era uenuto a riscontrare, e riceuuere S. E. per condurlo come seguì all alloggio destinatoli in una casa particulare et entrati nella prima carroza il sig. Amb.re nel primo luogo, et il sig. Conte nel secondo, e negl'altri le ssg.r Camerate, e nel altra carroza il sig. Auditore, et altra famiglia di S. E. si arriuò in Chamberì su le 24 hore

Arriuo, et Audienza del Duca di Sauoia in Chanberì.

passando prima per un grande, e lungo borgo sendo la terra per sè medesima assai ben grande in un piccolo piano fra le montagne tutta circondata di mura, e fosso con un buon Castello in luogo alto doue habita il Duca. Non ci è Uescouo, e farà circa dieci mila habitatori con buon numero di soldatesca. Smontati al alloggiamento fu accompagnato S. E. dal detto sig. Conte sino alla sua camera, nella quale negotiato l'audienza, e speditione per dar meno incomodo, e per sbrigar più presto il uiaggio si partì il sig. Conte per darne parte a S. A. et ottenerla se poteua per l'istessa sera, con accompagnarlo il sig. Amb.[r] tutta la sala, intanto ritornato in sua camera parata di tappezzerie con letto, e baldacchino di uelluto trinato d'oro molto ricco dette mano a uestirsi del suo habito lungo allindandosi ancora le ss. Camerate. Indi a poco tornò il sig. Conte con altri Gentilhuomini con le dua carroze a sei a leuar S. E. di casa per condurlo a palazo, doue passato un ponte a leuatoio con guardie di archibusieri, e più auanti altre guardie con partigiane, e trouato a capo delle scale il sig. March.[se] Pallauicino Aio di S. A. che lo riceuè e condusse in camera, auanti della quale era una guardia di lancie spezate trouò il sig. Duca sotto il baldacchino in compagnia del sig. Don Felice, e molt'altri Caualieri, et una sig.[a] sua Gouernante con altre Dame; uenne S. A. circa quattro passi auanti a riscontrare il sig. Amb.[r] al quale conuenne abbassarsi molto per espor l'imbasciata, e darli le lettere essendo egli d'età di 9 anni e piccolo; ma bellissimo Pnpe di spirito, e di uiuacità singolare, (7) domandò con grandissimo garbo e fiereza al sig. Imb.ᵣ del Gran Duca, e Gran Duchessa, gli resè infinite gratie con parole però di quando in quando soffiateli nel orecchio, fece subito coprire il sig.ᵣ Amb.ʳᵉ e con lui gl'altri grandi di Sauoia che li assisteuano, haueua cinto la sua spada con cappello, e ferraiolo nero. Era la camera riccamente parata con bellissimo letto. Licentiatosi S. E. fu accompagnato quattro passi dauantaggio dal sig. Duca e poi dal detto sig. March.ˢᶜ Pallauicino più in là dal luogo doue l'haueua riceuuto la prima uolta e montato in carroza con il sig. Conte di Moretto si tornò a casa alla porta della quale detto sig. Conte si licentiò dal sig. Amb.ʳ usando in ciò della libertà franzese. Fatta l'hora della cena si apparecchiò nella medesima camera doue S. E. doueua dormire, e posti a tauola il sig. Amb.ʳ sotto il baldacchino, e le ss. Camerate con esso fu fatto un superbissimo banchetto d'ogni sorte di condimenti et il più gentile, e delicato che si uedessi mai con quantità di pesce, et in particulare di trote di sessanta, e settanta libbre l'una, a tauola fu seruito con il medesimo ordine di Turino, e mentre si cenaua ci fu trattenimento di strumenti in altra camera, la quale finita per non esser la casa capace di tutta la famiglia andorono spartitamente le ss. Camerate in diuersi alloggiamenti a dormire destinatili d'ordine del sig. Duca molto buoni, e comodi. Mandò il sig. Don Felice di Sauoia un suo Gentilhuomo a dare il ben uenuto a S. E. al quale rimandò il sig. Amb.ʳ il suo Auditore rendendolene gratie non essendosi potuti uisitare rispetto alla breuità del tempo. Risiede questo per ordinario come Gouer.ʳ della Sauoia in Chamberì et habita il palazo, o Castello doue ora è il sig. Duca. E così si determinò la partenza per la mattina.

A dì 22 Gior.ᵗᵃ 36ª. Domenica.

Uolendo S. E. partir questa mattina fece dal suo Maior Domo dar buonissime mancie di circa cinquanta doppie a quelli che l'haueuano seruito la sera, e sentendo che si uoleua partire in tutti i modi senza far colatione alcuna regalorono quei ministri due grandissime trote al sig.ʳ Amb.ʳ acciò seco se le portassi. Intanto uenne una carroza a due, et uno staffiere con imbasciata che se uoleua S. E. andar alla Messa era lì pronta per seruirlo, e preparata la Chiesa. Il sig. Amb.ʳ fece rispondere che la carroza se ne poteua andare, poichè faceua pensiero hauendo già dato l'ordine che i caualli uenissero a casa di partire allora. Riportò questa risposta lo staffiero, et auanti che comparissero le caualcature si uedde uenir il sig. Conte Carlo con le due solite carroze a sei quale senza smontare fece far l'imbasciata a S. E. che era a basso per seruirlo il che parue al sig. Amb.ʳ et alli altri ancora che forse non erono pratichi del uso del paese un poco di strapazo che messo insieme con quello della sera di non esser uenuto accompagnarlo ad alto, nè cenato seco, della mattina di non uoler seruirlo alla Messa accresceua il sospetto del poco termine. Ma forse deriuò questo da inauuertenza del Conte che molto giouane era, e pareua solo che stesse su la lindura, e zerbineria ancor che nel discorso si uolesse spacciare per istorico, e bel dicitore; o pure da una certa libertà franzese, e senza fine alcuno perchè nel resto il sig. Amb.r et a Turino e qui riceuette tutti i migliori trattamenti che potesse desiderare, non ostante che nè a Turino come dissi alla sig.a Duchessa, nè qui al sig.r Duca dessi del Alteza Reale titolo da loro molto ambìto: fece dunque perciò il sig. Imb.re rispondere al sig. Conte che a basso l'attendeua per seruirlo che non occorreua si pigliassi incomodo d'aspettarlo più poichè pensaua quiui salir a cauallo, udita tal risposta si risolse il sig. Conte salir di sopra, e S. E. lo riscontrò a meza sala degli staffieri, et entrati in camera fatte molte cerimonie, e scuse poco dopo scesero le scale, e montorno in carroza con le camerate seruendo S. E. il sig. Conte sino un miglio fuor di Turino(8) ad una Chiesa de Padri Cappuccini doue smontati si licentiò, et egli se ne tornò a Chamberì, e S. E. si fermò a sentir messa nella detta Chiesa dopo la quale montati a cauallo si cominciò a salire la montagna della Gubelletta delle più alte che si fussero passate dopo il Monsenì, lasciandosi su la mano destra lontano 3 o 4 miglia da Chamberì il lago del Borghetto molto grande, et abbondante di trote dal quale entrando nel Rodano in poco tempo s'arriua a Lione, e seguitando a salir la montagna tutta piena di neue arriuati alla cima di essa si cominciò a godere d'una bellissima uista d'una spatiosa pianura con amene collinette, et innumerabili uillaggi dalla parte di Francia ristorando con questa gl'occhi auuezi per tanto tempo a rimirare non altro che horribil montagne, e spauentosi precipizi, et abbagliati ancora dalla continuatione di ueder sempre neue, faceua trouar buono seruirsi qualche uolta degl'occhiali, che per tale effetto e per il uento ancora alcune delle Camerate haueuano portato. Cominciando dunque a scendere per la parte di là, la montagna ci si offerse dauanti una gran truppa di Marroni quali ci seguitorno per buona parte della scesa che quasi per forza ci uoleuono portare su le sedie come nel Monsenì che per esser così bel tempo, e gustoso lo sdrucciolare sopra della neue non ci seruimmo di loro. Scesi dunque per più di due miglia si trouò l'osteria della Posta detta la Gubelletta hauendo il medesimo nome ancora un lago non troppo grande che uicino a quella si uede; fatta iui un poco di colatione si rimontò a cauallo camminando per strade cattiuissime si arriuò la sera al ponte a Bouesin Castello grosso quale uien diuiso dal fiume Thier passando sopra un ponte quale diuide la Sauoia dalla Francia sendo la parte di là del Castello del Duca di Sauoia, e di qua del Re. Smontati al Osteria del Orso si stette benissimo alloggiati, e questo giorno per essere oltre la montagna cattiuissimo anco il piano si fecero sei leghe.

A dì 23 Lunedì Gior.^{ta} 37^a.

Essendosi questa mattina S. E. partita dal ponte a Bouesin con tempo neuoso s'incamminò alla uolta della Torre du pain per strade motose, e cattiue, doue dopo tre leghe s'arriuò, e si smontò al Osteria, e si fece un poco di colatione pagandouisi fra l'altre cose care un arancia un Giulio. Essendo cessato di neuicare c'incamminammo alla uolta della Uerpiglera luogo destinato per la posata passando prima per alcune buone terre come di Borguin e d'altre a quattro leghe dalla Torre per strade ben cattiue s'arriuò al detto Castello della Uerpiglera, e smontatosi al osteria della Posta ui si stette ragioneuolmente bene hauendo fatto questo giorno otto leghe di cammino.

A dì 24 Martedì Gior.^{ta} 38^a.

Pensando questa mattina S. E. essere in Lione spedì auanti il suo Maior Domo con il furiere acciò prouuedessero l'alloggio, et insieme pregassero il sig. Burlamacchi mercante Lucchese a mandare una carroza per fuori di porta per Sua E.ª et udita la S.ª Messa montò a cauallo con tempo rigido per la uolta di Lione doue per la posta s'erano inuiati il sig. Lorenzo Capponi, et il sig. Gio. Fr.^{co} Rucellai, e con buonissima strada si seguitò il cammino per una campagna spatiosissima e piena di uillaggi, e di boschetti e belle coltiuationi. A due miglia uicino a Lione si trouò il sig. Iacopo Corsini ch' era uenuto ad incontrare S. E. sendo con una sua compagnia d'infanteria del reggimento del Cardle Mazarrino a Mascone città non troppo lontana a Lione e dopo un miglio si trouò il sig. Burlamacchi, et il sig. Donato Malegonnelli Consolo della natione per il Gran Duca con due carroze a dua nelle quali entrò il sig. Amb.^{r} e sig.^{re} Camerate in confuso. S' arriuò a Lione su le 20 hore incirca passando prima per i borghi molto belli, e poi per un ponte lunghissimo sopra il Rodano, si entrò nella città la quale è molto grande, e bella, e di un sito similissimo a Firenze per il mezo della quale passa la Sonna ch' alla fine della città s'unisce con il Rodano, e dalla parte di là del fiume doue con alcuni bei ponti di legno si passa, una costa come quella di S. Giorgio ma più alta. Il circuito delle mura è grande particolarmente su la collina. Le case hanno i tetti bassi, e di tegoli alla fiorentina la maggior parte; e sono assai luminose per le grand'e spesse finestre che ui fanno, e non è marauiglia che sia così simile a Firenze poichè anticamente dicono ui fusse più di uentimila Fiorentini, quali ci hanno una bellissima Chiesa chiamata la Madonna del Conforto con una tauola di Cecchino Saluiati una delle belle opere che habbi fatto et il Gran Duca ancora ci ritiene il Ius tenendoci un Consolo non solo per la natione fiorentina, ma per tutta l'Italiana, al quale dà 50 scudi il mese di prouuisione et ora ueramente serue per cerimonia. Ci sono bellissime Chiese doue per ordinario si sta con grandissima deuotione et andando alla Predica si paga la panca, o sedia doue si sta ad una donna, o altra persona che di quelle è padrona, contentandosi di un quattrino, o due, stando in confuso le donne, e gl'huomini. Ci è un bel giuoco di maglio, e bella piaza insieme chiamata Belle Court in testa della quale sta il Gouer.^{re} che hora si ritroua a Parigi, e doue uanno la sera a spasso a pigliare il fresco le Dame, et i Caualieri insieme, sendoci anco un bel passeggio sopra certi baluardi uerso doue si unisce il Rodano, e la Sonna. Portano se bene ci sono molte carroze quando pioue sì le donne, come gl'huomini l'ombrello, è abbondante la città di botteghe di tutte le mercantie, e ripiena di popolo in numero di più di $\frac{m}{100}$ persone. Si smontò al Osteria dello scudo di Francia la più comoda della città, doue si trouorono lettere di Firenze, e doue per occasione di Corriero a Parigi si scrisse ancora al sig.^{r} Conte Bardi l'arriuo, e che si pensaua in capo a 10 giorni essere in Parigi. La sera uennero diuersi Nationali a reuerir S. E. come sig.^{r} Mei il sig.^{r} Gabriello de Rossi, et altri, e si stette con buone comodità, hauendo aggiustato con l'oste il Maestro di casa a meza dobla per testa ogni pasto per tutta la famiglia. Questo giorno dalla Uerpigliera a Lione si fecero sei leghe di cammino.

A dì 25 Mercoledì Gior.ta 39a.

Questo giorno non occorse cosa di conto, e si scrisse per Italia, andando in compagnia del sig. Iacopo Corsini, e d'altri a spasso per la città, nella quale nè meno il Cardinal di Lione Arciuesc.° di detta si ritrouaua sendo egli andato ad una sua Badia in Prouenza.

A dì 26 Giouedì Gior.ta 40a.

Questa mattina parimente non seguì cosa di consideratione essendosi andato a spasso per la città per diuerse Chiese, e piaze, e passati di là dal fiume sopra un ponte di pietra molto bello che come dissi tre altri sono di legno al passar d'uno de quali si paga un quattrino per persona toccando questo datio al Appaltatore che lo fece con questa conditione, dopo desinare s'andò render alcune uisite.

A dì 27 Uenerdì Gior.ta 41a.

Fatta la prouuisione di caualcature, e bestie da soma per il bagaglio risoluè S. E. partir questa mattina perciò montati in carroza si incamminò con altri Sig.ri fuor della porta, doue montati a cauallo si licentiò ogn'uno et il sig. Iacopo Corsini uenne un poco più auanti delli altri, e quasi con le lacrime si

licentiò da noi, e con buonissima strada si trouò a tre
leghe la Bralla Castello circondato da due fiumicelli
che si uniscono insieme, fuori del quale passato un
ponticello si fece un poca di colatione ad un osteria:
e lì uicino è un mulino per macinare, e dirompere la
canapa facendone in quel paese gran quantità si rimontò a cauallo, e per strade cattiue dopo tre altre
leghe su le 23 hore si arriuò a Tarara grosso Castello
doue smontati al osteria del monton d'oro fumo alloggiati benissimo. Si uedde per questa campagna accomodato il giogo a i buoi e legato alle corna con
certe corde, et un primaccetto d'auanti così arando,
e tirando il carro. A questa Osteria sì come a tutte
l'altre passate ancora quasi ciascheduno lasciaua la
sua cifra nel muro fatta con il carbone, e particolarmente il sig. Gio. Rucellai che faceua ANGE: CR. 1643.
Questo giorno si fecero da Lione a Tarara sei leghe.

A dì 28 Sabato Gior.ta 42ª.

Leuatisi per tempo si montò a cauallo, e saliti con
facilità la montagna di Tarara se bene in su la cima
per la quantità grande della neue, e diaccio che ci
era si camminaua con non poca difficultà, è questa
montagna non troppo alta che rispetto a quelle ch'aue-
uamo passate ci pareua una collinetta, et è quasi tutta
coltiuata, et habitata passandoci ancora i carri, e cocchi, a tre leghe si trouò S. Soforino lasciando su la
man destra altro grosso Castello doue dicono il Re

facci battere la moneta piccola; smontossi ad un osteria per rinfrescassi, che poi rimontati a cauallo a due leghe si passò sopra di un ponticello di pietra il fiume.... quale poco dopo si guazò, e camminandosi sempre per strade motose, e dirotte ad un altra legha si trouò Roana terra grossa auanti la quale si passò sopra due ponti lunghissimi di legno su la Loira, doue entrati e pagato non so che datio alla fine del ponte si andò a smontare al osteria del Lupo doue si stette raramente alloggiati, hauendoci iui mangiato il primo pesce Sulmone fresco che si piglia in questo fiume, quale pesce uiene da l'Oceano, e ueramente è il meglio, e più delicato che si mangi sendo gentilissimo e di polpa rossa, ne portorno uno uiuo di circa 30 libbre quale fecero pagare tre doppie, è questa terra delle grosse che si uedino in Francia, e contiene in sè, e Cattolici, et Ugonotti, ci sono molte mercantie che per la comodità del fiume di molti luoghi si trasportano, ci è un bel conuento di Cappuccini, e d'altri frati Minori. Qui in tempo che questo fiume è pieno d'acqua per maggior facilità del cammino si suole imbarcare per insino a Orliens doue per ordinario ci è per acqua cinque giornate, e perciò si suol comperar le barche che fatto il uiaggio non posson ritornar in su così lungo tratto di fiume, sono le barche di sottilissime tauole mal commesse, e senza chiodi che solo con certi cauicchi si attengono a certe costole mal lauorate di quercia, e fra le commessure delle tauole acciò non penetri l'acqua è messo di quel muschio herba che si troua in terra, o sopra gl'arbori; hanno per timone un lungo legno con una tauola in fondo legato alla peggio e quattro, o sei remi molto malfatti, e nel mezo una capanna di tauole doue stanno i passeggieri al coperto sendone delle più grande, e delle più piccole. Si fece dunque prouuisione di due di queste barche con cinque huomini, per una per il prezo di dodici doppie e s'andò a riposare essendosi questo giorno fatte sei leghe.

A dì P.mo Marzo Dom.ca Gior.ta 43ª.

Udita la S. Messa, e mandato il bagaglio alle barche con altra prouuissione s'inbarcò ogn'uno e nella più grossa il sig.r Amb.r con le Camerate e sig. Auditore, Maestro di Casa et altri perch'era diuisa in due stanze, e si staua a sedere di qua e di là con buona comodità, e nel altra la seruitù più bassa, e la maggior parte del bagaglio si camminaua felicemente sendo uno de gran fiumi d'Europa, e largo assai di letto ma con acque molto quiete, e corso ueloce; è il cammino di esso molto uago per le belle collinette che si ueggono piene di uillaggi, grossi Castelli, boschetti, e coltiuationi di uigne in quantità. A dieci leghe di cammino si arriuò la sera ad un Osteria luogo detto Giuordon su la riua del fiume doue si stette mediocremente et iui si fece la posata per essersi partiti tardi da Roana essendo per ordinario costume di arriuare a Deguen due altre leghe più là.

Qui in ogni modo si trouò quantità di pesce quanto scarsità di letti non hauendo uolsuto in maniera nessuna un albergo uicino prestar nè pure una materassa nè con le buone, nè con le cattiue. E questo giorno si fecero dieci leghe.

A dì 2 Lunedì Gior.^{ta} 44^a.

Leuatisi di buonissima hora cioè due hore auanti giorno per douer fare hoggi lunga giornata si rientrò in barca doue distesa della paglia ciascheduno rinuolto nel suo pastrano si rimesse a dormire. Si lasciauano sempre diuersi uillaggi di qua, e di là della riua, e camminando prosperamente e con gran uelocità dopo undici leghe si passò a uista di Borbonlanci città, et a cinque altre leghe si trouò la sera Desise città del Duca di Mantoua uscendo dal Borbonese, entrando nel Niuernese è la città piccola ma con buone muraglie o forte, et un buono, e bel castello, e palazo dei Duchi di Niuers posto sur una collinetta che domina tutto il resto della città con un gran fosso a torno ma però senz'acqua. Si passa una barca non ci essendo ponte, e noi ci fermammo in un Osteria in un borgo su la mano manca della città di qua dal fiume. È posta detta città nel mezo del fiume in isola che dalla banda di là attacca con un gran ponte di legno, e di qua si uedono alcuni grandissimi archi di pietra, e perchè ce n'è uno rotto si seruono i cittadini per passare di quella barca che ho detto, e perchè s'arriuò di buon hora s'hebbe tempo andare a spasso per la città, et all'osteria fummo alloggati assai bene con quantità di pesce, e conuersatione di bella ostessa. Sogliono in questo paese come quasi in tutti i luoghi della Francia particolarmente alla campagna fabbricarsi case con far prima alcuni pochi fondamenti di sassi sopra i quali ci ordiscano di uarie traui e trauicelli commessi con cauicchi et incastri senza quasi punto di ferramenti, poi fra quei telari uanno come tessendo un graticcio, e con terra, e capecchio, e poi calcina riempiono tutte le commessure, e così con poca spesa, e poco tempo fanno una comoda habitatione. Questo giorno si fecero 16 leghe di cammino. Ma però assai ben lunghe non essendo, come quelle a due giornate uicino a Parigi molto più breui che non passano due miglia l'una, essendo queste di più di tre miglia.

A dì 3 Martedì Gior.^{ta} 45^a.

Saliti in barca di buon ora con buonissimo tempo, e con bellissima uista della riuiera inuitandoci alcune uolte quella sponda a smontare in terra per fare un poco d'esercitio, e riscaldarsi per meglio poter desinare, quale ordinariamente si faceua in barca hauendo con noi buona prouuisione di pasticci di Sulmone, di tartufi, e prugnoli. et altro pesce fresco, et a sei leghe di cammino si trouò Niuers città del Duca di Mantoua se bene adesso ne sono in possesso le Pppesse

Maria, et Anna di Niuers, quale faceua una bellissima
uista per i bei tetti di lauagne a padiglione, et un
bellissimo ponte di pietra per il quale si passa in un
isoletta di circa un miglio di lungheza, et è qui il
fiume di letto larghissimo che assolutamente passa un
miglio. Lasciato dunque la città di Niuers a man destra appunto mentre si desinaua si seguitò auanti il
cammino ma però con gran uento quale n'impediua
un poco il corso, e lasciando sempre a dreto, e su la
riua, e su le collinette uicine bellissimi uillaggi s'arriuò la sera su le 24 hore alla Charité uillaggio grossissimo posto a man destra su la riua del fiume con
un bellissimo ponte di pietra di 10 archi che si con-
giunge con un isoletta in mezo al fiume, doue è un
borgo alla fine del quale si passa per un altro ponte
di legno lunghissimo di numero 30 archi. È questa
terra recinta di muraglie, e piena di habitatori quali
sono parte Cattolici, e parte Ugonotti. Qui dunque si
stette non troppo bene alloggiati, e con scomodità
abbattendosi in quello stesso tempo a partorire l'ho-
stessa, e questo giorno si fecero 14 leghe.

A dì 4 Mercoledì Gior.ta 46ª.

Leuatosi due hore auanti giorno camminandosi con
buonissimo tempo e freddo a tre leghe di cammino
si trouò Pugli piccola città del Cardle di Richlieu posta su la man destra della riuiera, e dopo due leghe
dalla mano sinistra il Borgo di Satur e quiui appresso

ad un miglio sopra di un poggetto San Cer grosso Castello dopo il quale un altro miglio la Badia di S. Ibò del Pnpe di Conde, e dopo due altre leghe si trouò Cosne altra città doue entra un fiumicello, e dopo due altre leghe Usson altra città posta in piano alla parte destra della riuiera, et a due altre leghe si uedde da la destra parte la tagliata, o canale uicino a Briara per il quale si ua a Parigi comunicando con la Senna per maggior facilità di condur mercantie, e si è terminata questa tagliata dal Cardle di Richlieu cominciata già 13 anni sono mettendo 12 giornate dal suo principio sino a Parigi di cammino, e perchè si deue salire, et andare al insù cosa contraria del acqua sono alle bocche del canale due gran porte nelle quali entrata la barca, e quelle poi serrandosi e leuandosi di sopra poco lontano una cateratta per la quale l'acqua uiene in maggior quantità riempiendosi quell canale uiene la barca ad alzare con detta acqua, e passare di la da quella cateratta la quale subito si rimanda giù, e si apre quella porta serrata, onde l'acqua ua per il suo cammino seguita in tanto la barca a camminare a l'insù et a ogni tanto ritroua altro sostegno, o luogo per farla montare simile al passato, sì che uiene arriuare su la cima della collina, doue è un gran lago, o ricolta d'acqua alla quale si dà l'andare quando uiene il bisogno sendo altro canale su la calata di detta collina doue comincia il fiume Loing, che passando sotto Montargis entra nella Senna. Eramo entrati nel paese di

Berri da la Charité in qua, e dopo 2 altre leghe si arriuò a Gien grossissimo uillaggio doue per essere arriuati a buon ora si andò a uedere una bellissima e grossa fiera che fuori di esso ne borghi si faceua la quale erano già molti giorni ch'era cominciata copiosa di mercantie e galanterie di uarie sorti, e grossa quanto quella di Pisa. È posta questa terra alla parte destra del fiume in un sito eleuato cinta di buone muraglie con grandissimi borghi et un ponte lunghissimo di pietra che passa a laltra riua doue è un altro grosso borgo. Fummo benissimo trattati, et alloggiati, e ui si stette con allegria grande perchè la sera dopo cena erano tutte quelle strade piene di balli, e canti doue non si potettero contenere le sig.re Camerate di concorrere, e godere ancora loro di quei passatempi e libertà. Sempre si era passato per altri belli uillaggi, e Castelli quale sarebbe troppo lungo il nominare e mentre così in barca si camminaua si tratteneua il sig.r Amb.r e Camerate parte alla lettura di qualche curioso libro, parte a qualche gioco di spirito, e parte a picchetto. Si fecero questo giorno 17 leghe.

A dì 5 Giovedì Gior.ta 47a.

Leuatisi di buon ora si montò in barca, et a un miglio si trouorno 3 mulini di legno, e dopo 4 leghe da la man destra si trouò L'Onnet piccolo Castello con altro a dirimpetto, et a un altra lega si trouò su la sinistra un altro grosso Castello chiamato Souilli con bellissimi campanili e fabbriche del Pnpe di Ariscimont godendo una bellissima pianura piena di coltiuationi. Poco dopo si ueddono le uestigie di un ponte rouinato. Dopo si trouò Butegl uillaggio posto su la sinistra del fiume, et ad un buon miglio si trouò S. Noe su la destra grosso uillaggio doue è un Monastero di monache. Dopo buon pezo di cammino si trouò Castell nuouo su la man destra con bellissima uista di fabbriche, e campanili uillaggio grossissimo di Madama d'Oguiglion nipote del Cardle di Richlieu, dopo si trouò Giergiò grosso uillaggio del Duca d'Orleans con un bellissimo ponte di pietra di 20 archi dal quale si passa in un grosso borgo posto su la destra riua del fiume sendo l'ultimo arco d'un ponte a leuatoio, fa bellissima uista per i palazi, e campanili, e di fuori ui sono alcuni mulini a uento, e uedendosi molti altri Castelli si arriuò su le 21 hora alla città d'Orleans posta su la man destra con un grande, e bel ponte di pietra che unisce all'altra riua doue è posto un gran borgo; fa per la parte del fiume una marauigliosa uista questa bella città per la uagheza de i campanili anzi e delli alti tetti a padiglione di belle lauagne nere e si stende per buono spatio sopra la riua del fiume. Quiui arriuati si scese in terra e si diede ordine di scaricare tutto il bagaglio, e portarlo al osteria dello scudo di Francia, e poi per essere a buon hora si andò a spasso per la città per belli stradoni con buonissime habitationi, e palazi, e grandissima quantità di camere locande et alberghi sendone fra l'altre una grande strada dirimpetto all'osteria quasi tutta piena. E sono quantità di botteghe, et è molto numerosa d'habitatori che dicono sieno più di 30 mila. È posta nel mezo del ponte la Pulzella d'Orleans di bronzo. Ci sono bellissime Chiese e fra l'altre quella di S. Croce ch'è la Cattedrale rouinata un tempo fa da gl'Ugonotti quale adesso si resarcisce a spese del Re, et è assolutamente una delle grande, e belle Chiese di Francia, altissima, e tutta in uolta con bellissimi pilastroni di pietra intagliata tanto di drento, quanto di fuora di bella, et artificiosa architettura se bene alla tedesca con arcate pur di detta pietra lauorata per portar fuora l'acqua dal tetto traforate simile a quelle del Domo di Milano. C'è un bellissimo Campo santo ch'è come un gran chiostro in quadro con belle arcate di pietra se bene anco esso da due parte fu rouinato, ui si seppelliscono quantità di morti della città si come si uede per molte lapide, e croce in diuersi luoghi poste, si ueggono gran monti di ossa di morti in altre parti di esso, e nel mezo stà posta una botte d'acqua benedetta con la quale ognuno spesso ua annaffiare i sua morti facendo per costume i Franzesi piouerne in gran quantità quando son portati nelle Chiese tenendone accanto alla bara un gran uaso pieno, e ciascheduno piglia la perdonanza. Uedemmo poi un bellissimo giuoco di maglio su la muraglia tutto diritto con dua ordini di olmi di qua, e di la, e lungo quattro buone date doue uanno quantità di Dame, e Caualieri a spasso godendo ancora di una uaga uista di quella bella campagna. Si arriuò al osteria doue si stette benissimo alloggiati, e la sera si cenò con buonissimo concerto di uioloni et il trattenimento di un cieco che sapeua, e cantaua tutte l'arie della corte che piccauano le Dame, e Caualieri di quella. Essendosi lasciato per trascuraggine un piatto d'argento a Gien S. E. spedì a quella uolta per ricuperarlo. E pensando trouarci lettere del sig. Conte Bardi in risposta di quelle di Lione per poter partir la mattina seguente per Parigi, e non ci si trouando conuenne fermarsi, e disegnò S. E. spedire un huomo a posta a Parigi. Si fecero questo giorno 17 leghe.

A dì 6 Uenerdì Gior.^{ta} 48^a.

Spedì questa mattina a Parigi al sig. Conte Bardi S. E. il suo Maior domo acciò facessi le prouuisioni necessarie poi si andò alla messa alla Chiesa de Giesuiti quale è assai bella, et il conuento ragioneuole doue in un cortile era adunato una gran quantità di scolari assai ben grandi quali con allegria, et ad alta uoce gridando salutorono il sig. Amb.^{r} s'andò poi a giocare al maglio che come ho detto è uno de i più belli della Francia con certe tauole di qua, e di là alte un braccio, o poco più come sono tutti quelli di questi paesi: si tornò a casa a desinare doue fra l'altre cose se bene era di quaresima si mangiò un uccello (*Macreuse* chiamato) come un germano nero, e quasi del medesimo sapore, che dicono per nascere egli di corrutione non esser carne mangiandone ancora in simil tempi i Giesuiti, et i padri minimi, dopo desinare s'andò a spasso per la città, et ad una predica a i frati di S. Fran.co assai bella Chiesa con certi palazetti uicini ad essa molto ben fatti. Si auuertì che in questa città ci era gran numero di zoppi.

A dì 7 Sabato Gior.ta 49ª.

Tornò questa mattina a buon ora il Corriero spedito a Gien con il piatto d'argento ritrouato quale da uno de barcaroli rubato, era stato dato in serbo sino al suo ritorno, e dopo essere andati alquanto a spasso e uista una bellissima Chiesa, e conuento con horto de Padri del Oratorio instituiti in Francia dal Cardinale Berullo molto simili et ad immitatione di quelli di S. Filippo Neri di Roma della Chiesa nuoua del quale egli era molto diuoto; è questa fabbrica quasi nuoua e con bellissimi tetti; si andò a desinare con il solito trattenimento del cieco, e uioloni, e dopo si tornò di nuouo fuora per la città, e su le due ore di notte comparue uno lacchè spedito di Parigi dal s.r Conte Bardi che auuisaua che per il giorno seguente si poteua S. E. incamminare a quella uolta; onde si mandò subito a cercar caualcature, e carrettoni per il bagaglio.

A dì 8 Dom.ca Gior.ta 50a.

Non fu possibile questa mattina partire per Parigi come si era destinato per non hauer potuto trouar caualli perciò rispedì il s.r Amb.r il lacchè al sig. Conte Bardi con auuisarli che prima di martedì non poteua essere in Parigi in tanto si fermò questa mattina un carrettone per il bagaglio per prezo di 9 doppie con dua seruitori che lo guardauano che doueuano essere spesati dal messaggiero con il quale si fermò ancora 20 caualli per prezo d'una doppia l'uno a nostre spese quantunque sia solito che il messaggiero d'Orleans conduca a Parigi i passeggieri a cauallo per una doppia l'uno a sue spese. Si finì la giornata in andare a spasso.

A dì 9 Lunedì Gior.ta 51a.

Fatta buona leuata montò S. E. a cauallo questa mattina, con tempo che minacciaua pioggia s'incamminò uerso Turi doue dopo 10 leghe si arriuò lasciando su la mano sinistra Gianuill città, e uedendo per quella campagna alcune buche, dalle quali cauauano certa terra bianca come calcina spenta, che dicono la distendono sopra i campi per ingrassare incambio di concime. Si riposò alquanto in Turi con prender rinfrescamento, e dopo s'incamminò per strade cattiuissime e dirotte (per la gran quantità de i carrettoni che da Orleans, a Parigi le calpestano, ancor che sieno lastricate; è seminata tutta la campagna lì intorno, e per non ci esser fosse s'attrauersa per doue si può) uerso Etampes, e dopo alquanto di cammino si uidde Angeruille grosso Castello, e così seguitando se ne uiddero molt'altri, e su le 24 hore si arriuò a Etampes un poco stracchi per hauer fatto così lunga giornata et in particolare Gio. Rucellaj, che d'un giracapo era stato male due giorni e per essere su le 22 hore cominciato a piouigginare per la prima uolta dalla nostra partenza di Firenze. È Etampes buona, e grossa città assai lunga e con gran borghi posta in un basso in mezo ad alcune collinette, e per essa passa un fiumicello che fa macinare 13 mulini. Qui si uidde buona quantità di soldatesca, e smontati ad una buona Osteria si stette regalatamente, doue la sera a cena si sentì cantare un ragazo di quell paese, e sonare su l'arpe assai bene. Si erano uisti molti contadini per quelle campagne arare il terreno con i caualli, e con somari sendo l'aratro con dua ruote. Si erano ancora uisti fuori de i Castelli, e terre i loro Cimiteri con quantità di lapide, e croci seminate in essi. Si fece questo giorno 20 leghe che sono poco più di 40 miglia sendo le leghe uicino a Parigi più corte.

A dì 10 Martedì Gior.ta 52a.

Essendo la notte piouuto assaissimo questa mattina si rischiarò un bellissimo tempo con il quale montati a cauallo per strade assai buone c' incamminammo uerso Parigi lasciando al intorno molti, e diuersi uillaggi, et altri luoghi come Chatre buona città, et a sette leghe si trouò L' Oni doue si fece un poco di colitione, et a due leghe si trouò Longino grosso borgo quiui ad un Osteria erano fermati il sig. Conte Bardi il sig. Gio. Batista Barducci destinato nuouo Residente, et il sig. Caualier Fra Pietro Corsini, ch'erono uenuti ad incontrarci con due carroze a quattro una del sig. Conte, l'altra del sig. Caua…

a dirittura al ponte nuouo assai comoda, e guarnita di arazi, letti, e biancheria per quelli, e per la tauola ancora, tauolini, piatti, et altri strumenti da cucina per tutta la famiglia pagandosi questo prezo con la borsa del Gran Duca sì come ancora le spese della bocca mentre si sta in Parigi spendendosi quasi ragguagliatamente cinquanta scudi il giorno. In questa casa dunque andorono le sig.re Camerate con il resto della famiglia, e si accomodorono molto bene per douerci stare quattro mesi, e mezo come seguì per la malattia, e morte del Re, onde conuenne stare incogniti quasi 3 mesi nel quale tempo si uiddero molte cose come qui disotto si dirà. Intanto s' andaua mettendo al ordine il sig. Amb.re di quello li bisognaua per fare la sua entrata, et andato in molte stalle di Machignoni (così chiamati quelli che tengono caualli per uendere) doue in gran quantità, e numero di più di dugento caualli per stalla tutti di un mantello si trouerebbe ben presto da mettere insieme molte mute. Sono questi puledri Fregioni, e grossi assai, ma quieti e docili perchè in due uolte che s' attacchino paiano stati alla carroza molt' anni. Fece S. E. scelta di sei morelli tutti benissimo appaiati per prezo di mille scudi. (9) Si prouuedde anco di due carroze che una di uelluto per la prima quale tutte fece coprire a bruno di drento, e di fuora. Ordinò al sarto i uestiti pure a bruno per 10 lacchè cinque paggi, due cocchieri et uno suizero quale per ordinario le case grande soglion tenere a cura della porta, sendo quello che l' apre, e serra, con prouuisione di 4 scudi il mese, e le spese, e bere quanto uuole per lui, e per quelli suoi compagni che lo uengono a uedere, e questo appunto era uno di quelli che seruiua il Cardle di Richelieu quando era uiuo. Uestirono anco le sig.re camerate dun lacchè per uno, quali andando fuori li andaua dreto non usando condurre staffieri, pattuironsi questi uestiti l'un per l'altro con il sarto cinque doble l'uno ci andaua poi due camicie per uno, due collari, un par di scarpe, spada, e trauersa, e cappello che quasi si arriuaua alla somma di sette doppie per uestito, quali non s'addoperorno sino al giorno del' entrata. Dauasi a i lacchè quindici soldi il giorno di quella moneta che sono 30 de nostri, et uno scudo il mese per le scarpe che sono 3 testoni, e di più una lira il mese per l'inbiancatura de i lor panni. I paggi stauano alla seconda tauola. Si prese ancora quochi et altra gente di seruitio in casa che fra tutti eramo più di 40. Si faceua buonissima tauola se bene non ci uennero mai forestieri come Franzesi, o d'altra natione uenendoci alcuni Nationali solamente come il sig. Caual.r Corsini, sig. Barducci, sig.ri Uernicchi, e Porcellotti et alcuni altri.

Molti di noi et in particolare il sig. Amb.r et il sig. Gio. Rucellai stettono malissimo di dissenteria, e dolori grandissimi di corpo che li durarono più di un mese a i quali il sig. Amb.r fece alcuni rimedi, non ci uolendo il sig. Gio. usar niente. Andaua il Re, quando migliorando, e quando peggiorando della sua indispositione, sì che non si poteua accertare cosa alcuna circa l'audienza che sempre si negoziaua sì come il titolo del Eccellenza quale come a Imb.ᵣ del Gran Duca qui non si negaua, ma sì bene come a Prelato: perciò in questo tempo s'andaua godendo delle curiosità di Parigi, e domenica a 22 di Marzo s'andò a uedere il Palazo Cardle così intitolato a lettere d'oro sopra la porta che ora non più Palais Cardinal ma Palais Royal è scritto dopo la morte del Re. Fu fabbricato questo superbo palazo dal Cardle di Richelieu, e poi lasciato al Re come si uede per il suo testamento. È posto nella strada S. Honorato, non troppo lontano dal Luure, e dinanzi alla porta mentre eramo qui fu (per far piaza uolendoci tornare in breue ad habitare il Re, e la Regina per esser più capace, e più comodo del Luure, doue con gran magnificenza ora si fabbrica sendo anche questa una delle cause che Lor Maestà uogliono habitarlo), fu dico abbattuto e rouinato un grande, e bel palazo dirimpetto per far piazza doue staua il Marescial della Guiscia. È l'entrata del Palazo ora detto Reale in una bella, e gran corte tutta di pietre, e di fabbrica non troppo alta per esser solo a quell piano da tre bande Gallerie. Si passa da questo in un altro cortile maggiore pur tutto adornato di bellissimi conci con imprese della sua casa, e dua ordini di finestre con bellissimi tetti a padiglione, e cupola, alti in maniera che se la fabbrica è alta tre misure il tetto ne sarà dua, e questa è la proportione quasi di tutti i

Del Palazo Cardinale.

tetti di Parigi che sendo di lauagne nere, e sottili, sono bellissimi e leggierissimi con hornamenti di cammini di pietra benissimo lauorati che soprauànzano l'ultima alteza del tetto di un braccio, o più, per amor del fummo e finestre pur di questa medesima pietra, e sopra queste altri ordini di occhi pur anco essi lauorati, sendo questa pietra quando esce dalla caua tenerissima, che si lauora con il coltello, e con il tempo al aria indurisce, chiamandola i Franzesi Pierre de Taille, e nel estremo e punta del tetto fanno un braccio o più di lauoro di piombo traforato, e dorato con uasi su le cantonate, et altri lauori che rendono una uaghissima uista. È in faccia di questo cortile un muro con il medesimo ordine lauorato degl'altri fianchi di esso quale non passa l'alteza del primo piano sendoui sopra un ballatoio che comunica i due bracci del palazo, è sotto traforato con finestroni che guardano nel giardino quale sarà lungo quasi 4 cento passi, e largo dugento ci sono bellissimi spartimenti di Parterri con un bellissimo stradone in mezo interrotto da una fontana doue scaturisce una polla d'acqua con gran furia andando molto in alto, e poi quasi in fondo del giardino da un grandissimo Rondeau, cioè uiuaio di figura tonda, ci sono molti boschetti, e uiali che lo rendono uago e accerchiato da uno altissimo muro, intorno al quale esso Cardle fabbricò gran numero di palazi, e dettegli alla sua seruitù non riuscendo pure una finestra di essi nel giardino per meglio assicurarsi dal insidie di chi gli uoleua male.

Si salì il primo piano doue erano molte stanze, e gallerie in una delle quali sono dipinti al naturale tutti i primi soldati uecchi e nuoui della Francia e luj nel primo luogo et le loro uittorie, da basso scritte tutte soffittate d'oro, e riccamente dipinte, e con il pauimento di legno di quercia d'un'intarsiatura grossa usando così a tutte le fabbriche di persone grandi. Ci è ancora un bello stanzone da rappresentar commedie nelle quali egli molto si compiaceua.

E il Luxemburg la più bella fabbrica, et il più bel palazo che sia in Parigi fatto dalla Regina Madre con grandissima magnificenza, è posto nel foborgo S. Germano in testa alla bella, e larga strada di Turnon, è tutto fatto di bozi come il palazo delli Strozi con una bellissima cupoletta sostenuta da colonne, e pilastri molto uaga, sopra la porta alta da terra sopra il primo finestrato andandosi da quella all'uno, e l'altro braccio del palazo per una loggia scoperta. Ha un grandissimo e bel cortile di più di cento braccia largo e lungo, circondato da tre bande da una loggia su i pilastri con boze come quella de Pitti ma più stretta, e salendo una scalinata di cinque gradini, andando pure circa 40 passi allo scoperto si sale la scala principale assai bella di doue si entra in un gran salone, e molti cameroni assai belli, e proporzionati soffittati riccamente d'oro, si uedde anco una cappella ricchissima e uaga per le pitture che ui sono, et il pauimento intarsiato. Euui pure una galleria con quadroni grandissimi del famoso pittore Pietro Rubens

Del Lussemburg.

entroui la uita del istessa Reg.ª Madre, et in testa il ritratto della Gran Duchessa, e Gran Duca Fran.co suo padre. Si entrò poi in un bellissimo gabinetto tutto messo a oro superbamente con pitture di storie di Casa Medici sopra gl' armadij e pauimento intarsiato di ebano et argento finissimo. Ha questo palazo tanto per la parte del cortile quanto di fuora l' incrostatura di bozi come dissi, con cornicioni, colonne, pilastri, e finestrati, di bellissima architettura. È la fabbrica, cominciando alla fine del cortile di figura quadra con quattro gran risalti sopra ogni cantonata, ha il tetto alto alla franzese di lauagne e nella cima di esso un fregio di piombo dorato con cammini bellissimi; l'aspetto per la parte del giardino è uaghissimo perchè riesce sopra un grande e spatioso teatro di quattrocento passi di largheza tutto pieno di parterri che rabescano quell piano uaghissimamente con una fontana nel mezo con solo un orlo di sponda in figura tonda con una polla d'acqua nel mezo che ua altissima. È questo theatro un poco a pendio circondato da una scalinata e poi da una uiottola terminata in giro da alberi tutti tosati, e tenuti con gran puntualità. È questo giardino lungo più di mille passi, e di largheze diuerse per non essere eguale, con bellissimi prati scompartiti in diuerse figure, quantità di stradoni, di uerdura pur anch' essi tosati con spalliere alte, e diuersi altri boschetti molto delitiosi, per questo giardino può andare ognuno a spasso usando solo pagare per cortesia al portinaro un soldo, o dua, e godere di quella amenità e del canto de rusignoli, che in gran copia ui dimorano, e qui diuerno in particulare dopo desinare uien quantità di nobiltà di Dame, e Caualieri, smontando di carroza alla porta del palazo, a diporto a passeggiare, e cantare con gran libertà, che ueramente a chi non ha più uisto simil cosa pare un' Arcadia. Se bene adesso che ci è tornato ad habitare il Duca d' Orleans, e la Duchessa sua moglie è un poco manco frequentato; a questo sta attaccato il piccolo Luxemburg palazo già donato dalla Reg.ª Madre al Cardle Duca il quale lo lasciò alla Duchessa d'Eguiglion sua nipote che ora presentemente l'habita.

È questo il Palazo Reale; che per non esser finito presentemente non è troppo bello, se bene adesso si ua fabbricando a gran furia, e per di drento è fatta una facciata e mezo di quattro che ne deue hauere il cortile molto ricche, e uaghe tutte di quella pietra tenera con statue di bassi rilieui, e bei cornicioni; saliti sopra si entrò passate alcune stanze in una gran Galleria detta de Ritratti lunga 185 passi e larga 20, da una parte di essa sono i ritratti di tutti i Re di Francia, attorno a i quali sono dipinti gl huomini illustri di quei tempi, e dirimpetto a questi sono le Reg.ᵉ, con i ritratti attorno delle prime Dame dei lor tempi. Di questa galleria detta de ritratti s' entra in una altra grandissima lunga settecento passi, e larga 18 che risguarda su la riuiera questa non è finita di soffittare per didrento che appunto adesso cominciono ad indorare i pilastri, et altri ordini di cornice di le-

Del Louure.

gno che li fanno attorno e dipignere di chiaro scuro, e toccar d'oro la uolta, o stuoia. È l'aspetto di fuora di questa galleria e bellissimo fatto a pilastri, et altri ornamenti di cornice di pietra, con il tetto a padiglione pur di lauagne ch' apparisce una così lunga macchina molto bella a gl'occhi de risguardanti; alla fine di questa facendo un angolo retto seguita con il medesimo ordine d'architettura il palazo fabbricato dalla Regina Caterina de Medici detto delle Tuillerie doue adesso habita Madamusella figl.ª del Duca d'Orleans, e nel mezo di questa facciata doue è l'entrata surge una bellissima cupoletta fra i padiglioni delli altri tetti sotto la quale è una scala a chiocciola ouata alta nel mezzo grandissima e la più bella in questo genere, che si possa uedere, perchè per la parte dritta salendo sono gli scaglioni tutti in aria, et è marauigliosa e stimata grandemente da tutti gl'architetti. Ci è un bel giardino di parterri, spalliere, et altri spartimenti molto uaghi con belle fontane; a dirimpetto a questo passata la strada ci è il giardino delle Tuillerie.

Delle Tuillerie. È questo il giardino del Re di lungheza di stradoni di mille dugento passi, e di largheza di più di cinque cento. Sono nel primo ingresso che mettono in mezo lo stradon principale due gran prati tutti rabescati di parterri, poi seguitano boschetti, et altri prati uerdi, con un uiuaio in quadro grandissimo et un bel laberinto. È questo stradone tutto coperto di quercie, et altri alberi altissimi che rendono in tempo di state con il loro horrore delitioso passeggio perchè ogni giorno si riempie questo luogo di quantità di Dame, e Caualieri principali che in diuerse parti del giardino uanno godendo del fresco, e della loro conuersatione, ponendosi a sedere su l'herba, e sopra alcuni seditoi fattici a posta di legni, sotto certi padiglioni, e cupolette coperte di lauagne per la pioggia seminate in diuersi luoghi del giardino, da una parte del quale sono le stalle, e caualleriza del Re et in testa del grande stradone ci è una porticella che riesce in un altro giardino pur del Re, ma donato a un tale Monsù Renard, che ci ha fabbricato un bel palazetto, e l'ha accomodato uagamente perchè per essere in un baluardo della città accanto la porta nuoua si è seruito dell'alto del terra pieno per un bel passeggio, o stradone con olmi di qua, e di là e nel basso scendendo per una bella scala nel angolo interiore del terra pieno si gode il giardino diuersamente scompartito con quantità di piante di gelsumini di catalogna, e di altri bei fiori. È il casino adorno di bei quadri, e ritratti, e da una ringhiera di esso si gode il bel corso della Reg.ª Madre.

A questo bel corso si uiene ordinariamente la state per esser posto lungo la riuiera, usando andar prima al Pré au Clerc dirimpetto alle Tuillerie di là dalla riuiera doue hora sono molte fabbriche uscendo per la porta nuoua la quale è molto uaga, e bella, essendo come un palazetto in quadro tutto di pietra

Del corso della Reg.ª Madre.

con quattro cupolette su le cantonate, et un padiglione nel mezo di lauagna con dua bei cammini, e passando un ponte a leuatoio, dopo poca strada si entra in una bella porta con cancello di ferro nel corso, il quale è uno stradone lungo dumila cento passi, e largo 26 con dualtri stradoni, un di qua, e l'altro di là di 12 passi l'uno che in tutto è largo passi 50 con quattro ordini di olmi posti a filo contenendone ciascheduno trecento trenta che in tutto sommano mille trecento uenti, con un gran Theatro in tondo nel mezo di 100 passi di diametro; et ogni sera ui si uedono da sette in otto cento carroze di Dame, e Caualieri, e Principesse andandoci ancora il Re, e la Reg.ª In testa a questo corso poco lontano da esso ci è un castello ben grande del Maresciall di Bassompiero chiamato Chaillò, doue a un luogo detto La Sauonerie si tessono tappeti alla Turchesca di lana d'inestimabile ualore, con colori tanto uiui, e belli, e con artifitio così mirabile che arriuono a fare i fiori al naturale, e ritratti, e paesaggi che si scambiano da quelli fatti con il pennello, e la maggior parte di queste cose, è lauorata da piccoli ragazi che tenendo il modello innanzi per dritto l'immitono molto bene, domanderanno di una testa di un ritratto cinquanta doble et altro e tanto d'un piccolo paesino, e di un gran tappeto di otto braccia di lungheza, e quattro di largheza mille scudi, e ne faceua fare uno il Re per donare al Re d'Inghilterra di prezo di quindici mila scudi.

La gran Chiesa di Nostra Dama, ch' è la Cattedrale è posta nel fondo del Isola del Palazo, è questa una gran macchina con due gran campanili di qua, e di là dalla facciata, di pietra quadri alti più di cento braccia; è la Chiesa di tre naui con le cappelle bene in drento che quasi paiono cinque naui, e sopra gl' archi sono altre loggie doue tengono pendenti le insegne acquistate a i loro nemici essendocene più di 1000 hauendoci particularmente messe quelle dugensettanta prese nella battaglia di Rocroij, uenute mentre eramo qui con grand' applauso del popolo, le quali prima portate al nuouo Re, e poi in casa il Pnpe di Conde padre del Duca d' Alghien, Generale del armata di Piccardia, furono poi accompagnate dalli Suizeri della guardia, a due a due passando prima per gran parte della città, portate in trionfo in questa Chiesa, la quale è lunga circa dugen uenticinque passi, larga 120 con il coro quasi nel mezo serrato all' usanza di tutte le Chiese di Francia. Ci sono bellissimi occhi d' inuetriate, e grandi quasi quanto tutta la faccia della naue che si tengono con diuersi spartimenti di pietra chiamati rondeaux per esser tondi. Ci è a un pilastro un grandissimo S. Christofano d' una pietra tutta d' un pezo. Ci sono molti uoti attaccati ne quadri dipinti ad una Mad.ª miracolosa. Ha questa Chiesa molti altari e quantità di messe le quali alcune escono di Sagrestia et alcune da le proprie cappelle, andando i preti senza cherico per la Chiesa, et aspettando qualch'uno

Di alcune Chiese et altri luoghi di Parigi.

che li ne serua che ognuno lo fa indifferentemente e alle uolte accendono una candela sola, et hanno alcuni un calice di stagno, e possono celebrare anco senza Crocifisso in su l'altare facendosi così quasi per tutte le Chiese.

S. Eustachio è forse la più bella di Parigi di tre naui con altissimi pilastri di pietra, et è la maggior parrocchia ancora. Ci è il luogo da battezare sì come quasi per tutte le Chiese quali sono talmente imbarazate da diuisioni di stanzini fatti di legno per poterci stare con più comodità a fare oratione, e difendesi dalla moltitudine del popolo, che attorno un pilastro ne sarà circa sei con balaustri e con lor serratura, essendo in questo paese gran deuotione, stando sempre a orare con tutte a due le ginocchia, e quando i curati, i quali per lo più sono santi, e di uita esemplare uedessero parlare huomini, e donne insieme le uanno a gridare, e farli correctione. Usano in certi tempi del anno alcune sig.re principali, e Dame ancora d'altra conditione andare per le Chiese accattare per opere pie benissimo uestite senza maschera, e con i lor braccieri. E quando per alcuna di queste Chiese si deue sotterrar qualche morto il quale portono gli stessi preti in una cassa con certi mazieri, et huomini uestiti di nero auanti con berrette da preti, e certe torcie che altro non sono che asse di abeto lunghe quanto una picca, o poco meno dal mezo insù coperte con un poco di cera, e certo poco stuppino intorno portandole a quel modo alte con pochissimo lume; e tutti i parenti del morto sogliono andare a dua, a dua dreto la bara, non usando troppa cera ancora in Chiesa ma sì bene quantità di limosine; quando dico si deue seppellire portono al offertorio della Messa quei donzelli messisi prima una touaglia bianca su le spalle, un uaso di uino, et un pane all' altare con altre cirimonie diuerse dalle nostre.

San Germano de Loxerrois, è pur anch' essa una delle belle Chiese di Parigi parrochia del Re di tre naui tutta dipinta di turchino, e gigli d' oro benissimo ofitiata con organo stupendo, e campane squisite, cosa ordinaria a tutte le Chiese di Francia, delle quali non farò più mentione perchè troppo sarei lungo, e solo dirò di

San Luigi Chiesa de Giesuiti bellissima e fabbricata alla Romana dal Re pochi anni sono simile al Giesù di Roma con bell' altar grande tutto di colonnati di marmo, e bella facciata fatta dal Cardle di Richelieu. Questi hanno ancora un bellissimo Collegio doue stanno circa quattrocento giouani studenti ssg.^{ri} principali della Francia, e d' altri paesi, standoci per insino il figl.° minore del sig.^{r} Pnpe di Conde chiamato il Pnpe di Conthî. A questo non è troppo lontana

La Chiesa della Sorbona la quale non è ancor finita di fabbricare fatta di pianta dal Cardle di Richelieu, pure anch'essa alla Romana con una bella cupola simile a quella de Giesuiti doue poi deue esser posto il corpo di detto Cardle il quale al nostro arriuo era in deposito in una piccola chiesetta accanto a questa nel cortile della Sorbona tutta parata di uelluto nero con frangia grandissima d'argento, con molte delle sue armi in ricamo, et il suo corpo posto nel mezo di detta Chiesa coperto di una coltre del istesso uelluto con l'istessa frangia, et un baldacchino a uso di letto sostenuto da quattro colonne pure del istesso uelluto con frangia maggiore, e quattro candele che sempre intorno al suo corpo ardeuano come se fussi stato un santo, et alcuni preti che sempre assisteuano per pregare per l'anima sua, ma hora questo non si uede più perchè dopo la morte del Re per il timore della solleuatione del popolo, che minacciaua stracinarlo così morto per la città, fu d'ordine della Regina assentato in luogo incognito. ([10])

Mont Martre è un luogo in collina lontano due miglia da Parigi, doue si gode la più bella uista della città uedendo un infinità di mulini a uento che per quella pianura, e collinette sono sparsi, e la maggior lungheza della città che sarà circa 4 miglia, e la maggior largheza ancora di circa 3 miglia. Ci è un connuento di monache che cantono di musica squisitamente doue un giorno della settimana santa andammo a sentire l'offitio, cantato ueramente a marauiglia con tanto concorso di popolo, e sig.[ri] e sig.[re]

grande che bisognò un gran tempo auanti mandassimo i nostri lacchè, a pigliare il luogo.

Sono le cirimonie della Chiesa Franzese in alcune cose differenti alle nostre, et in particulare nelle pricissione del Corpus Dni che tutti i preti con le lor pianete parati uanno innanzi il S.^{mo} Sacram.^{to} con una ghirlanda di rose in capo, e quelli che lo portano l'hanno di rose bianche cantando così la messa con esse. Portono quantità di quelle torcie alte come già dissi ne i morti con certi cartoni a mezo di esse ripiegati come ombuti acciò la cera non goccioli addosso chi le porta tutti dipinti, e dorati, con tutte le strade parate, et ad ogni tanto alcuni altari per riposare, ricchissimi d'argenteria che ne ho uisti alcuni di ualore di più di $\frac{m}{100}$ scudi, e tutte le parrocchie l'istesso giorno della festa fanno la lor pricissione. Esercitando in questa sì come in tutti gl'atti di religione grandissima deuotione, andandoci tutte le Dame e Cau.^{ri} a piedi.

Festa del Corpus Domini.

L'Arsenale è il luogo doue si fabbricano l'artiglierie, e doue per ordinario sta il Generale di esse, è posto nell'estremo della città dalla porta S. Antonio uicino al fiume, sotto il quale è un bel giuoco di maglio tutto coperto di alberi, quale però non è diritto sendo in forma di L. Non troppo lontana a questo è la

Bastiglia posta accanto la porta S. Antonio in un baluardo della città, questa è fabbrica molto antica alta assai con 4 torrioni su le cantonate, e serue per prigione sendo a tempo del Cardle sì come adesso è uota tutta piena, fuori di questa porta al foborgo S.° Antonio si ua il uerno un miglio lontano a fare il corso in una strada senza alberi e tutta fangosa con grandissima quantità di carroze. Non troppo lontano da questa porta auanti d' uscire di essa si troua su la man manca

La gran Piaza Reale che uicino a dugencinquanta passi in quadro, e per ogni uerso, con 9 case attorno tutte ad un modo di loggie, e finestrati, e tetti tutti eguali che la rendono molto uaga, nel mezo è posto sur una bella base il caual di bronzo donato da i Rucellai al Re quale pur di bronzo ui sta a cauallo, che doppo quello di Campidoglio non si uede il più bello.

Ci sono infiniti giardini tutti uaghi, e belli che troppo sarebbe il uolerli descriuere, solo, dirò che ci è un giardino di semplici del Re alla cura del quale sta un certo Monsù Robino in ciò molto pratico. Questo è su la riuiera nel estremo della città dirimpetto per l'appunto al giuoco del maglio con belli spartimenti, e luoghi proporzionati per le piante perchè quelle che sono aquatiche son poste uicino al acqua e quelle che amano i luoghi montuosi, sono parimente in una collina che li soprasta, e luogo doue è una bellissima ueduta. Ci è quello di Monsù De Mets figl.° bastardo, d'Enrico 4.° Abate di S. Germano, bellissimo per la quantità, e uarietà di fiori che al tempo di essi non si può uedere cosa più mirabile, et in particolare di Tullipani ch'è il fiore il più stimato in Parigi, essendoci delle cipolle che uagliono sino in cento doble l'una, e di queste n'haueua fra l'altre una con il fiore paonazo scuro pennacchiato di bianco Monsù Morino, che ne rifiutò trecento scudi nel suo bel giardinetto poco lontano a quell di sopra nominato. Quale è molto uago, et in figura ouale, tutto circondato da una bellissima spalliera di cipressi di alteza d'una picca con 3 nicchie con statue, una in testa, e l'altre di qua, e di là et una fontana nel centro, alla quale tirauano li scompartimenti di mortella di Spagna, che faceuano una bellissima uista. Haueua poi nelle riquadrature del giardino alcuni altri piccoli giardinetti, e boschetti molto bene intesi, in uno de quali ci haueua una porca di circa 100 piante di tullipani, della quale non si uergognò a chiederne tre mila scudi, questo era uno de curiosi di Parigi de quali ue ne sono più di 80 che così chiamano quelli che attendono a fiori, quadri, chiocciole marine, et altre miscee da Galleria, perchè haueua in un suo bel gabinetto bene ordinato alcuni bei quadri, e uasi di porcellana, et altre terre del Indie, scherzi marittimi et in particolare diuersi gusci di Tartarughe tutti uarij, et in uno studiolo d'hebano accomodate come le medaglie più di due mila gusci di chiocciole marine tutti uarij, e belli al possibile, che disse li costauano uicino a due mila scudi. Haueua anco uno stipo di farfalle capricciose di tutte le sorte e di fagioli e semi del Indie. Tengono molto conto di que tullipani d'un color solo come rossi chiari, colombini, bianchi, e simili, con il fondo però scuro, cioè della foglia accanto al gambo perchè quelli con il tempo pennacchiano, e si tengono in gran pregio quasi tutte le sorte d'altri fiori se bene ce ne sono quantità infinita perchè se ne fanno certi mazetti assai ben grandi i quali portono le Dame nel petto, se ne uende gran quantità ne i uasi ancora due giorni della settimana il Martedì, e Uenerdì lungo il fiume, poco lontano dal ponte Nuouo, doue si chiama la ualle di Miserie, che ueramente pare un giardino iui di nuouo trapiantato.

Ci sono molte Accademie doue stanno buona quantità di giouani per iui solo apprendere gl'esercizi cauallereschi, cioè caualcare tirar d'arme, disegnare, ballare, e simili, essendoci hora particolarmente quella del Arnolfini Gentilhuomo Lucchese ch'è la Reale, e la maggiore di tutte l'altre, il quale haurà da 80 caualli da caualcare per la squola, e saranno circa 60 accademici quali spendono per manteneruisi l'anno intorno a cinque cento scudi per uno, tenendo ciascheduno un seruitore e può ancora andarui ad imparare chi non è Accadem.co pagando il Maestro.

De i Ponti. Sono sopra il fiume da sei in sette ponti che sei di pietra bellissimi dua ne sono fatti di nuouo, al Isola Nostra Dama, et uno se ne fa presentemente poco sopra la ualle di Miserie chiamato il ponte del

Cambio, che porta nel isola grande del Palazo. Ci è il ponte Nostra Dama che ueramente è bellissimo e passandoci sopra non si conosce per tale perchè ha le case di qua, e di là con botteghe tutte ad un modo con certe figure sopra di esse botteghe molto grandi in guisa di Termini di basso rilieuo, e quasi tutte sono di Cappellari i quali fanno in gran copia cappelli di castoro, che sogliono uendere, sendo di peso di 12 o 13 once uentisette, o trenta testoni l'uno. La quantità del popolo che passa sopra questo ponte, e le carroze, e carrettoni innumerabili, fanno che ancor che sia molto largo bisogna qualche uolta trattenersi lungo spatio di tempo per poter passare, sì come quasi segue per tutte le strade di Parigi perchè dicono che il numero delli habitatori passi il milione.

Il ponte S. Michele è molto simile a questo ma più corto, doue quasi sono botteghe tutte di spadari, e porta dal Isola, all'altra riua del fiume. Ci sono ancora alcuni ponti di legno uno che comunica con le due isole, e l'altro chiamato delle Tuillerie perch'è uicino ad esse quale hora da poco tempo in qua è rotto, e non si passa.

Il Ponte nuouo, è quello che supera di grandeza, e di belleza tutti gl'altri, posto fra quello delle Tuillerie, e quell del Cambio tutto scoperto, e senza case, che solo il giorno di lauoro ci stanno molte trabacche di qua, e di là di librai, et altre merci, et è lungo quattrocento quaranta passi, cioè cenquaranta quell pezo uerso S. Agostino di cinque archi, e l'imboccatura del Isola 70 e l'altro dugento 30 di 7 archi. La sua largeza è 34 passi cioè 16 il cammino di mezo, e gl'altri dua di qua, e di là che sono più alti dua braccia doue camminano per ordinario i pedoni, e doue sono le trabacche, uno è largo 8 e l'altro 10 passi. Nel mezo di questo dirimpetto al isola con una gran piaza attorno, è posto un cauallo di bronzo con Enrigo 4.° sopra una bella base, con 4 altre figure su le cantonate di bronzo con le mani legate di dreto come prigioni, et un grande steccato di ferro attorno. A tre quarti del ponte uerso il Loure ci è una casa fondata sopra traui nel fiume, nella quale è uno ordingo, che mosse due ruote dalla corrente del acqua fanno per uia di trombe salirne gran quantità all'altezza di più di 30 braccia, formandone una fonte che rappresenta la Sammaritana, con Christo accanto di bronzo, che fa bellissima uista, et ha sopra di essa un horiolo che mostra, e suona, con diuerse zinfonie di campanelli a proportione accordati, e ua quest'acqua poi in diuersi giardini del Re, e del Cardle particolarmente. È tanta la quantità della gente che passa sopra questo ponte, per essere il più frequentato che quasi sempre si numereranno sopra di esso più di 30 carroze, e più di due mila persone; e la state usando cenare a buon hora, la sera su le 23 hore suole la plebe andare a pigliare il fresco sopra di esso, doue a pena si può passare, fa questo una bellissima uista un poco da lontano uerso il Loure perchè si gode la ueduta di quell cauallo, e poi di là il principio dei palazi del Isola che sono molto belli, e tutti ad un modo, e formano quasi una piramide distesa, sendo nella punta di essa che tocca il ponte una gran piaza in triangolo chiamata delfina.

Sono in Parigi tre isole che una accanto al giuoco del Maglio non habitata, sendoci solo una casa di alcuni incettatori di legnami, e traui, e questa non è molto grande. L'altra chiamata di Nostra Dama poco lontana da questa è di figura assai lunga di circa ottocento passi e nella sua maggior largheza di più di trecento tutta ripiena modernamente di case, e di palazi la maggior parte al Italiana molto belli, e ricchi di pietre con un grande stradone nel mezo. Fra l'altre più belle fabbriche, è un palazo di Mons. di Bertunuiglièrè posto su la punta che guarda uerso l'Arsenale, con bel Cortile, bellissimi appartamenti bellissimi tetti, et un gran quadro di giardino cosa molto stimata in quell luogo perchè una Tuesa, cioè tre braccia quadre di terreno, lo pagò cento scudi. Ci è un ordingo che con un cauallo, con una Ruota a onde per uia di trombe tira su lacqua dal fiume, in una gran conserua di piombo retta da traui, per far gettare una fontana, ch'è nel mezo di detto Giardino. La casa è quasi tutta soffittata d'oro con cammini ricchissimi e benissimo tappezata, sendo il Padrone molto ricco, quale per appigionare faceua fare altre case lì intorno; ha quest'isola bellissime sponde tutte di pietra da alto a basso. Sono lungo il fiume

Dell'Isole.

diuerse scale per scarico delle mercantie che per esso si conducono come fieni, grani, uini, legne et altro, sopra grandissimi barconi, poco meno lunghi che una galera, e di questi e d'altri più piccoli ne è pieno, arriuando al numero di più di uentimila.

La grand'Isola chiamata del palazo, perchè in essa è fabbricato il Palazo del parlamento e degl'altri Magistrati doue si litiga; nel quale è un salone lungo cenuenzei passi, con un ordine di otto pilastri nel mezo, che reggono la uolta, largo 48, adorno di bei cornicioni di pietra, doue sono botteghe di diuerse sorti di merci che per il numero grande del popolo che ui ua, iui in buona quantità si spaccìono, è questo salone i giorni della Audienza pieno di Procuratori, e notari, i quali portano una certa ueste da Dottori, con una berretta da Prete et un pacchetto di scritture sotto il braccio e perchè per lo più non possono passare per la calca battono certe bacchette in que fardelli di scritture acciò con quel romore se li facci largo et accanto a questa è la sala del Parlamento tutta soffittata d'oro sono auanti che s'entri nel gran salone tre, o quattro gallerie con botteghe di qua, e di là di librai, guantai, merciai, e simili, che quando si passa d'auanti a loro quelle donne, e quelli huomini che uendono tutti a gara chiamano alla lor bottega, sì che si dura fatica a non comprar qual cosa, non essendo ciò di poca curiosità ad un forestiero. A questo è attaccato la S.ta Cappella Chiesa molto stimata per la reliquia d'un gran pezo della

S. Croce che ui si conserua, e della Corona di Spine di N. S., con un bel tetto et un alto campanile auzo, che a tempo nostro si rifaceua. Si scende molti scalini su la piaza del Palazo tutta ripiena attorno, attorno di botteghe, di diuerse mercantie.

Ci sono molte Chiese, e fra l'altre la Cattedrale. Ci sono ancora quasi tutte le botteghe delli orefici su le sponde del fiume.

Sono per la città molte piaze doue si uende ortaggio, e pane in quantità, uenendo questo dua, o tre uolte la settimana la maggior parte di fuori di Parigi, sopra gran numero di carri che lo scaricano in alcune piaze, facendone gran monti, e di lì poi in poco tempo si distribuisce per tutta la città, sendo i pani per ordinario grandissimi e quasi d'un braccio di diametro molto bianchi, e ben cotti, se bene ce n'è anco del nero, et a più prezi si uende a libbre la quale è di 16 once. Si fa ancora del pane piccolo al Italiana, che non ho uisto, nè mangiato il più leggieri, e il migliore. Se ne fa col burro, e tutto si fa salato.

Diuersi Particulari.

Sono in molte parti della città distribuite le fontane pubbliche stateci condotte dalla Rg.ⁿᵃ Madre, di acqua buonissima portandola a uendere quantità di huomini a posta alle case in due bigonciuoli, che portono al collo ritenuti da un cerchio sì come anco portano lacqua del fiume se bene ci sono molti pozi per tutte le case.

L'infinità delle botteghe non si può descriuere, et in particolare nella grande strada S. Dionigi, tutte piene, e colme d'ogni bene di bellissime drapperie, e panni di Olanda finissimi a diuersi prezi che il nero del quale io comperai costa 23 franchi l'Ona che sono 23 testoni de nostri le due braccia, e sotto sopra ogni cosa è a buon mercato eccetto le pigion delle case il uino, la stalla e le legne.

Il numero delle carroze è grandissimo dicendo che passino dodici mila con altri, e tanti carrettoni, e poi un numero infinito di caualli, buon numero di sedie, i portatori delle quali camminano con gran uelocità per quella calca, gran quantità di facchini chiamati Crocettori da certi legni a oncini che portano su le spalle sopra i quali adattano qualsiuoglia cosa.

Ci sono infinità di Pittori buoni, et in particulare per Istorie un certo Mons. Uuet,([11]) e per ritratti un tal Uamol, delli scultori ce ne sono pochi, o nessuno. Ci era un Bordoni fiorentino scultor del Re.

Ci è gran quantità di gioie, et in particolar di perle delle quali ne sono riccamente fornite le Dame, che per disopra uestono quasi tutte di nero molto bizarramente e poco stanno in casa a lauorare se bene con quelle che sopraintendono e gouernano perchè sempre si ueggono a spasso, et a merenda per i giardini e per le uille, delle quali la campagna di Parigi è fornita in gran numero uolendo solo descriuerne alcune poche che uedremo.

Delle Uille. Conflan. Questa è bella uilla per la quantità de i uasi d'aranci, et alcuni di limoni, che rispetto al paese sono nouellizia, che ueramente son belli, e ben tenuti, usando farli di legno non hauendo di terra, quadri, con uno sportello da una parte che si serra, e s'apre per meglio poter cauar la terra, et accomodar le barbe; se bene ce n'hanno alcuni piccoli per quei giardini inuetriati, e come i nostri ancora. La casa, è molto comoda con bella galleria, piena di ritratti, bel giardino con stradoni, e prati, e per la delitia del fiume che ci passa sotto molto più uaga, et è di Mons. Le Iai fuor della porta S. Antonio lontano una lega, e mezo.

Bella per la casa, et una scala magnifica che ua ad un alto giardino di doue è una bellissima uista di tutta la città di Parigi ci è una nobil galleria, nel giardino basso ci sono bellissimi parterri. Questa era già della Reg.ª Caterina, ed hora, è del Marescial di Bassopier, sicome tutto il castello lì uicino, fuor della porta nuoua meza lega lontano. *Challio.*

Fra laltre che sono in questa collina, quella di Mons. di Parigi cioè l'Arciuescouo Gondi è la più bella per la quantità delle fontane, e per la uarietà del sito del giardino, e parco con la casa tutta dipinta, nella quale fu ammazato Enrico III da una finestra della quale, che guarda nel cortile, fu gettato il frate Domenicano homicida; con una bella Ueliera nel cortile, e molti uiuai, doue se ne faceua uno di nuouo assai grande, et una bella cascata d'acqua; fuor della porta S. Honorato a 2 leghe. *Saint-Clou.*

Uilla, e Castello del Card.le di Richlieu con casa assa' bella ma non ui è troppa magnificenza perch'è *Roulle.*

murata sul uecchio con ponte a leuatoio: bellissimo, è il chiuso per li belli stradoni di olmi, bei prati, strade coperte, boscaglie, e parterri, e giardino, quantità di fontane, doue è un drago che gira per mano del fontaniere che bagna ogni persona, che per ordinario ui è serrata a posta da certe spalliere uerdi ben alte; ci è una bellissima prospettiua nel muro rappresentante l'Arco trionfale del Culiseo di Roma, ci è una cascata di acqua giù per una scala di più di 60 scalini, con un bel Rondò in testa di doue sorge l'acqua quale se ne scorre dopo la caduta in un canaletto per insino a mez'una uiottola di più di 500 passi in testa alla quale ci è una grotta di spugne bellissima che è a similitudine d'una bocca d'un mostro con occhi, e naso, ci è anco un uiuaio, o parterro d'acqua, con un canale grande, in testa al quale ui è una stanza doue sono scherzi bellissimi d'acque, e ui si bagna, doue ci è sopra un uiuaio grandissimo, ma poi sopra questo se ne troua uno che pare un lago di più di 180 passi per lato in quadro con una Isoletta nel mezo che serue per habitatione di cigni, et altri animali; era d'un sarto; fuor della porta S. Honorato per andare a S. Germano, a 3 leghe a Parigi.

Charron. Bella per il sito in collina doue è un bellissimo saluatico, e nel alto una bellissima uigna, e quantità di frutti, e bella casa. Si uendeua per $\frac{m}{60}$ scudi fuor della porta S. Antonio, a una lega da Parigi.

Bagnolet. Bellissima per l'ingresso se bene è basso di sito doue è un cortile grandissimo con paesi di qua, e di la a olio, in tela al aria un bellissimo appartamento, con soffitte dorate, e belle gallerie et una Uoliera, o Uccelliera bellissima giardino bellissimo con parterri, et un rinchiuso per la parte del bosco di Uincenna di grande spazio di lungheza di ferri per non impedire la bella uista, quali a ogni tanto per forteza hanno un pilastro di quattro ferri così o o o °o o °o o o o con un bellissimo uiuaio quadro et uno tondo nel basso con nicchie attorno, attorno di uerzura, et una posta di olmi per filo per una parte per tutta la lungheza della casa, e del chiuso tutto spazato sotto, e pulito senz'herba, et è della Contessa di Soisson. Fu fabbricata da un mercante di Uini fuor della Porta S. Antonio una lega e mezo. Per la medesima strada di Charron ha una bellissima fontana nel mezo dei parterri, con mascheroni et altri ornamenti di piombo gettati che paiono di bronzo.

Bella per li stradoni, e statue di quella pietra di *Jci.* taille, e 4.° uiuaioni di forma lunga non ci è quasi habitatione, o poca, ci è un bel giardino Potager, che così chiamano i giardini doue sono herbaggi, e frutti solo per la casa, doue copriuono le piante de poponi con certe campane di uetro per amor della gelee, cio e brinata; e di Mons. Choisi, fuor della porta S. Michele a due leghe.

Uilla del March.^{se} di Sillerî figliuolo di Madama di *Bernî.* Pisieux ueramente bella posta in piano fra una collina bellissima et amena, su la strada maestra che ua ad Orleans dalla quale per una grande auuenue cioè stradone, o ingresso, si arriua in un bel cortile doue sono i seruizi bassi, poi in altro cortile diuiso da questo, da cancelli di ferri, lauorati a fiori, e frutti, sì come per tutto il giardino di straordinaria belleza, tutti dorati, la facciata è bellissima con tre porte con colonne, e ringhiere tutta di pietra nel mezo un gran padiglione nelle cantonate dua cupoline, e di qua, e di là nelli bracci du' altri padiglioni minori del primo tutti coperti di Ardoise cioè lauagne, con la cima traforata di piombo indorato, e bellissimi cammini; ha una grande, e bella galleria, stanze, e gabinetto soffittati d' oro adornate con quantità di bei quadri studioli d' hebano, et altri belli addobbamenti. Ci è una stanza piena di galanterie, e curiosità con quantità di porcellana, e ui si uede anco una bella cappella. Insomma l' abitatione, è molto comoda, ci è un bellissimo giuco di maglio lungo 400 passi tutto coperto d' olmi, accanto il quale è un bello, e gran giardino potager, con quantità di frutti tutti accomodati in spalliere alte tre o 4 braccia che ornano molte uiottole, è diuiso poi in altri spartimenti di bossoli ne quali son posti gl' ortaggi, e nel mezo una bella fontana bassa con statue. Dauanti poi alla casa bellissimi parterri, e nel mezo una bella, et alta fontana a tre taze e poi più la un gran prato, ci è poi un saluatico d' alberi altissimi in quadro tutti intorno tosati con le forbice sino alla sommità, che non si può uedere la più degna cosa, parendo una muraglia uerde altissima, ci è un gran uiuaio con un' isola nel mezo per le tartarughe, da una parte nella fine del saluatico surge in una taza in terra una polla d'acqua alta un palmo di diametro di 2 palmi, e per un canaletto di pietra scorre tutta la testa del saluatico, et entra in una altra taza pure in terra, e con impeto grande ua sotto e corre facendo un bel giro, o uortice e uacuo intorno al buco doue entra, e ua a sboccare in un gran canale pieno di pesce largo 25 passi, e lungo 600, e ci ha il padrone $\frac{m}{30}$ franchi d'entrata lontana da Parigi a 3 leghe fuori della porta....

Uilla ueramente superba fabbricata dal Maresciall di Fiat sopra intendente allora delle finanze, e fauorito del Cardle con quantità di stradoni da tutte le parti, e parco grandissimo e circondata da fossi doppi, entrando per dua ponti a leuatoio in casa in un grandissimo cortile doue di qua, e di la sono le stalle, et altri seruizi. L'aspetto del palazo è uaghissimo tutto di pietre uenendo auanti con due gran braccia, et il fondo con un muro che arriua all'alteza del primo piano che fa un altro bel cortile, ne bracci auanti sono 2 cupolette, poi padiglioni, e nelle cantonate du' altre cupole più grandi, e in mezo un gran padiglione tutto di lauagne e piombi lauorati, ci son bellissime scale, sale, e stanzoni tutti soffittati, d'intagli indorati, e tappezzerie bellissime e sedie, e tappeti di felpa di lana di fiori al naturale fatti alla sauonerie a Chillò, ci è una Galleria di più di 100 passi delle più belle, e meglio adornate che habbi uisto

Chilly.

tutta piena di bellissime pitture con figure di stucchi et ornamenti e rilieui tutta dorata ricchissimamente.

Il giardino bellissimo con parterri uaghissimi Alee cioè stradoni lunghissimi e fontane in quantità con isola uerso il Canale grandissima piena di parterri di herba, e mortelline. Il palazo e con fossi come una forteza; ci è un canale largo 40 passi e lungo più di 1000 con quantità di spalliere, la quale acqua se ne ua nel basso, e forma nel chiuso de frutti un gran uiuaio in quadro più di dugen cinquanta passi per lato è lontana a cinque leghe si esce per la porta....

Issonn. Uicino a questo castello ci è la uilla di Mons. Osselin fabbricata, anzi non finita, di nuouo da lui assai bassa con piccole camerine, et in una ci ha una porta di specchi, l'incluso non è troppo grande ci ha un fiumicello che passa per il suo giardino, e ci entra per una gran bocca di un mostro di pietra, e di qua, e di la fa bella caduta in un canale lungo 100 passi e largo 15 forma per l'una e l'altra parte due piccoli riui quali sboccano per più di 40 cannoni posti in certa distanza nel medesimo canale parendo tante fontane et alla fine si uniscono i detti riuieri fanno un'altra bella caduta nel canal grande, dal quale passa, tenuta nel mezo con catheratte in dua canali con un poco di caduta per iui far girar due gran ruote di legno di più di cinque toise cioè 15 braccia di diametro piene di cassette che pigliono l'acqua girando, e la uotono al alto, doue si uede formare una bella cascata che finge come un monte in testa all istesso Canale e da quella alteza si distribuisce per tutto il giardino in molti luoghi con diuersi scherzi, cadendo in uiuai quadri, e tondi. Ci sono bellissime spalliere, e palissade, di molti agrumi rispetto al paese caldo, bei uasi di terra all' italiana e certi ancora inuetriati molto ben fatti. Passata lacqua le sopra dette ruote entra tutta in un canale fra quattro mura, doue da una parte ad una traue è attaccata una grossa corda per fare alla scarpolette, o canapiendola passando chi fa questo giuco uicino al acqua col culo un mezo palmo che bene spesso chi non è pratico dà occasione di ridere con il bagnarsi. È uicino a Corbeille lontana da Parigi sette leghe per andare a Fontana belleau, fuor della porta &.

Uilla Reale fatta alla spagl.ª tutta incrostata di terracotta fabbrica alta assai, edificata da Fran.co P.mo dopo la sua prigionia con dua ordini di loggie sopra luno a l' altro che la circondano d' ogni intorno di figura di Paralelogrammo con torrioni su le cantonate, e dui altri per i mezi, hora ua guastandosi, et è habitatione quasi fatta di cornacchie ha un gran prato attorno con muro a uso di forteza, e fossi senza acqua, e poi altro gran prato con molte casette per i seruizij, è posta quasi nel mezo del Parco, o bosco detto di Bologna che gira di circuito di muraglia circa sei miglia boscaglia amenissima e delitiosa per il fresco in tempo di state e per la quantità delle colationi, et allegrie che ci si fanno. Si esce per la porta nuoua, e di S. Honorato ancora lontana una lega e mezo.

Madrid.

Bosco di Uincenna.

Uilla Regia fabbricata da i Re d'Inghilterra con 12 torrioni grandissimi intorno alle mura a uso di città in forteza all'antica con poco meno di un miglio di circuito con fosso e ponti a leuatoio, et un gran Mastio detto Dongion nel mezo, e Chiesa, e molt' altre habitationi. Ha un chiuso che gira 6 o 7 miglia di muro con bellissimo bosco di pini e di tutte sorte di alberi con grandi stradoni doue si ueggono quantità di caprioli, e conigli, et ancora qui si fanno gran recreationi di merende, et altre allegrie, e serue hoggi per prigione di gran personaggi, e ne è Gou.^{re} Mons. di Chauignì; si esce per la porta S. Antonio lontano a due leghe.

San Germano en l'Aye.

Uilla Regia con un bellissimo parco, e grandi stradoni, e lungo giuoco di maglio, et un serraglio pieno di tutte le sorte d'animali il castello che chiamano uecchio è assai comodo con un bel cortile di mattoni con loggie, et una bella cappella di lì si passa al castel nuouo per un gran prato quale è fabbrica bassa assai, ma però comoda di habitatione con un cortile ouato, e di là dalla sala appuntellata nella prima camera grande fu posto il corpo del Re morto in un letto di uelluto rosso trinato d'oro uestito di una camiciuola lina e quattro guardie attorno, e sacerdoti che salmeggiauano, e dirimpetto al letto erono posti tre altari doue la mattina si celebrauono messe. Il posto di questo nuouo castello cominciato dalla Reg.^{a} Caterina e poi finito da Enrico 4.° è bellissimo facendo una superba uista per uenir da Parigi perchè dalle radici della collina che è assai bene alta sino al' estremità doue egli è posto sono scalinate, ringhiere, e grotte con nicchie di pietre, pilastri, e cornicioni diuersi, che pare tutta una facciata seguita; sotto le scale sono quantità di scherzi di acqua, e fra un piano, e l'altro bellissimi parterri, e spartimenti e da lontano come dissi apparisce una uastissima mole: si esce dalla porta S. Honorato, e si passa tre uolte la Senna sopra tre gran ponti, et il primo si chiama il ponte a Nouilli, et è lontano dalla città cinque leghe.

Questa marauigliosa uilla Reale non si può descriuere per la sua grandeza, e magnificenza: è fabbrica antica de i Re da Fran.co P.mo restaurata, e da Enrigo 4. ridotta in eccellenza, sta posta in mezo di una foresta, o bellissima boscaglia di quercie, cerri, e certi alberi di scorza bianchissima chiamati.... per due leghe intorno; appresso a questa ci è un grosso castello con buone comodità di alloggiamenti. Ci sono dunque molti cortili fra i quali i più notabili sono quattro cioè quello del caual bianco, lungo passi dugenquarantacinque e largo cencinquanta due doue sono per tre bande intorno le case per i Cortigiani molto comode, et agguagliate, in testa poi ci è la scala che sale al palazo scoperta, in due branche in tondo, con certi pianerottoli ad ogni tanto, posata su gl' archi molto ben intesa. L' altro cortile si chiama delle Fontane, molto uago con bellissima loggia a pilastri in testa, e tutte di pietra alla moderna. L' altro si chiama del Dongion per un gran padiglione

Fontana Blo.

che ha quasi in testa doue è l'appartamento del Re, et è in forma ouata con loggie. L'altro si chiama delle cucine, et è il primo che si troua per entrare dalla gran porta sopra la quale è scritto la seguente iscrizione

Henricus quartus Franc. et Nau. Rex Chst.⁰ˢ
Bellator fortiss.⁰ˢ uictor clementiss.⁰ˢ rebus ad
maiestatis, et publicae salutis firmamentum
compositis, Hanc regiam auspicato restau-
rauit immensum auxit magnificentius exor
nauit Anno M.D.C.IX.

Ci sono bellissimi stanzoni, et una in particolare ouata tutta dipinta, e dorata, doue di ordinario dicono partoriscono le Regine essendoci nato ancora Luigi XIII. Ci è il salone delle commedie doue è un cammino d'inestimabile belleza, e ualore tutto di marmo con colonne, e statue, et un Enrigo 4. a cauallo di basso rilieuo, ci è ancora un salone per il ballo tutto dipinto con cinque arconi d'inuetriate di qua e di la, et in testa un terrazino per i uioloni a dirimpetto al quale è la residenzia per il Re. È lungo quarantacinque passi, e largo uentiquattro senza il uano de i grandi archi che sarà più di dieci, accanto a questi ci è una cappellina assai bella, doue dirimpetto al altar grande sono scritti questi uersi

Imperio natisque potens, et Coniuge foelix
Alta pace sacram decorat Rex Inclitus Aedem
Aeternum ut pietas augusta splendeat Aula.

A terreno poi ce n'è un altra molto più grande, e magnifica tutta dorata con pauimento et altri hornamenti di marmo bellissime pitture, e statue fatte dal Bordoni fiorentino hora scultore del Re, è lunga più di ottanta passi con otto cappelle per banda, et un terrazino sopra la porta per il Re molto uago potendo essere poco più ricca, e magnifica di quello si sia. Ci è una uoliera, o uccelliera con una bella et alta cupola nel mezo, e con finestroni grandissimi sendone ancora nel tetto, con ordine uno maggiore, e l'altro minore acciò possa piouerci drento, e sia più luminosa, e meglio si nutrischino alcuni alberi che drento ui uerdeggiano, nel mezo è posto una fontana come una grotta con spugne di doue esce acqua uiua per dar bere alli uccelletti, con alcune pitture con questi due distichi

Tot populos uictor iuxto Rex Marte subegit
Regius hic retinet quot sibi carcer aues.

Qui Ianum clausit, uolucres hic sponte reclusas
Detinet, aeternum, quae sua gesta canant.

È lunga cento dodici passi, e larga dodici. Ci è la stanza di S. Luigi, e ci sono molte gallerie, che la grande è tutta piena di bellissime pitture del Rosso, e di.... che ueramente sono marauigliose, et hora si cominciano un poco a guastare, è lunga dugen quarantacinque passi, e larga dodici, in uolta, pur anco essa dipinta. Quella detta dei cerui con teste e corna di cerui bellissime e capricciose dipinta di alcune delle più belle città che habbia il Re, al numero di quindici, è lunga cento uenti passi, e larga dodici. Quella detta de i caprioli tutta dipinta di caccie, con teste, e corna di caprioli attaccate lunga sessanta sei passi, e larga otto. Quella del Re Fran.co con pitture del detto Rosso, e del Abate di S. Martino lunga cento quattro passi, e larga dieci. Quella della Reg.a pur dipinta, e con stucchi riccamente dorati posta sopra quella de cerui. Per il palazo ci sono molte buone pitture sì a fresco come in quadri, et in particolare bellissimi pezi di Lionardo da Uinci. Ci è un giardinetto detto della Regina ch' è fra la galleria de cerui, caprioli, e uoliera, con belle statue di bronzo. Il gran giardino poi si uede con bellissimi parterri, e spartimenti spalliere, e stradoni, et un gran uiuaio nel mezo con grandissima fontana sì come in diuerse altre parti di esso. Fuori di questo si uede un gran uiuaio, o lago a dirittura alla Corte delle fontane con un isola piena di spartimenti quale girerà più di mille dugento passi, con un altra isoletta in mezo con una cupolina per tirare a gl' animali: questo è pieno di grossissime carpe o regine, pesce assai stimato in Francia, e del quale si troua gran quantità. Sono in questo secondo giardino bellissimi stradoni coperti con altissimi alberi, e quattro grandissimi canali di acqua, et altri riui, e prati circondati da essi, sendo per la grandeza questo giardino molto uario di sito se bene tutto è in piano. Ci è una piccola fontana in ottangolo doue è la surgente d' un' acqua squisitissima e di quella che a punto ha dato il nome alla uilla come dicono di belle-eau, cioè bell' acqua, e come altri uogliono che quest' acqua fussi ritrouata andando un Re a caccia per quella foresta, da un cane chiamato bellò nel raspare per terra, e ciascheduno che capita in questo luogo per la bontà del acqua, e chiarezza ne beue et assaggia. Ci è poi un giuoco di maglio marauiglioso con alberi a quattro fila altissimi e lungo più di mille passi. Disunito da questi giardini è il gran parco con stradoni lunghissimi la maggior parte con alberi altissimi e tosati con quantità di prati, e boschetti diuersi, formando nel mezo una bella stella di stradoni doue è una fontana con una grandissima polla d'acqua che ua molto in aria. Ci è ancora il più marauiglioso canale che si possa uedere ch'è lungo 600 Toise cioè mille otto cento passi, e largo uenti toise cioè 60 passi. In somma la macchina è così grande che gira più del Uaticano di Roma, è lontana da Parigi quattordici leghe.

Ci sono moltissime altre Uille intorno a Parigi che troppo sarebbe il uoler parlar di tutte et in particolare, Liancurt quale non uedemmo che dicono passi di uagheza ciascheduna.

Parigi gira nel circuito delle mura poco più di Firenze, ma ci sono i sobborghi attorno che lo fanno molto maggiore, e questi sono dieci cioè S. Germano, ch'è il principale, con quantità di bellissime fabbriche e chiese, sendo hoggi il medesimo habitare i sobborghi che la città, non ci conoscendo differenza massimo in questi principali. S. Michele congiunto con il detto; S. Iacopo, S. Marcello, S. Uittorio, S. Antonio del tempio, S. Martino, S. Dionigi, Monmartre, S. Hono-

Altri particulari di Parigi.

rato il quale è adesso incluso nella città e questi fanno una nobil corona, et haranno di circuito più di sette leghe.

La città è circondata di mura, et in molti luoghi con baluardi, e si ua accrescendo con metter drento questi belli sobborghi. Ha bellissime porte e la Delfina è la più moderna che appunto inbocca il ponte nuouo per entrare nel sobborgo di S. Germano.

Di Parigi si fa questa diuisione di Uilla, Città, et Uniuersità; Uilla, è tutta quella parte della città che è fuori del isola di nostra Dama. Città è quella parte ch'è compresa nel isola di nostra Dama. L'Uniuersità è l'altra che è compresa da la strada di S. Michele sino alla piaza Moberta.

Gl'habitatori dicono i Franzesi che sono un milione, e mezo, ma ueramente si crede che siano nouecento mila et in particulare adesso per la morte del Cardle, e per la uenuta della corte a Parigi doppo la morte del Re, essendo stata per molti anni a S. Germano. Ci sono da dodici mila carroze, e più di altri, e tanti carrettoni, et il numero di tutti i caualli dicono che passi cento mila.

Dicono si consumi ogni giorno dieci mila castrati due mila uitelle di latte, e mille para di buoi senza contar pollame, et altri animali.

Il pane oltre a quello si fa in Parigi si caua da diuersi uillaggi circonuicini, donde due uolte la settimana il mercoledì, et il sabato, ne uengono più di quattro mila carrettoni.

E singulare il Cimiterio di S. Innocentio per la quantità del popolo che ui si sotterra, e per la grandeza di esso perch'è comune a tutto Parigi, nel quale si uede fra un infinità di Epitaffi, uno di una donna che uisse ottanta anni stette maritata sessanta, et hauendo hauto trenta figliuoli fra maschi e femmine tutti ammogliati, e maritate uedde trecensessanta dua persone della sua descendenza. Sono nel medesimo cimiterio alcuni sepolcri di personaggi grandi fattiuisi sotterrare per humiltà.

Il tempio così detto per esser la Chiesa, et il conuento de Caualier Templarij, trasferito nel ordine de Caualieri di S. Gio. al tempo di Filippo il bello, ha dodici mila scudi d'entrata con gran circuito di belle mura con torre, e merli, et habitatione del riceuitore, e d'altri. Questo luogo ha giurisditione temporale sopra diuerse strade di Parigi come l'Abate di S. Germano ancora. L'Arciuescouo, et altri signori quali tengono le lor carceri particulari e le cause loro hanno l'appello al Castelletto, et altri magistrati della città principali.

Nella città e sobborghi sono molte badie di fondatione Reale prima S. Geneuieua di Canonici regolari fondata da Clouis p.^{mo} Re di Francia Christiano, nella quale Chiesa si uede il corpo di detta Santa protettora di Parigi, sopra quattro colonne di marmo con quattro Angioli che reggono una cassa d'argento.

Molt'altri corpi di santi ui si ritrouono, e nel mezo del coro quello del Re fondatore, con la sua statua di bronzo, rende questa Badia ottomila scudi, e n'è Abate il Cardle della Rochefocault, di età adesso di 85 anni, e ui habita.

La badia de Celestini posta uicino al Arsenale, e maglio è goduta dal Ordine richissima a segno che dà da mangiare a 200 persone il giorno per lamor di Dio. La Chiesa è ordinaria, e ui è di notabile la cappella de Duchi D'Orliens della casa di Ualois doue si uedono diuersi loro sepolcri di marmo molto belli, e fra gl' altri quello del Duca Luigi, e di Ualentina Uisconti figlia del Duca Gio. Galeazo di Milano. Nella medesima cappella è una bella colonna di paragone con un uaso dorato sopra, doue sono i cuori di Arrigo secondo, disceso dalla casa di quei Duchi, e di Anna di Momeransi Contestabile di Francia, e fauorito di detto Re, insieme.

Il Priorato di S. Martino di dieci mila scudi d'entrata del ordine di S. Benedetto goduto dal Cardle di Lione.

Il Priorato di S. Guglielmo, già del ordine di tal santo, è hoggi goduto da i frati di S. Benedetto riformati ricco d'entrate, e d'hornamenti di Chiesa.

Il Priorato di Clugni di mediocre entrata goduto da frati di Clugni, et è anco collegio incorporato nel uniuersità di Parigi per li studenti del medesimo ordine, e per altri.

In S. Caterina posta uicino a Giesuiti di S. Antonio in una piccola stradetta, in una bella cappella è sepolto il Cardle di Birago, e la moglie.

La Badia di S. Germano del ordine di S. Benedetto goduta dal Uescouo di Mets fratello naturale del Re morto è di quindici mila scudi d'entrata, è Badia direttamente dipendente dalla iurisditione della sede Appostolica et ha iurisditione come di Uescouo sopra tutto il subborgo S. Germano, del quale è anco sig.r temporale, et ha come dissi le sue carcere, et i suoi tribunali separati, lappellationi de i quali uanno al Castelletto. La Chiesa è antichissima e non molto bella ha alcuni sepolcri antichi di Re, e Reg.e e due campanili in faccia, et uno dal fianco. Ci ha fatto questo Abate una bella fabbrica con bellissimo giardino. In detta badia ci è una biblioteca con molti manuscritti antichi, fra i quali il Salterio in cartapecora scritto a lettere d'oro che adoperaua S. Germano. Un libro di musica antichissimo doue in cambio di note sono lettere d'alfabeto. Un libro d'antichi notari romani pure in carta pecora, nel quale ogni lettera significa una parola inuentione da scriuere assai in pochi uersi, e ci sono anco molti libri di scorza d'albero.

La Badia di S. Uittorio, che ha le medesime prerogatiue, e iurisditioni sopra il suo subborgo di S. Uittorio che la passata, nel suo, è del ordine de i Canonici Regolari di S. Agostino, rende dieci mila scudi. La Chiesa è restaurata alla moderna, et è grande, e bella.

Li quattro ordini de Mendicanti fra la città, e sobborghi hanno i seguenti Conuenti. Quello di S. Fran.co tre, che il conuento grande detto de i Cordelieri è il più bello, doue per ordinario sono quattrocento frati, et è studio del ordine, e quello doue s' addottorò, e lesse S. Buonauentura. L' altro è quello dell' Auemaria, et il terzo è quello dei riformati, nel Chiostro ui è il sepolcro di Curtio Marignolle con l' epitaffio. Nella Chiesa ui è quello di Don Antòn di Portugallo in una cappella di Giulian Gondi. Accanto al Altar Grande ci è sepolta una figlia di S. Lodouico Re. L' organo di questa è mirabile, et il meglio che sia in Parigi con registri di uoci humane.

Quello di S. Domenico ne ha anco esso tre cioè il grande della strada S. Iacopo ch' è studio anco egli del suo ordine, e molto numeroso, doue studiò, e s' addottorò S. Tomaso d' Aquino. Gl' altri dua sono di riformati uno al sobborgo S. Honorato, e l' altro al sobborgo S. Germano, fondato pochi anni sono dal padre Generale Ridolfi, e l' altro di sopra dal Card.le Gondi.

Quello di S. Agostino ne ha due cioè il grande studio similmente del suo ordine, et il riformato fondato dalla Reg.ª Margherita di Ualois l' anno 1610.

Il Carmelitano ne ha un grande che parimente è studio del suo ordine le Chiese di tutti i quali sono antiche, e non molto belle.

Oltre di questo ci sono tre conuenti di Cappuccini uno ne sobborghi e dua nella città.

Uno di Cappuccini di S. Agostino, uno di Carmelitani scalzi due di S. Fran.co di Paula che uno è fuori della città un buon miglio chiamato Picquepus, doue sono bellissime fontane, ornate di nicchi del mare Oceano, con bel giardino, entroui alcune celle e piccole habitationi molto belle, hornate nella suddetta maniera. L'altro uicino alla piaza reale detto i Minimi con un bellissimo Altar Maggiore con colonne di Paragone, et arricchito di lauori d'ebano, et argento. Ci sono poi molti altri conuenti che troppo lungo sarebbe il uolerli nominare e descriuere tutti.

Ci sono in oltre tre case di Giesuiti, cioè Professa, Collegio, e nouiziato tutte fabbriche magnifiche, e belle al' usanza di questi Padri.

Ci sono in oltre i Padri Bernabiti quali pur anch'essi uanno fabbricando un bel conuento detto S. Paolo et al presente sono quasi tutti Italiani.

Ci sono ancora i frati della morte che habitano nel Lazeretto, come quelli che per obbligo del loro istituto sono tenuti a medicare, et assistere alli appestati.

Gli spedali sono i seguenti, il grande ch'è sul piccolo ponte di N. Dame, drento del quale si ritrouano per l'ordinario da $\frac{m}{3}$ malati comprese le donne quale hanno il loco separato, questo gouernato da monache, l'altro da huomini ha $\frac{m}{60}$ scudi d'entrata, e per tutte le Chiese di Parigi una cassetta per detto spedale, che importeranno più di $\frac{m}{20}$ scudi l'anno e si chiama l'Hostel Dieu.

Quello des Enfans Rouges, così detti dal uestir di rosso sono gl'innocenti spedale non molto ricco.

Quello des Enfans Bleux, per andar uestiti di turchino sono gl'abbandonati.

Lo spedale de frati colla sporta grande, e bello ma non ancor finito, nel foborgo S. Germano chiamato presentemente la Charité fondato dalla Reg.ª Madre M.ª doue non deuerebbero stare se non Fiorentini, et Italiani.

Lo spedale fondato dal Re S. Luigi nella strada S. Honorato per mantenimento di 300 Ciechi in memoria de 300 Caualieri che li furno arrecati dall' Infedeli in una speditione di Terra santa, portano questi Ciechi un zimarrone Tanè con un giglio d'ottone in su la spalla sinistra. Detto spedale è chiamato de *quinseuingt* cioè 15 uolte uenti che sono trecento, e di questi ne è uno per tutte le chiese di Parigi con la detta zimarra tané ad accattare per il loro spedale.

Il Lazeretto detto S. Luis Des Pestiferes fabbrica magnifica, e bella fatta da Arrigo 4.º contiene parecchi cortili con belle fontane, et acque uiue corrente attorno alla fabbrica; oltre alli spedali comuni ci è un infinità di stanze per persone di qualità. Ogni cortile ha una Cappella, e ui è una Chiesa grande, e bella dedicata a S. Luigi. Ha i suoi ufitiali fermi mantenuti con l'entrata di $\frac{m}{13}$ scudi l'anno che il medesimo Re ui assegnò, ci ha il suo campo santo fuori della città quasi un miglio.

Sono in Parigi un infinità di palazi, e molti che si uanno giornalmente fabbricando alla moderna, riccamente e con gran spesa, se bene da alcuni anni in qua fece il Re affigere un ordine fuor di tutte le porte, et in molti termini di Parigi come si uede scritto in pilastri, e di legno, e di pietra perciò ordinati per i quali prohibiua il poter ampliare, e di nuouo fabbricare per il grande accrescimento che si uedeua ogni giorno seguire della città che forse dubitaua che multiplicando gl' habitatori potessero mancare le prouuisioni necessarie per tanta gente o pure popolandosi questa si sminuissero troppo gl' habitatori dell' altre parti del Regno: se bene pare che a quest' ordine poco si obbedisca poi che non si uede altro che nuoue fabbriche sì nella città come ne i borghi, particolarmente in quello di S. Germano, e di S. Antonio doue solo al nostro tempo si sono uiste finite molte case, e palazi che uedemo cominciare. Hauendo io perciò descritti molti di questi che per la nobilità o grandezza chiamano Hostelli non starò ad allungarmi da uantaggio, dirò solo del già palazo d' Orlando Conte di Blaia Paladino di Francia, che hora, è diuenuto casa, e bottega d' un manescalco uicino alla strada della Uerreria.

Molti sono i Magistrati della città di Parigi che io solo qui cercherò di descriuere parte de principali, il primo dunque è il Parlamento che sentenza tanto in Ciuile quanto in Criminale souranamente cioè senza appello, onde si chiama Corte sourana, et è composto di otto camere.

Di alcuni fori, e Tribunali di Parigi.

La prima è quella detta la gran camera doue presiede il P.^{mo} Presidente sopra 24 Consiglieri, et alcuna uolta più, o meno, i quali sentite le parti in contradittorio danno il lor uoto al improuuiso al p.^{mo} Presid.ᵉ il quale ripostosi a sedere pronunzia l'arresto; cioè sentenza, la quale è scritta allora in presenza dal Greffiere, cioè Cancelliere della Camera, et essendo causa di momento tale che non paia da giudicarsi così l'appuntano per una, o più altre uolte, o per hauersi a uedere con le scritture in tauola, in Camera serrata a relatione d'un Reportatore ch'è un de medesimi Consiglieri di quella Camera nominato dal P.º Presid.ᵉ

Sono assistenti in ogni camera un Procuratore, et uno Auuocato Regio. Nella grande il procuʳᵉ Generale o suo fiscale, e nel altre i loro sostituti, come anco nella medesima Camera grande il Greffiere Gle, e nell'altre i sostituti.

Il fiscale, et Auuocato Regio parlano, o per cause proprie del Re, o per l'interesse che tal hora sentino del Re nelle cause de particolari, continuamente interuengono nel *parchetto* ogni uolta, cioè *balaustrato*, più di 50 Auuocati, et altri, e tanti Procuratori, o per piacere, o per sentire, e non parlan mai per le parti se non gl'Auuocati.

Cinque altre sono des Enquestes che per esser eguali fra di loro i giudici uanno cambiati di camera in camera ogni settimana, et è nella sua institutione una camera sola, che per la moltiplicità delle cause, è diuisa in cinque.

Dopo di queste segue quella della Tornella, così detta dalla Torricella doue lei è.

L'ultima è quella del editto creata da Carlo Nono

nel editto di pacificazione fatto con gl' Ugonotti per douer esser di giudici egualmente Cattolici, et Ugonotti; alla qual Camera appartenessero le cause delli Ugonotti, o doue hauessero interessi, se bene hoggi di questi non ui si troua se non un Giudice solo.

In ogni camera è nel numero de Consiglieri qualche consigliero Ecclesiastico, che si ritira ogni uolta dalla camera quando si sentenza qualch' uno a morte.

Il parlamento conosce le cause tanto nel temporale, quanto nello spirituale, fuor che nelle cose appartenenti a sacramenti e discipline ecclesiastiche, e riceue gl' appelli delle parti delle sentenze de Uescoui come sentenza d' abuso.

Le facultà de Legati a Latere, e le sue bolle si presentono al medesimo Parlamento prima che di metterle in esecutione, et egli stesso le modera quando ui troui alcuna cosa contraria al mantenimento del Autorità Reale.

La carica del P.^{mo} Presidente non è uenale, e si dà dal Re, ha da S. M.^{ta} scudi $\frac{m}{12}$ l' anno di pensione, et altro, e tanto e piu se li peruiene per ragione della funzione delle cause tutti gli altri ufizi si uendono; e uale.

Il Presidentato a Mortier i quali sono sette, e così detti perchè portano su la spalla una tasca di uelluto in forma di mortaio. Questo dico si uende uicino a $\frac{m}{700}$ franchi cioè $\frac{m}{200}$ scudi, et è così cara questa carica per essere la più honoreuole della città; e di poca rendita, che la loro entrata arriua a $\frac{m}{7}$ scudi.

Quelle dei piccoli Presid.^{i} si uendono poco più di $\frac{m}{30}$ scudi, e non hanno altro di più de Consig.^{ri} se non il titolo di Presid.^{e} e la prerogatiua di subentrare a quelli a Mortier.

L'ufitio de Consig.^{ri} uale $\frac{m}{40}$ scudi. La carica del Procu.^{re} generale $\frac{m}{170}$. L'Auuocato Gerle $\frac{m}{60}$. La carica del Greffiere Magg.^{re} non si uende dandola il Parlam.^{to} a chi gli piace.

Del corpo del Parlam.^{to} medesimo son tutti eguali ecclesiastici, e secolari, i quali hanno uoce in tutte le cause, e luogo come di Consig.^{re}.

Le cause criminali di tutti gl'offitiali della Corona sono sottoposti alla Iurisditione del Parlam.^{to} solo di Parigi.

Niuna Legge, o editto, e ualido, mentre non sia registrata o come si dice uerificata in Parlam.^{to} Non ostante la loro suprema autorità, non auuien mai che possino assolutamente contraddire alla uolontà di S. M.^{ta}

Nota che i Consig.^{ri} della gran camera della Tornella, e del Editto si mutono fra loro come fanno quelli del.... e che la Tornella è solamente camera per le cause criminali, e della quale possono i gentilhuomini per priuilegio de lor natali sfuggire il giuditio, et elleggersi quello della gran camera.

E nota ancora che dieci Consigl.^{ri} et un Presid.^{e} bastano a poter pronuntiare uno arresto o sentenza.

Non è perchè l'altre camere tutte non possino giudicare criminalmente ancora loro, quando nelle cause ciuili auuenga la criminalita.

Segue dopo questa corte quella des Aydes parimente sourana, e diuisa in due tribunali, per più pronta speditione delle cause et ogni tribunale ha due Presidenti, e quindici Consig.^{ri} e quello che presiede nel primo ha titolo di p.^{mo} Presidente, del quale la carica uale sopra $\frac{m}{100}$ scudi, e quelle dell'altri $\frac{m}{50}$. Quelle de i Consig.^{ri} $\frac{m}{35}$ scudi l'una, et anco in questa sono Procu.^{re} et Auuocato Regio, Greffiere, e sostituti, come nel Parla.^{to} In questa corte non si agitano se non cause concernenti all' entrate Regie, fuori delle gabelle e dazij.

In terzo luogo uiene la camera de Conti ch'è una cosa simile a i soprassindaci di Firenze. Questa non fa se non riuedere i conti a chiunque maneggia i danari Reali, è diuisa in due Tribunali ha due P.^{mi} Presidenti, e due altri Presid.^{i} 32 Maestri di Conti, e 32 Auditori di Conti questi esaminano, e referiscono a Maestri, e Presid.^{i} che sono quelli che giudicano. In questa camera gl'ufitiali seruono per semestri.

Questa camera come anco la corte di sopra des Aydes possono dar sentenze di morte, e le danno, e la Iurisditione del una, e del altra si estende quanto quella del Parlam.^{o}

Queste tre Corti sourane hanno le loro residentie nel palazo antico del Re fabbricato da Filippo il bello.

Molti altri Magis.^{ti} subalterni sono in Parigi gl'appelli delle sentenze de quali uanno al Parlam.^{to}

I Consiglieri uanno per la città quasi tutti uestiti da Prete.

E di questi il principale, e che ha cause infinite, è il Castelletto di Parigi, i Giudici del quale sono un Luogotenente Ciuile, et un Criminale, e 20 Consiglieri, et anco qui come in tutti gl' altri sono il Procu.^{re}, e Auuocato Regio, et il Greffiere.

La carica di Luogo Tenente Ciuile per esser di grand' autorità et emolumento andando tutte le cause del popolo di Parigi a questo foro uale $\frac{m}{200}$ scudi.

Ci è la Maison della Uilla, o sia casa comune del popolo, Capi del quale, e da lui creati sono quattro.... o sieno Consoli, e sopra di essi un Preposto de Mercanti creato dal Re i quali tutti si mutano ogni dua anni. Questi prezano tutte le grascie, e giudicano ancora nelle differenze che interuengono fra i Mercanti, e barcaroli del fiume che sono infiniti. La medesima è quella che comanda al popolo quando deue pigliar l' armi, crea i Capitani, et ufitiali delle Compagnie de quartieri, et ha nel proprio palazo 24 pezi di Artiglieria.

Dua altri fori sourani sono in Parigi, ma come membri della Corte, e seguaci di essa si descriueranno fra le sue particularità.

Questi sono il gran Consiglio, et il Consiglio priuato, e di stato.

Il Gran Consiglio è composto di sei Presid.^{i}, 60 Consig.^{ri} Procuratore et Auuocato Regio, et altri Ministri come ne i tribunali di sopra, et ogni sei mesi serue una metà di questi ofitiali. In questo tribunale si conoscono materie benefitiali, cioè delle liti che interuengono per il temporale de benefizi di cause concernenti foreste, strade, ponti, acque e giudicano souranamente sino alla uita.

Il consiglio di stato, è diuiso in due corpi in uno ui si tratta di materia di finanze, e ui presiede il gran Cancelliere del Regno, o in sua assenza il guarda sigilli e ui interuiene il Soprintendente Generale delle finanze con 50 o, più, o meno consiglieri di stato.

Nel altro interuiene il Cancelliere, o il Guarda sigilli come sopra, alcuni Consigl.ri di stato, et i Maestri di Richieste che sono più di 60, ma questi non giudicano, seruendo solamente per Apportatori delle cause al Consiglio, et in questa parte si tratta di materie di particulari che habbino qualche affinità con interessi del Re, e di cause fra parenti. Possono tutti giudicare per gl'uni, e gl'altri fino alla uita inclusiue, ma rarissime uolte lo fanno, rimandando i Criminali a i Parlam.ti o altri tribunali per questo deputati. Questo ha la sua residenza nel Luure, o nella casa del Cancell.re o Guarda sigilli ne giorni della settimana che si tiene il sigillo, et in campagna ne luoghi più uicini alla persona del Re. Et il gran Consiglio ha la sua dirimpetto a S. Germano de L'Auxerrois, et in campagna come quello di stato.

Gl'offitiali che seruono al Re sono di due sorte della Corona e della persona di S. M.ta Della Corona ne sono di spada e di toga di spada il Conte stabile di Francia. I Marescialli di Francia i Duchi, e Pari di Francia il Gran Maestro, cioè Gran Maior Domo.

Offiziali del Re.

Il Gran Chambelan, cioè Gran Maestro di Camera, Gran Escuier, cioè Gran Caualerizo, Gran Echason, cioè Gran Bottigliere, Gran Ueneur, cioè Cacciator Mag.^{re} Gran Fauconier cioè sopra la caccia delli uccelli, Gran Lupatier, Gran Panatier.

Di toga il Grand' eccles.^{co} cioè il Gran limosinier per lo più in persona d'un Cardle, et uno di Gius.^{tia} che è il Gran Cancelliere o Guarda sigilli. Questo ancora è reputato offitio della Corona.

L'ufitio del Gran Conte stabile è l'essere Gnle perpetuo di tutte l'armi del Regno. Per il che in qualunque esercito egli si troui comanda, e dà il nome a chiunque ui sia, nè farebbe difficultà un Pnpe del sangue di militare sotto di lui. Ha prerogatiue grandissime, fra le quali di potere esercitar giustitia in cose dipendenti dalla Contestabileria in qualunque parte del regno si troui, fuori che alla presenza del Re, e può sino arriuare al sangue, et ha perciò tribunali, et offitiali sotto di se et in sì fatte cause può anco far gratie souranamente. Ha nel taglione ch'è un certo sussidio antico pagato da popoli una certa portione che gl'importa $\frac{m}{150}$ scudi l'anno et oltre di questo ha $\frac{m}{50}$ scudi di stipendio, e $\frac{m}{100}$ franchi di pensione. Ha guardie del corpo che l'accompagnano per tutto fuori della presenza del Re, et ha parimente huomini d'armi, e Caualeggieri. L'insegna di questa dignità è una spada sfoderata la quale il medesimo Conte stabile porta anco in mano in occasione di cerimonia, et ora è uacante.

L'uffitio del Maresl è dopo il Conte stabile lor Capo, e per Gnli d'eserciti, e d'ingerirsi in tutte le materie di guerra, tanto nel armi, che ne i consigli. Hanno $\frac{m}{20}$ franchi l'anno di pensione et alloro si sogliono distribuire le prime cariche, e gouerni del Regno. Precedono a Duchi, e Pari in guerra, ma altroue no. Il numero di essi non è preciso, ma il maggiore è stato sino a quattordici com'è presentemente e sono quelli che uiuono hoggi.

Marescialli di Francia.

Il Mareschl de Vitri.	Duca de Chaune.	M.r de la Force.
Mar.r de Bassompier.	Chattillon.	Saint Luch.
Mar.r d'Estré.	Chomberg.	Bresé.
La Millaré.	Guiche.	Guebriant.
La Motte.	L'Ospital.	

I Duchi, e Pari di Francia sono i Palatini del Regno, e ne sacri del Re a loro tocca presentare la Corona, lo scettro, la mano di Giustizia, e l'altre insegne Reali, in dimostratione che alloro tocca l'eletione del Re, in difetto delle Linee Reali. Questi precedono in ogni luogo, a i Mareschl fuor che in guerra quando auuenga che un Mareschl habbia il gouerno del armi.

Duchi, e Pari di Francia.

I Duchi e Pari uiuenti (non mi obbligando di dirli tutti perchè non li ho a memoria) sono il Duca d'Orliens, il Pnpe di Condé, il Duca di Longauill, il Duca di Uandomo, il Duca di Nemurs, il Duca di Cheureuse, il Duca d'Albeauf, il Duca D'Angolem, e il Duca di Mercurio, e tutti questi sono Pnpi di stirpe.

Orliens fratello unico del Re morto, Condé secondo Pnpe del sangue Cheurosa et del Beuf della casa di Lorena, Nemurs della casa di Sauoia, Longauilla della casa d'Orliens, della stirpe del Conte di Porois, bastardo della medesima casa ma legittimato lui, et i suoi discendenti per i gran seruizi resi alla Corona nella cacciata delli Inglesi di Francia in tempo, e con l'aiuto della Pulzella d'Orliens. Uandomo Bastardo d'Arrigo 4.° Mercurio figl.° di Uandomo. Angulem bastardo di Carlo nono. Gl'altri sono tutti semplici Caualieri cioè il Duca di Uantadur, della casa di Leui; il Duca della Tremuglia della casa di detto nome, il Duca di Rets di casa Gondi. Il Duca di Mombason della casa di Rohan. Il Duca di Chorie della casa d'Albert. Il Duca di Bellegard della casa di Thermes, il Duca della Roscia focó della casa di tal nome. Il Duca di Uillars della casa pure di tal nome. Ce ne sono ancora molt'altri de i quali presentemente non mi souuiene, dirò solo de i Duchi, e Pari, e Conti, e Pari di Francia Ecclesiastici, che sono questi sei.

Duchi, e Pari e Conti Ecclesiastici.

L'Arciuescouo di Rens, e Duca e Pari di Francia, come anco il Ues.ᵛᵒ di Laone, e di Langres. I Conti, e Pari sono tre cioè il Uesc.º di Chalons, di Noyon, e di Bouês, e questi tutti assistono al sacro, et alla Coronatione del Re; l'Acius.º di Rens presentemente è Mong.ʳ di Ualanse fratello del Balì che comanda l'armi del Papa in Lombard.ª hauendo hauto questo Arciud.º dal Re quando egli lo tolse al figl.º del Duca di Guisa nella sua rebellione.

Nota che nessuno della casa di Lorena dà la mano, o precedenza ancora in carroza propria, a nessuno de i Duchi, e Pari di Francia, e questo ho uisto io medesimo fra il Duca di Mombason, et il Duca di Cheureuse, il quale di più era suo genero, e gouernatore di Parigi.

Il Gran Mtro che sino adesso, è stato uacante dalla morte del Conte di Suesson in qua, è stato presentemente dato al Pnpe di Condè: l'uffitio del quale è l'esser capo di tutti gl'ofitiali della tauola, e cucina, e distributore delle cariche e porta per sua insegna una maza d'argento con gigli di Francia ponendo questa dreto alla sua arme, e portandola ancora nelle funzioni publiche. Ha $\frac{m}{5}$ franchi di stipendio, e tauola aperta senza limitationi di posate, le quali sono sempre circa uenti per lo meno. Il Maior Domo, e Mtri di Casa, gentilhuomini seruenti, et altri ofitiali di questo genere, prestono il giuramento in sua mano, e da lui medesimo riceuono l'amministratione delle cariche loro.

Il Gran Chambelan, è il Duca di Cheureuse; questa carica ha iurisditione, et è capo delli altri quattro Chambellani, e de quattro primi Gentilhuomini della camera e dell altri gentilhuomini pure di detta camera, tanto delli ordinari che seruono che sono 24, che dell' altri semplicemente d' honore, che sono infiniti, dependendo similmente da lui ancora tutti gl' altri offitiali minori. È stimata questa carica $\frac{m}{100}$ scudi, e ne ha $\frac{m}{10}$ di stipendio. Questi assiste sempre e quando uuole alla persona del Re, fuori che nelle funtioni pubbliche di S. M.^{ta}

Il Grand' Escuier è uacante per la morte di Monsù L' egrand, cioè Monsù de Cinc Mars al quale fu tagliato la testa poco tempo fa in Lione in compagnia di Monsù de Tou, come è noto. Questa carica è di Cauallerizo magg.^{re} della Corona, ha la sua iurisditione sopra tutti gli scudieri del Re, che sono molti sopra i Paggi della Camera che sono Caualieri grandi, e sopra la Caualleriza Magg.^{re} del Re, la quale tutta alla morte di detto Re uiene in potere di questa carica, ha $\frac{m}{10}$ scudi di stipendio, e si reputa che ne habbia più di $\frac{m}{20}$ di rigaglie.

La carica del Grand' Eschienson, che oggi è uacante, e non è fin qui stata uenduta, et è sopra la bottigl.^{a} e sopra tutto quello che depende da lei. Serue il Grande Eschienson al Re, nel portarli da bere in occasione di qualche sollenità di banchetti, e nozze.

Il Gran Ueneur è il Duca di Monbason, e questo è sopra tutto quello che depende dalle caccie Regie, ha $\frac{m}{10}$ scudi l' anno, et altri emolumenti e uale la carica $\frac{m}{100}$ scudi. Sogliono tener sopra le lor porte diuerse corna, e piedi di cerui, et altri animali, come era alla casa doue habitauamo.

La carica di Gran Faulconier posseduta hora dal Duca di Luines, ha superiorità sopra tutti gl' offitiali delle caccie dell' uccelli.

Il Gran Panatier, è il Duca di Brissach questi ha superiorità sopra tutti gl' offitiali della Panatteria.

Di questi offizi altro non ne cauano gl' eredi se non quella portione che piace al Re ordinare, nel conferir le cariche ad altri, quando non le trasferisce a loro medesimi come suol fare.

Gl' offitiali di toga sono come si è detto di sopra dua l' uno de quali è il gran Limosinier, o sia Gran Cappellano che è capo di tutti gl' altri, Cappellano Magg.^{re}, Cappellani ordinari, Cappellani di quartiere et altri che sono in gran numero della Corte del Re, e quei duoi primi ordini sono tutti Caualieri Principali. Hoggi come dissi tiene questa carica il Card^{le} di Lione quale riceue il giuramento et ammette a seruire tutti gl' altri Cappellani che gli sono sottoposti. Ha iurisditione sopra la Cappella Regia : e per suo mandato si distribuiscono tutte le limosine del Re, o grandi, o piccole, rende $\frac{m}{12}$ scudi l' anno.

L' altro uffitiale della Corona togato, è il gran Cancelliere che di presente è Monsù de Seghier; questo tiene il gran sigillo della Corona, con il quale sigilla tutte l' espeditioni Regie, senza di che sarebbono inualide benchè fussero sottoscritte dalla propria mano del Re, e perchè di questa carica non puole nè suole il Re priuare nessuno suole, quando non si uuole seruire del Gran Cancelliere farli un guarda sigilli, al quale egli stesso consegna il sigillo, et ha la medesima autorità. Questi presiedono i consigli di stato delle parti, et è capo di tutti i fori, e tribunali del Regno. Questa carica da a chi de dua sudetti la possiede $\frac{m}{6}$ scudi di salario $\frac{m}{12}$ di pensione, e di emolumento infinito e sino ad hora non è stata uenduta.

Segni delle Principali Dignità del Regno.

Il Gran Conte stabile tiene la spada nuda, e la porta dreto alla sua arme in Pal cioè per diritto seminata di gigli di Francia.

Il Gran Mtro ha il bastone dreto alla sua arme come sopra seminato anch'esso di gigli di Francia.

Il Gran Cancell.re un mortaio colmo d'oro in testa ornato di perle, e pietre preziose, e per ordinario per Parigi ua sempre in toga, tiene la guardia del Re quella scozzese in casa, e non porta bruno per il Re morto.

I Mareschl.i attrauersono in croce due bastoni dreto all'arme seminati di gigli di Francia.

L'Ammiraglio, mette dreto al arme un ancora per dritto, et hoggi questa carica la possiede il duca di Brese nipote del Cardle Duca quale lhaueua auanti.

Se bene habbiamo nominato molti offitiali, discorrendo delle lor cariche, uoglio per più puntualità porre qui sotto i nomi della maggior parte di essi che presentemente le posseggono.

Mareschaux de France.

Marech. de Uitrì.
Duc. de Chaune.
Ms. de Bassompier.
Mar. de La Force.
Mar. de Chattillon.
Mar. de Saint Luc.
Mar. d'Estré.
Mar. de Chomberg, duc d'Aluin.
Mar. de Bresé.
Mar. de La Millaré.
Mar. de Guiche.
Mar. de Guebriant.
Mar. de La Motte.
Mar. de L'Ospital Mons. d'Oaillers.

Generaux d'Armees.

Le Duc d'Enghien fils du Prince de Condé Gl de l'Armee de Piccardie.

Le Uisconte de Touraine et Ms. du Plessis Preslin Gl dell'Armee en Italie.

Marsl de Guebriant Gl del Armee en Alemagne.
Maresl de la Motte Gl del Armee en Catalogne.

Admirail de la Mer.

Le Duc de Brese fils du Marsl.

Gle des Galeres.

Duc de Richelieu fils de Ms de Poncourlet.

Grnd Maistre de l'Artillerie.

Marsl de La Millaré.

Offices de la Couronne.

Grand Maistre.

Mons. le Prince de Condé.

Grand Chambelan.

Le Duc de Cheureuse.

Grand Ueneur.

Duc de Monbason.

Grand Faulconier.

Duc de Luines.

Premier Escuier, et Grand Lupattier.

Le Duc de Saint Simon.

GRAND PAINETTIER.

Le Duc de Brissac.

GRAND AUSMONIER.

Le Cardl de Lion.

GRANDS MAISTRES DE LA GUARDA ROBE.

Le Marquis de Montespan.
Le Marquis de Roquelaure.

PREMIER MAISTRE D'HOSTEL.

Le Marquis de Ueruin.

GRAND MARSL DIU LOGIS, CIOÈ FURIERE MAG.^{RE}

Le Marquis de Fouril.

GRAND CIRIMONIER.

Mons. de Rodes.

CAUALIER D'HONEUR DE LA ROYNE.

Le Conte d'Orual.

SOURYNT.^E DE LA MAISON DE LA ROYNE.

La Duchesse de Cheureuse.

Dame d'honeur de la Royne, et Gouer.ᵗᴱ du Roy.

Mad.ᵐᵉ de Senesse — en la Place de Mad.ᵉ de Lansac.

Dame d'Attour.

Mad.ᵉ d'Autefort.

Introducteurs des Ambassadeurs.

Conte de Bourlon.
Conte de Berlise.

Ayde des introducteurs.

Mons. de Girau.

Le Conseil en temps de la Regence apres la mort du Roy.

La Royne.
Monsieur.
Mons. le Prince.
Le Cardl Mazarrini.
Le Chancellier, Mons. de Siguier.
Le Presid.ᵗ Bailleur ⎫ Souurintend.ˢ de finences, en
Mons. d'Auau ⎭ la place de Mons. Bouttiler.
Euesque de Beauuois.
Mons. de Chauigni.
Conte de Brien, alias, Mons. de la Uille aux Clers.

Secretaires d'Estat.

Conte de Brien, en la place de Mons. de Chauigni.

Mons. de Teiller, Secr.ᵉ de Guerre en la place de Mons. de Noyers.

Mons. de Guenegau, pour la Mayson.

Mons. de la Urillere.

Coronel Gl des Suisses.

Cont de la Chatre.

Coron. Gl de la Caual.ᴱ Françoise.

Conte d'Alé.

Coron. Gl des Alemans.

Maresl. de Chomberg.

Des Mousqueters.

Mons. de Treuill.

Capitaines de Guardes.

Conte de Tresme.
Conte de Charrost.
Mons. de Uillequier.
Marquis Chandenier des Escossoises.

De la Royne.

Mons. de Gitteau.

MAISTRE DE CAMP DES GUARDES.

Maresl de Guiche.

CAPITAIN DE LA GUARDE DES SUISSES.

Le Duc de Bouillon le Marc.

Delle Guardie del Re.

Ha questo Re il maggior numero di guardie di Pnpe d'Europa, e queste per ordinario seguitono sempre la sua persona, e sono acquartierati quando sta a Parigi per i sobborghi, e uillaggi uicini, et ogni giorno si mutano 12 compagnie per la guardia di diuersi luoghi del palazo Reale, e seco il Re pochissime uolte li conduce tutti saluo che in qualche funtione perchè quando ua per Parigi, sì come la Reg.ª ancora non conduce altri che alcuni pochi Suizeri con la labarda, e certe altre poche guardie con casacche ricamate, si come se ne son uiste ultimamente con la nuoua impresa della Reg.ª di un aquila che assiste a due piccoli aquilotti, con il motto

Natos, et nostra tuemur

e la sua cifera un poco mutata da quello la faceua in tempo della uita del Re suo marito che è così ⅄ il che uuol dire Anna, Maria, e Luigi, e suole andare la Reg.ª per la città con una sola carroza auanti di suoi seruitori et una dietro et ella poi seguita in mezzo con diuerse Dame, e Principesse nella sua; stando sempre dalla parte del cocchiere che fra i grandi hoggi è tenuto il primo luogo, e dicono che si sia messo in uso dalla morte d'Enrigo 4.° in qua, quale staua a sedere nel luogo ordinario, e per conseguenza più comodo uenne a essere al homicida per non hauer auanti di se impedimento nessuno come in questo che è del cocchiere.

Il Re morto soleua alcune uolte andare senza nessuna guardia, ma solo con pochi lacchè il che non fa questo Re presente, il quale quando ua fuora conduce seco più di 300 soldati per esser di età così tenera, e nel principio del gouerno.

Suole alcuna uolta il Re douendosi fare qualch'impresa o mandare qualche soccorso alle sue armate ordinarie seruirsi di queste sue guardie, come presentemente ne sono molte compagnie in Italia, et un numero grande ne mandò sotto Tiunuille, hauendo queste moltissime prerogatiue e la precedenza con tutte l'altre militie ne luoghi doue si trouano.

Ha il Re morto da poco tempo in qua accresciuto il numero delle 20 compagnie franzese di guardia sino in 30, e tutte queste sono molto bene pagate, e sono di grandissimo emolumento a i Capitani, che Mons. de Guiteau fatto ultimamente dalla Reg.ª suo Cap.° dicono che ne cauassi $\frac{m}{50}$ scudi col solo uender le piaze della sua compagnia. Qui sotto dunque metterò distintamente il numero delle guardie.

Guardie del Re.

Fanteria.

Il Reggimento di guardia di 30 compagnie di $\frac{m}{6}$ Franzesi.

Il Regim.^{to} di Suizeri di 20 compagnie di $\frac{m}{4}$.

Li Suizeri del corpo di Cento.

La compagnia de Moschettieri seguita il Re a cauallo, et entra in guardia a piè, è di 100 huomini.

Le quattro compagnie di guardia del corpo delle quali quella delli Scozesi è la più antica, sono di 100 huomini l'una.

La compagnia del Gran Preuosto di 100 huomini.

La compagnia del Cap.° della porta del.... 100 huomini.

Caualleria.

La compagnia di gente d'armi del Re 200 huomini, e ciaschuno di questi è obbligato a tenere 4 caualli.

La compagnia de Caualeggieri 200 huomini.

Un altra compagnia ch'era quella del Delfino 50.

Che il numero di tutte queste guardie ascende a 11450.

Pnpi del sangue.

Si trouono presentemente sei Pnpi del sangue Reale compresoci il Re, e due Principesse, e 4 di linea non legittima e cominciando da i primi nominerò
Il Re Luigi XIIII.
Il Duca d'Aniou fratello unico di S. M.^{ta}
Il Duca d'Orliens zio di S. M.^{ta}
Il Pnpe di Condé.
Il Duca d'Enguien figl.° del Pnpe.
Il Pnpe di Conty figl.° di detto Pnpe.
Madamoiselle figl.ª del Duca d'Orliens.
La Duchessa di Longauill figl.ª del Pnpe di Condé.

Bastardi.

Henrico d'Orliens Duca di Longauilla, uiene dal bastardo antico d'Orliens.
Carlo di Ualoys Duca d'Angulemme figl.° di Carlo 9.°
Cesare di Uandomo Duca di Uandomo figl.° di Arrigo 4.° con dua sua figli il Duca di Mercurio et il Duca di Bofort.
L'Arciuescouo di Metz figl.° di Arrigo 4.° e della Marchesa di Uernouille.

Gouerni Principali del Regno di Francia.

Giugno 1643.

Bourgogne, et Berrì...	Mons. le Prince de Condé.
Normandie	Henri d' Orliens Duc de Longueuille.
Isle de France, et Paris.	Duc de Monbason.
Bretaigne	Mares. de la Millare, et aussi de la Uille, et Cittad.e de Nantes, et Blouee.
Languedoc	Mares. de Chomberg Duc d'Aluin.
Piccardie	Duc de Chaune.
Daulfiné	Duc de la Diguiere.
Prouence	Conte d'Alais fils du Duc d'Anguleme.
Champaigne.......	Mons. d'Oaillers Mars. de l'Ospital.
Bosme, et Orliens	Marquis de Sourdí.
Auuergne	Conte de Nouuaille.
Borbonois	Mons. de Saint Geran.
Lionnois.........	Marq. de Uilleroy.
Guienne	Conte d' Arcourt.
Poitú.	Mons. de Parabel.
Aumaine.........	Conte de Tresme.
Aniou	Mars. de Brese.
Xantonge, et Brouage..	Erono del Cardle e non sono ancora dati.

Tourene . . . . Marq. de Mort Mart.
Loraine . . . . Mons. de Guenoncourt.
Contee d'Arras . . . . . Mons. de Bousac.

Ha il Re moltissimi altri uffitiali i quali per ordinario lo seruono a quartiere cioè quattro mesi del anno de i quali non ne intendo di parlare non pretendendo che questa sia una esatta relatione della Corte di Francia, ma un semplice, e confuso diario, e ragguaglio di quello che mi passò per la mente.

Nota che i primi Ualletti di camera del Re seruendo pur anc'essi a quartiere, i quali sono quattro, cauano di questa carica $\frac{m}{10}$ lire l'anno e questa pure si uende.

Sono in questo paese molte sorte di monete, e d'oro, e d'argento e di rame, delle quali alcune si nominano, e non si battono come il danaro, et il blanco, e questa suol fare gran uariatione in poco tempo facendo hora più soldi ualere il testone et i quarti di scudo, et hora meno, sicome pochi anni fa si spacciaua la doppia per otto franchi che hora uale dieci, et è da sapere che per la scarsità causata per le tosature delle monete si d'oro come d'argento, ciascheduno le pesa ogni uolta che le deue pigliare in pagamento insino alle peze di 10 soldi, tenendo ogni bottegaio le bilancie et un libro entroui tutti i pesi, et impronte anco delle monete straniere, i quali in ciò, e sino i piccoli ragazi, sono molti esperti, che quando sono corte (dicono loro) cioè scarse le rifiu-

Delle monete di Francia.

tono, e solo le monete nuoue si d'oro come d'argento nelle quali è impronta la testa del Re che per questo si chiamano luigi, per hora non si pesano perchè non sono consumate nè si ueggono tosate, anzi i franchi nuoui uagliono più un mezo soldo de i uecchi ancorchè di peso.

Però dirò distintamente il nome della maggior parte di esse.

Il Danaro è la metà di un Duble, e non si batte.

Il Duble è la sesta parte di un soldo, e uale come a noi un quattrino, i quali son simili a nostri di grosseza, et ha da una parte impronta l'arme del Re, e dal altra la testa.

Il Soldo è con un poco d'argento come le nostre cratie, è un poco maggiore et ha l'arme da una parte, e dal altra una croce, et hora per far crescere la moneta ci è stato uno che ha preso per gran somma l'appalto di marchiarli tutti con un piccolo marchio di un giglio, e doue prima ne andaua cinque a fare cinque soldi quattro di questi marchiati hora bastano.

Il Liardo uale tre danari cioè un quattrino, o uero duble e mezo.

Il blancho uale cinque danari, e questo non si batte; ci è

La peza di cinque soldi che sono dieci de nostri raddoppiando sicome si uede e ne i soldi, i quali son pur anch'essi doppi de i nostri, e nelle Lire.

Ci è la peza di 10 soldi di 15 che adesso si chiama quarto di scudo con la testa, et arme.

La Lira, o Franco, o Testone uale uenti soldi, et è quasi di grandeza simile al nostro testone se bene la lega credo sia più bassa.

Il mezo scudo uale 30 soldi, anco esso con la testa, et arme, essendoci alcune altre peze di uentisette, e uenticinque soldi, ma queste sono monete uecchie, uedendosi hora quantità grande di queste che si stampano di nuouo, che sono di cinque di quindici, di uenti di trenta, e scudi, Doppie, e Dobloni.

Lo scudo uale 60 soldi cioè 3 lire che fanno 6 delle nostre pure anch'esso con testa, et arme.

La meza doppia uale 100 soldi, et ha la testa da una e dall'altra quattro L in croce.

La Doppia tanto di Fran.ª quanto di Spagna uale 10 lire che sono appunte 20 delle nostre con l'istessa impronta.

Le Doppie d'Italia di peso uagliono otto soldi meno di quelle dua già dette, sichè a portarle ci si perde 16 soldi de nostri.

La Piastra fiorentina non si spaccia per più di 65, o 68 soldi.

Del resto poi si peserebbono l'altre monete non conosciute, e saggiandole le stimerebbono quello che uagliano.

La lega della doppia di Fran.ª è stimata eguale a quella di Spagna.

La lega dell'argenteria lauorata è stimata la migliore dell'altre, uendendo l'argento a peso 28 franchi il marco ch'è una meza libbra, cioè otto once, e di questa se ne troua un infinità con bellissime fatture, il che si può ben credere, se si ha consideratione alle gran riccheze del paese.

Altri particulari di Parigi.

Sono in Parigi molte famose librerie, et in particulare quella di VR copiosissima d'ogni raro libro, et abbondantissima di manu scritti.

Quella del Tuano ottimamente ordinata; di S. Uittorio, e molt' altre.

Le botteghe de i Librai, e particularmente nella strada di S. Giacomo sono piene, e così ben disposte di libri tutti legati in corame rosso, nero, e falbo con filetti d'oro costando una legatura di un libro in foglio come un Calepino solo 30 soldi di quelli; che rendono marauiglia a uederli, et inciton i forestieri per il buon mercato a comprarli.

Lasciai di dire della singular cappella ch'è nel palazo che fu del Cardle di Richelieu per li archi, e lauori messi a oro con uarie pitture, e nelle stanze di esso ui si ueggono bellissimi quadri, fra i quali uno lasciatoli da Memoransì, quale teneua nella sua propria camera.

Haueua fatto il Cardle molte imprese in diuersi luoghi del suo palazo alludendo a se medesimo che una è di un Acciarino con la pietra con il motto

Non urit nisi Iesus.

e sopra una porta una Fenice con il motto

Nec est, nec erit, nec fuit alter.

A Ruelle sua uilla in uno oriolo a sole

Nec falli, nec fallere mos est.

— 163 —

Ho uoluto metter qui sotto per essermi stato recitato a mente l'empio epitaffio che è posto nella casa della uilla di Gineuera doue si ragunano i sig.ri

Inscrizione in Gineura.

Post Tenebras Lux.
Cum anno 1535 profligata Romani Antichristi Tirannide, abrogatisq. cius superstitionibus, sacrosancta Chsti religio, hinc in suam puritatem Ecclesia in meliorem ordinem reposita, Urbs ipsa in suam libertatem singulari Dei beneficio restituta fuerit, et simul pulsis, fugatisq. hostibus non sine insigni miraculo S. P. Q. G. monumentum hoc perpetuæ memoriæ causæ fieri atque hoc loco erigi curauit, ut suam erga Deum gratitudinem ad Posteros testatam faceret.

La fiera di S. Germano non la uedemmo per essere finita sul principio di Marzo. Questa comincia di Carnouale, e dura tre, o quattro settimane, et il luogo destinato per lei è nella strada de Turnon in uno smisurato stanzone, doue stanno fatte infinite botteghe di legno con cinque strade che uanno per lo lungo, e tre per lo largo qui concorrono mercantie da tutte le parti del mondo, e ui concorre infinità di popolo, è in uso il giocarui galanterie d'argenti, et ori, e simili fra Caual.ri e Dame.

Dell'Armi del Rè e Pripi.

È degna di consideratione la differenza ch'è nel arme tra i Pnpi del sangue, e naturali che quelli la fanno in questa forma e questi così non ci essendo altra differenza che la sbarra rossa uoltata diuersamente facendola solo il Re senza alcuna sbarra.

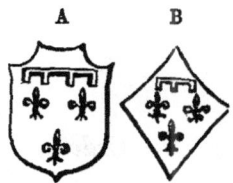

A. Arme del Duca d'Orleans.
B. Arme di Madamoiselle usando le fanciulle lo scudo in questa forma.

È da auuertire ancora che in Parigi et in alcuni altri luoghi della Francia per sei sabati dopo il Natale è concesso ad ogn' uno mangiar carne, e dice il uolgo Nostre Dame est en Couche, cioè la Mad.ª è in parto, i quali si rimettono intorno alla festa di S. Marco, digiunando alcuni giorni; sogliono ancora digiunare la uigilia di sei soli Appostoli, e dice parimente la plebe che gl' altri sono spagnoli.

Il Capo d'anno è in uso dar le mancie, e per l'Epifania si costuma far conuiti doue interuiene una stiacciata entroui una faua, che spezata in più parte si distribuisce a i conuitati, et a chi tocca la faua si chiama il Re del conuito, e se è donna Reg.ª facendo a questi molto onore, et in particolare quando beue gridando le Roy boit.

Non credo di hauer detto la particular situatione di Parigi però dico ch'è posto per la maggior parte in piano, et intorno è accerchiato da grandissima quantità di mulini auuento, ha una campagna fertilissima e delitiosa, composta per lo più di dolce collinette ben cultiuate, e sparse di bellissimi uillaggi e uille come si è detto, passandoli la Senna per il mezzo.

Dei Cadetti. I Cadetti che sono i figl.¹ nati dopo il mag.ʳᵉ non hanno entrate in quelle case però doue non è altro che beni feudali aspettando quelli per legge al primo genito, e di questa sorta sono quasi il maggior numero. In quelle case doue sono beni allodiali, e mobili participano per quella parte pro rata tanto i maschi, quanto le femmine, queste se muore il marito, e che non habbino figli rianno tutta la dote, e quello di più che ha guadagnato il marito da l'ora che sono stati insieme, facendosi inuentario al'entrare che fanno in casa, e se ui è debito non sono tenute, e morendo senza figl.¹ rihanno i lor parenti la dote.

È S. Dionigi terra grossa lontana due leghe da Parigi posta in pianura la quale principalmente è notabile per la magnificenza della gran chiesa, nella quale si seppelliscono i Re, e doue si conseruono i corpi di S. Dionigi, Eleuterio, Rustico, Hipolito, et altri. Ha questa Chiesa tre naui con pilastroni di pietra, e sopra gl'archi certe gallerie, o finestroni, è lunga trecento nouanta piedi larga cento, et alta per di dentro ottanta, imperochè il tetto di fuori è molto più, et ha due gran torre quadrate, et alte.

Di S. Dionigi.

Qui sono i sepolcri dei Re Reg.ᵉ et altri Pnpi et è molto notabile quello di Fran.ᶜᵒ P.ᵐᵒ Lodouico XII.º Carlo VIII.º et altri.

Nel tesoro posto in una sacrestia ui si ueggono molte singolarità tra le quali sono gl'ornamenti Regij come la Corona, lo Scettro, la Mano di Gius.ᵃ et altre cose le quali quando si deue consecrare il Re sono trasportate solennemente a Rens. Una croce d'oro, una lampada d'argento la quale donò Filippo Re di Spag.ᵃ quando hebbe il corpo di S. Eugenio. Un gran uaso di diaspro che dicono essere stato del Re Agoberto, come uno altro di quelli, ne quali nelle noze di Cana Galilea Cristo trasmutò l'acqua in uino. Ci si uede ancora un corno di Liocorno, la spada di Carlo Magno, e quella della Pulzella d'Orliens, un lanternone di ferro con molti cristalli ouati che dicono essere stato di Giuda, et uno specchio che tengono fusse di Uergilio, e li scacchi di Carlo Magno che sono grandissimi.

Di Charanton. È questi un Castello due leghe lontano da Parigi, doue è concesso agl' Ugonotti il lor Tempio, il quale è in forma quadra assai grande con tre ordini di loggie attorno l'una sopra l'altra, doue stanno a fare oratione, non potendo tutti capire nel piano di esso quale è tutto pieno di panche come le nostre Chiese, con i luoghi appartati per l'Imb.^{ri} e Pnpi di questa setta, uicini alla Catthedra, ch'è posta distante dalla testata del Tempio circa 20 passi, doue il loro predicatore dopo hauer detto alcuni salmi, et altre orationi fa la sua predica, et a questa loro diuotione uanno ogni domenica da Parigi, et in alcune altre feste; a piedi di questa Catthedra battezano i lor bambini; nella uolta sopra la Catthedra sono scritti a lettere d'oro in campo azurro i dieci comandamenti et alcune altre orationi, e nel' altra parte a dirimpetto a questo nel medesimo modo è scritto il Credo differente solo dal nostro che doue noi dichiamo *In Sanctam Ecclesiam Cattholicam* loro dicono *Ecclesiam Uniuersalem*, et il Pater noster. E ci disse uno di quei lor saui che il numero di quei di Parigi era solo di $\frac{m}{12}$; in una piaza dauanti al Tempio sono alcuni librai che uendono i salmisti, e libriccini, conforme alla loro setta et institute.

I panni d'arazo de i quali se ne uede in tanta quantità, e così bene lauorati si fabbricano a un luogo chiamato Li Gobellini lontano una lega da Parigi, doue sta grandissima maestranza per questo effetto, e di tintori, et altri manifattori, e doue uedemmo quantità di assortimenti bellissimi e di paesaggi, e di fiori, e di istorie benissimo disegnate, e colorite, e piene d'oro a diuersi prezi che chi costaua 1000 chi $\frac{m}{6}$ chi $\frac{m}{20}$ scudi e chi 800.

Il P.^{mo} Arciues.^{uo} di Parigi sendo per il passato uescouado è stato Gio. Fran.^{co} de Gondi uiuente, et ha ottenuto dalla Reg.^{a} la risegna del Arciuesco.^{do} per dopo sua morte all'Abate di Retz suo nipote, al quale il clero fu a far riuerenza, e riconoscerlo per loro superiore, mentre eramo noi in Parigi, detto hora il Coadiutore.

Sogliono ogni festa le Parrocchie di Parigi far fare certi gran pani, con butiro drento, e benedirli in luoghi apposta per questo posti in una principal parte della Chiesa tutti di noce intagliato con bei lauori, a similitudine d'un Altare, e questo benedetto a tempo della Messa Grande e tagliato in piccoli pezetti posto in un paniere uanno distribuendo al popolo.

Ha il Re oltre gl'infiniti Presidij ordinari che tiene nelle sue piaze, $\frac{m}{17}$ fanti di guarnigione nelle piaze sole acquistate.

Il dispaccio per Italia si suol fare il uenerdì, e di là uengono le lettere ordinariamente il sabato, e da Lione il martedì.

Sono in Parigi infinite belle Dame, e fra l'altre la Duchessa di Monbason la Pnpess.ᵃ di Guimené la Duchessa di Longauilla Madamusella di Roano, e Madmoselle figl.ᵃ del Duca d'Orliens, et infinite altre. E la gente bassa ancora è di bellissimo sangue.

Habito franzese. Portano per ordinario le donne per disopra la ueste sempre nera, la quale su i fianchi gonfia un poco per una certa cosa imbottita che ui pongano a tale effetto, e poi ua piouendo sino in terra strascicando più di dua dita dinanzi hauendo sempre di bisogno quando uanno a piedi di tenerci le mani con lungo strascico, e questa per lo più tengono alzata mostrando di sotto una, e due ueste di colore, portono tutte le scarpe, molto linde, e ricamate con gran calcagnino, i busti sono assai scollati, che si ueggono quasi tutte le poppe, e sino a mezo le spalle se bene per le strade, e Chiese uanno coperte con certi fazoletti circondati da merletti finissimi portono bellissimi uezi di perle e sempre al uiso la maschera di uelluto nero la quale non si cauano se non in casa, e questo fanno per esser più bianche, e non si guastare il uiso, accomodandosi quando uanno fuora con gran puntualità i capelli attorno la maschera i quali per ordinario sogliono tenere di qua, e di la dalle tempie molto lunghi, et inanellati, et adesso cominciauano ad usare ad ogni anello legare un cappio di piccolo nastrino chiamato nonpareglie.

Quello delli huomini è di portare il cappello con pochissima tesa di due o tre dita e non più e quadro, cioè tanto largo da capo che da piedi, i capelli assai lunghi, ma però se li cominciano a scorciare, i collari piccoli, portano anco due code di capelli una di qua, et una di la con galani di nastro, il giubbone di busto lungo, e di falde piccole un poco appuntato d'auanti, et i calzoni tanto larghi quasi da capo che da piedi aperti con quantità di stringhe da basso, le quali solo si portano quando si ha gli stiuali i quali si adoperano 10 mesi del anno con la tromba assai larga, e mandata giù sino quasi al collo del piede, il quale piede quanto più lungo e più bello si stima, auanzando più di due dita di uano a cornetti, i cannoni per sotto li stiuali s'usano larghi assai, a dua, e tre palchi tutti forniti con merletto fuori del tempo di bruno, e di Prematica di giglietti ricchissimi di Fiandra, e di Genoua, sicome anco li sparati delle camice d'auanti usando tenere il giubbone mezzo sbottonato. Senza stiuali poi si porta i calzoni un poco più stretti, e senza stringhe con la legaccia alla calza, la quale è d'Inghilterra tutta increspata. Il ferraiolo poi con gran bauero si usa assai corto, fuori che da campagna et in tempo di gran bruno che allhora tocca terra, e non usa farsi altra zimarra, uestendo per lo più di rascia di Firenze, o di panno d'Olanda. Nessun Galant'huomo al nostro arriuo usaua portare spada, et alcuni la portono con l'occasione del gran bruno del Re forse per non essere stimati preti, che poi ben presto la dismessero. Di altra sorte d'abito non potrei discorrere perchè arriuammo in tempo che tutti portauano bruno per la Reg.ª Madre, e poi per il Re che quasi tutta la città sì d'huomini, come di donne si uestì di nero et per il gran bruno sogliono gl'homini portare i cannoni di certa tela nera chiamata treilli, e le donne in capo una punta di uelo nero che piglia dal acconciatura, o treccie e finisce su la testa.

Di alcuni Principi in Parigi.

Sono in questa città molti Principi fra i quali ce ne sono di Casa Loreno cioè la moglie del Duca Carlo, la moglie del Duca d'Orliens sorella di detto Duca Carlo, il Duca di Cheureuse fratello del Duca di Guisa morto in Italia tre Princ.ⁱ di Guisa, cioè quello che era Uescouo e dua Caualieri di Malta, il Duca del Beuf con parecchi figlioli, il Conte d'Arcourt fratello di detto Duca, et il Marchese di Muy Aisne, et primo della Casa di Loreno doppo i Duchi.

Il Duca di Nemours della Casa di Sauoia con un fratello; questo Duca si maritò mentre eramo in Parigi con la Prin.ˢᵃ di Uandosmo.

La Princ.ª Anna e Princ.ª Maria di Niuers della Casa Gonzaga, quali litigando con il Duca di Mantoua sono in possesso delli Stati che esso Duca pretende in Francia; et molti altri Principi si ritrouono in questa Corte che troppo lungo sarebbe il numerarli.

Delli Ambasciatori, Residenti, et Agenti de Principi.

Stanno a questa Corte molti ministri de Principi come si uedrà qui di sotto notato e prima

Il Nunzio, Monsig.ʳ Grimaldi. (¹²)

Amb.ʳ di Suezzia, Ugo Grozio. (¹³)
Amb.ʳ di Portugallo, Conte di Uidighiera.
Amb.ʳ di Uenezia, Girolamo Giustiniano.
Amb.ʳ di Sauoia, l'Abate Scaglia.
Amb.ʳ di Olanda....
Amb.ʳ di Malta, il Comend.ʳᵒ di Grancè.

Residenti.

Segr.ʳⁱᵒ Residente d'Inghilterra....
Resid.ᵉ del Granduca di Toscana, Gio. Batt.ᵃ Barducci.
Resid.ᵉ di Mantoua.... Priandi.

Agenti.

Un Ag.ᵗᵉ del Palatino.
Ag.ᵗᵉ di Parma, Lionardo Uilleros.
Altro mandato da Parma, il Segr.ʳⁱᵒ Monguido.
Agente del Langrauio.... Polelmi.

Questi sono quasi tutti i Ministri dei Principi che di presente si trouono a questa Corte, che per il passato ci soleua esser quello di Spagnia di Fiandra di Loreno resid.ᵉ, e l'Agente del Imperatore. Pochi anni sono Inghilterra ci teneua Amb.ʳᵉ et hora ci ha un Seg.ʳⁱᵒ Resid.ᵉ, sì come Sauoia prima un Resid.ᵉ et hora un Amb.ʳᵉ Il Resid.ᵉ di Toscana Barducci successe al Conte Bardi, et la precedenza nelle Audienze, et altre funzioni fra questi Ministri è per lappunto secondo l ordine della nota sopra posta. Tutti sogliono trattarsi bene, e fra gl'altri l'Amb.^re di Portugallo con muta a 6 caualli usando però andare per la città a dua con 6 paggi et 8 lacchè, questi è persona molto attillata e dicono che usi lisciarsi, giouane di bello aspetto, e che in Portugallo tenga per moglie la più bella sig.^ra che sia in quel Regno, ueste mezzo alla spagnola se bene la liurea alla fran.^se Molto cortese nei saluti non hauendo hauto il nostro Amb.^re da trattar seco se non in questi, i quali erono profondi. Li altri Ministri nominati uestono tutti alla franzese, et il Resid.^e del Gran Duca tiene una casa di 900 franchi di pigione una carrozza, dua o tre lacchè, un paggio, un Segr.^io et un cameriere, et a questo il Granduca suol dare 2000 piastre l anno se bene il s.^r Conte Bardi ne haueua 2400 e di più fa buono la carta et altro attenente alla Segreteria e le spese che si fanno in campagnia in seguimento del Re.

Mentre si andauano uedendo le sopraddette cose seguitaua il Re con la sua graue malattia la quale hora appariua poca hor molta, et hauendo desiderio Gio. Rucellaj di andare a S. Germano per riuerire il s.^r Card^le Mazzarrino e ueder anco quella Corte, e uolendo ancora il sig.^r Amb.^re intendere qualcosa circa la sua Audienza, et circa il titolo di Eccell.^a commesse a detto Rucellai che con il s.^r Card^le espressamente negoziassi questi particolari, sì come ancora del abito nel quale S. Em.^za hauerebbe stimato meglio che fussi andato, o paonazzo, o nero. Partì dunque il Rucellai il Lunedì 6 d Aprile, accompagnato dal suo cameriere dal furiere e da un paggio, et arriuato a S. Germano smontò ad un Osteria, e mutatosi li stiuali grossi in sottili e neri et allindatosi se n' andò uerso il Castello Uechio, su la porta del quale per sua maggior fortuna trouò il s.ʳ Abate Bentiuogli suo amico già in Roma quale condottolo alle stanze del s.ʳ Cardle li fece mille accoglenze, et doppo hauer aspettato qualche tempo per esser il s.ʳ Cardle dal Re, uenne finalmente accompagnato da molti Caualieri principali, uestito con un ungherlina corta di uelluto riccio chermisi guarnita di una sola piccola guarnizione del istesso colore i calzoni et il giubbone di panno Lucchesino et il ferraiolo corto del medesimo sopp.ᵗᵒ del istesso uelluto riccio un paio di stiualetti bianchi con sproni et un cappello nero con cordone d oro. Entrato nella prima stanza quale seruiua di anticamera molto piccola, hauendone solo un altra con tapezerie ordinarie doue dormiua e mangiaua con un stanzino per scriuere, e fattoli l inbasciata dal s.ʳ Abate andò subito alla uolta sua e riconosciutolo li fece infinite dimostrazioni di cortesia abbracciandolo et entrati in camera insieme con altri ss.ʳˡ si messono in un canto a negoziare gl' interessi del s.ʳ Amb.ʳᵉ i quali, sì come tutti gl altri propositi, sentì con infinita attenzione, e quanto all Audienza, che non ne poteua accertare il giorno per la malattia del Re, ma che se miglioraua sarebbe stato il primo, e quanto al titolo del Eccell.ᶻᵃ come se per l innanzi non li ne fussi stato trattato mostrò che come a prelato non si doueua allegando molti esempi e del Arciuescouo di Pisa e di lui medesimo i quali furono trattati solo d' Ills.^{mo}, a questo soggiunse il Rucellai molte cose et in particolare l' esempio dell Arciu.º di Cordoua e la premura che il Granduca haueua in ciò, e che egli hauerebbe riconosciuto, seguendo la sodisfazione, tutto dalla sua mano, e li soggiunse che l' istesso Monsr Grimaldi Nunzio, li haueua mandato a dire, (quando li mandò a dare il ben uenuto per il suo Seg.^{rio} quale li dette del Eccell.^{za} rispondendoli in proposito di Monsr Nunzio dell Illmo il quale mandò poi a ringraziare per il s.^{r} Mario Baldacchini Seg.^{rio} di S. A.) et si era esibito mentre che dalla Corte, cioè dai Ministri di S. M.^{ta} uenissi data l Audienza al s.^{r} Amb.^{re} di uoler anch egli concorrere con riceuer egli del Illmo et con infinito termine e cortesia trattò questo particolare per la stima che faceua di S. A. e della persona del s.^{r} Amb.^{re} Le quali ragioni intese il s.^{r} Cardle mostrò di uoler premere grandemente in negoziare laggiustamento, e di uolerci fare ogni forza. Quanto al abito che si rimetteua al piacere del s.^{r} Amb.^{re} il quale solo per consiglio le ne haueua fatto participare, intendendo di uoler pendere da esso anco in altri particolari come dal Granduca li era stato ordinato. Ma che per fare più honore al suo Principe poteua seruirsi del abito proprio che portono in Roma i Protonotarij participanti dei quali egli era il decano, che è paonazzo. Ordinò anco a detto Gio. Rucellai che rendessi grazie a S. Em.ᶻᵃ della uisita che li haueua mandato a far a Parigi per un suo Gentilomo per riuerirlo e darli il benuenuto, (quale fu riceuuto dal s.ʳ Amb.ʳᵉ alla porta della camera et accompagnato sino a mezza la sala); sì come fece, con mostrare che il s.ʳ Amb.ʳᵉ uoleua molto prima mandarlo a riuerire, al che soggiunse che haueua inpazienza di uederlo, e che quando fussi uenuto a Parigi harebbe trouato modo et occasione di farlo.

Finiti questi et altri propositi salutò S. Em.ᶻᵃ detto Gio. Rucellai per parte del s.ʳ Cardle Sacchetti e discorsero di altri particolari di Roma, doppo i quali con mille esibizioni et cortesissime parole, l'inuitò a desinare, il quale appunto si andaua preparando nell istessa camera doue al fuoco di un cammino erono gl altri Caualieri che quiui desinarono sino al numero di 10 cioè il Gran Cancelliere Mons. De Siguier, il Marechal di Chomberg, il Conte di Trenne il primo Cappell.º della Regina che poco doppo fu fatto Uescouo, et il sig. Abate Bentiuogli et altri, era la tauola tonda et il desinare fu lautissimo seruito da paggi et altri homin neri, et al s.ʳ Cardle si portaua da bere in un bichiere sopra una sottocoppa dorata in una mano e nel altra una mesciroba d'argento dorato con l'aqua, che pigliato il bichiere in mano si porgeua per empierlo di aqua, e messa la sottocoppa sotto beueua, et li altri poi faceuono nel istessa maniera senza la sottocoppa sotto, i piatti o posate erono tutti senza differenza. Si usa su la bottigleria molte di quelle miscirobbe o boccali particolarmente per le case grande per annaquar il uino, il quale si mesce in bichieri grandi alla cortigiana di cristallo in pochissima quantità empiendo poi il bichiere di aqua che assolutamente sarà $\frac{3}{4}$ più del uino; finito dunque il desinare e lauatisi le mani sì come si fece anco nel principio, tornorono quei ss.[1] al foco, e il s.[r] Cardle uoltatosi al Rucellai doppo alquanto di discorso lo licenziò il quale con il sig.[r] Abate Bentiuogli se n'andò a ueder desinare la Regina, quale per ordinario ua a tauola tardissimo, questa parimente era nel Castello uechio, sendo il Re nel nuouo fattosi condurre per l'inquietudine del male di pochi giorni, era dunque aparechiato per Sua M.[ta] in una camera non troppo grande detta la stanza delle guardie tapezzata di arazi non troppo belli, e dei quali anco ne mancaua un pezo da una parte di essa: fu coperta la tauola che non era troppo grande di uiuande in grandissima copia con piatti d'argento coperti portati da lacchè e guatteri di cucina sino alla tauola, con lo scalco auanti con un bastone in mano in triangolo e poi da un altro scoperti i detti piatti e mostrati alla Regina che non li uolendo gustare fa cenno si leui, e quelli che uuole se li fa metter dauanti trinciando ogni cosa da per lei hauendo su la sua panattiera coltello cuchiaio e forchetta, e mutando spessissimo touagliolino, che per questo effetto sta sempre su la tauola una grande nauicella di argento piena di saluette, quale alcune uolte fu scoperta da un Uescouo, il quale benedisse la tauola, sendocene atorno ad essa molti altri, et poca gente bassa con alcuni Cau.^{ri} e ss.^{l} dei quali non ne ueniua in quantità perchè il Re non si curaua di conuersazione e si era per lindisposizione annoiato. Beuue tre uolte sempre un grandissimo bichiere di aqua pura, et alla fine messasi in tasca alcune cose dolce per dar al Delfino, et al Duca d'Anioù, si leuò et tornò in camera sua doue erano le sue Dame et alcune altre uenute dalla città. Era S. M.^{ta} uestita di nero con un bellissimo collare di punto di Genoua e bellissime perle, assetta alla franzese con capelli lunghi dalle tempie et anellati, neri, il uolto è più presto bello con un poco di rossetto e non mostra l età che ha che è di 40 anni, ha poi le più belle mani che donna che sia al mondo, et molto affabile: ragionaua con tutti quelli che stauono attorno alla tauola, e mentre che S. M.^{ta} desinaua fu condotto il Rucellai a uedere il Delfino, dal medesimo sig.^{r} Abate, quale entrato da per sè in camera e parlato prima a Mad.^{ma} di Lansac gouernante di esso con dirli chi egli era, ottenne licenza d'introdurlo, sì che entrato, baciò a S. A. R.^{e} la mano, e seco si trattenne per $\frac{1}{4}$ d'ora giocolando con certi bui dipinti che haueua in mano, è questi bellissimo Principe, grasso e fresco e di età di 5 anni di aspetto maestoso e graue, uestito di una zimarrina con le maniche lunghe pendenti sino in terra, et un berrettino come una cuffia in testa ed il grembiule. Haueua nella sua camera molti e diuersi arzigogoli per trattenersi, et il ritratto del Card.le di Richelieu, il suo letto con i balaustri et accanto quello della Gouernante quale era una dama assai grassa e di età della casa di.... prese doppo questa uisita il Rucellai licenza dal sig.r Abate, e ritrouati i suoi homini che l'aspettauono dalla scala a lumaca del appartamento del sig.r Card.le Mazzarrino, s'inuiò uerso l osteria doue fatti mettere all ordine i caualli s'incamminò per la uolta di Parigi 5 leghe lontano da S. Germano di buonissima strada, per la quale si uedono infinità di conigli e cerui, e quantità di bellissimi uillaggi molto uicini l'uno all altro passandoci tre uolte la Senna sopra lunghissimi ponti, et arriuato a Parigi ragguagliò di quanto occorreua il s.r Amb.re Alla uisita del quale in capo a pochi giorni da parte del istesso s.r Card.le uenne il s.r Abate Bentiuogli riscontrato alla scala et accompagnato tutte le scale et anchesso li espresse la uolontà che haueua il s.r Card.le di seruire il s.r Amb.re ma che le presenti congiunture del male di S. M.tà lo ritardauono, a questi regalò S. E. una cassetta di essenze di odori, e guanti portati d'Italia, sì come per il medesimo ne mandò ancora al sig.r Card.le essendo in quel paese molto stimate simili galanterie.

Uennero in questo tempo molte Dame, e fra l'altre Mad.ma d'Ampus figl.a del Duca di Uillar e nipote del Marechal d Estrè e del Duca di Uandomo, maritata ad un Auignonese, a uisitar il s.r Amb.re perchè l haueua conosciuto in Auig.ne laltra uolta che ci era passato 7 anni prima, e Mad.^le Fierauanti, et altre Dame quale al solito si salutauono col bacio, e si accompagnauono sino alla carroza.

Andaua tutta uia peggiorando il Re, quale nella sua malattia doppo hauer trattato i negozi di Stato, i quali non lasciò mai, e doppo le sue deuozioni, per diuertirsi si tratteneua alle uolte in infilzare di prugnoli secchi con le sue mani, trattò e pensò molte uolte lasciar il maneggio, e Gouerno in mano della Regina con formare il Consiglio e limitarli lautorità sì come fece, e uenendoli diuersi accidenti e uedendosi spedito pensò di far la cirimonia del Battesimo del Delfino come seguì.

Il dì 21 Aprile Martedì si fece priuatamente questa funzione nella Cappella di S. Germano essendo compare il Card.le Mazzarrino e la Prin.^sa di Conde comare. Hauendoli posto nome Luigi in mancanza del padre che già si uedeua al fine della uita, dette un poco che dire l hauer eletto per compare il Card.le (quale si andaua aquistando l'inuidia per il gran fauore nel quale era appresso S. M.^ta) che senza far saper al Nunzio quale si credeua lo douessi tenere in nome del Papa come prima era aggiustato fece così grandi dimostrazione seco.

Battesimo del Delfino.

Fu listesso giorno ratificato in Parigi dal Parlamento il Testamento del Re, nel quale daua la reggenza alla Regina limitandoli l autorità nelle deliberazioni per i uoti del Consiglio dei quali la multiplicità uinceua, e luogott.^te generale haueua eletto il Duca d Orliens suo fratello e Capo del Consiglio Conde, e Mazzarrino, il quale fussi sopra tutti i benefizi ecclesiastici del Regnio, e consigliere necessario sicome il Cancelliere Chauigni e Boutiller cioè che non potessino esser priuati della carica mentre il Re staua nella sua minorità, e così andaua disponendosi S. M.^{ta} alla morte con grande intrepidezza.

Caduta di Mons. de Noyers. Era in questi tempi caduto dalla grazia del Re sino li 11 del presente per opera dicesi del Cardle Mazzarrino, e di Monsr. di Chauignì, quali bellamente l haueuono messo in mala considerazione appresso S. M.^{ta}, Monsr di Noyers Segretario di Guerra, e Consierge di Fontanablò, e soprintendente delle fabbriche; homo stimato da bene e di buona coscienza che non si era nè per i suoi nè per se medesimo troppo arricchito, Gesuito se bene non andaua in abito, e di piccola statura, molto amico stato e dipendente del Cardle di Richelieu. Al quale il Re mal impressionato un giorno domandò che li rendessi conto di alcune sua amministrazioni, et non essendo mai per tanti anni stato solito a far ciò, e uedendo la marina turbata fu consigliato a domandar licenza, quale subito ottenne ritirandosi egli ad alcuni sui luoghi. Fu il Marechal della Millare a lamentarsi con il Re, et a rappresentare l'integrità di Noyers per la stretta amicizia e dipendenza che haueua con il già Cardle Duca suo parente, ma S. M.^{ta} li rispose aspramente, dicendo che Noyers seguitaua troppo le falsità del Cardle morto, che era un tristo e che haueua messo sotto sopra tutto il mondo, e perciò disgustato si partì detto Marechal, e quasi anch'esso a Noyers si ritirò disgraziato.

Per la carica di Segr.^io di Guerra spedì subito il Cardle Mazzarrino a Monsr di Teillier che era in Turino e di sua propria autorità le ne diede, restando li altri dua offizi soli a Mons. di Noyers, quale ancora era poco amico di Chauigni perchè haueua procurato, e proposto che douessi andare al Congresso di Munster: andandoci detto Chauigni malissimo uolentieri come era destinato di già, e facendo uista per allora di accettar questa carica con buon animo con il consiglio del Cardle Maz.° cominciò poscia ad adoperarsi e per se medesimo e per opera di detto Cardle fece sì che ottenne di non douer più andar plenipotentiario a questo Congresso, et indi poi cominciò a ordire linsidie a Noyers, e li riuscirno, se bene in capo a poco tempo ueddi le sue uendette per la caduta di Boutiller soprint.^e delle Finanze padre di Chauigni, e poi per la caduta ancora di detto Chauigni p.° Segr.° di Stato come si dirà a suo luogo.

Andaua tutta uia peggiorando l'indispositione di S. M. quale conoscendosi moribondo chiese egli medesimo l'olio santo il giouedì 23 di aprile dicendo uoler questo sacramento in tempo di buon conoscimento e mentre il sacerdote faceua questa funtione comandò che tutti quei Caualieri ch'erano nella sua anticamera passassero a uedere, e disse S. M. con uoce chiara che ciò faceua acciò che uedessero che la morte non fa differenza da i Re alle persone priuate, e trouandosi quiui il Marsl della forza Ugonotto con una esortatione che gli fece acciò riconoscesse la uera fede, e si emendassi lo ridusse a piangere dirottamente, se bene era persona di età molto graue, et ostinato. Cominciò S. M. da questo giorno sino a tutti gl'altri della sua uita a comunicarsi ogni mattina, e per tutte le Chiese di Parigi e quasi del Regno tutto stette esposto il Santiss.º Sacram.to per lui. Indi a pochi giorni li si ruppe una postema che haueua nello stomaco, per la quale gli uscì molta materia cattiua, che li portò notabile solleuamento e questa sua infermità faceua strauaganze tali che ora daua buone speranze, et ora del tutto le toglieua.

Intanto arriuò in Parigi la sig.ª Duchessa di Guisa con i dua Caualieri suoi figli, la quale era stata tanto tempo esiliata fuori di casa sua, et il sig. Amb.r sì come molti altri Pnpi, e Caual.ri di Parigi uoleua mandare a riscontrarla con la sua carroza a sei, il che non seguì per essere ella uolsuta uenire incognita la sera antecedente di Dom.ca li 26 d'Aprile su le 3 hore di notte. Mandò il sig. Amb.re il sig. Lorenzo Capponi a farli reuerenza in suo nome, e darli la ben uenuta, e pregarla di compiacersi di dirli quando poteua egli medesimo in persona essere a passare seco l'istesso ufitio, perchè come incognito non haurebbe uolsuto incontrare per la moltitudine delle uisite che concorreuano al Hostell di Guisa, e per esserci ancora alloggiato il Duca d'Orliens, qualche difficultà. Fu gradita da la sig.ª Duchessa, e da i Pnpi suoi figli in estremo questa uisita, hauendo sì da quella come da questi riceuuto trattamenti di strasordinario affetto, e cortesia, e li soggiunse che per hauer tanta moltitudine di uisite di parenti, e d'altri non poteua quella sera riceuere l'honore della sua con quella satisfatione che hauerebbe uolsuto; ma che se così si fusse compiaciuto S. E., gli hauerebbe fatto sapere quando poteua riceuere tale honore. Fu pochi giorni dopo la Duchessa a S. Germano, a far reuerenza al Re e renderli gratia che si fusse compiaciuto di riaccettarla sotto il manto della sua clemenza.

Il Lunedì quattro di Maggio mandò detta sig. Duchessa al sig. Amb.re che hauerebbe riceuuto se egli si compiaceua l'honore della sua uisita su le 24 hore. Arriuato dunque S. E. all'appartamento della sig. Duchessa in habito corto fu da lei rincontrato una camera, et egli la salutò con il bacio, sì come Madamusella sua figliola, et entrati poi nel'altra stanza, e messisi a sedere si trattennero per lungo spatio di tempo in uarij discorsi dandoli ella sempre del Eccellenza.

Due sere dopo andò il sig. Amb.re a uisitare i sig.ri Pnpi di Guisa quali lo riceuerno a capo le scale dandoli la mano, e trattandolo di Eccellenza, e l'accompagnorono fino alla carroza mouendosi tutti in un medesimo tempo.

Alcuni giorni dopo uennero questi sig. Pnpi a render la uisita al sig. Amb.re riscontrandoli, e trattandoli, et accompagnandoli nella medesima maniera, che eglino fecero a lui.

Il mercoledì 13 di Maggio passò per mezo Parigi il cadauero del defunto Cardle Infante, che ueniua di Fiandra per esser condotto in Spagna accompagnato dal sig. Marchese d'Este (¹⁴) con circa 10 carroze a sei, nella prima delle quali era condotto il morto tutta coperta a bruno, e serrata, accompagnata da una Uanguardia di Franzesi che marciaua auanti le carroze, et attorno di esse in fila erano circa 50 soldati spagnoli a piedi, et alla coda delle carroze altri 50, o 60 soldati a cauallo spagnoli. Erano le altre carroze ripiene di diuersi Caualieri spagnoli con il medesimo sig. Marchese d'Este potendo esserui anco de i Franzesi perchè l'ordine di S. M. era che fussi seruito dal entrare aluscire della Francia dalla sua Guardia e Ministri. Passarono questi di lungo senza punto fermarsi in Parigi.

Morte del Re. Finalmente il giouedì 14 di Maggio si sparse per la città uoce che S. M. fusse passata al altra uita su le 8 hore franzese che sono 11 al italiana che perciò si sbarrorono tutte le strade di Parigi tirando le catene che a i capi di esse si ritrouono si messero guardie sul ponte nuouo, nel palazo Reale del Luure, con compagnie di borghesi, et erano ancora dalla porta della città sino a S. Germano distribuite diuerse truppe di soldati quali non lasciauano passare alcuno per quella uolta. Questa uoce si rese uana perchè solo era deriuata da un'accidente che in su quell'ora era sosopraggiunto a S. M. che l'haueua fatto tener come morto più di due hore, a questo accidente sprauisse solo tre hore perchè su le 18 hore italiane finalmente spirò. Haueua nelli ultimi giorni di questa sua malattia fatto molt' atti di generosità, e di pietà desiderando in estremo di morire in uenerdì per la deuotione che haueua alla Santiss.ª Passione, e per molti uenerdì si uedde peggiorare notabilmente non uolendo anco pigliare più nutrimento nè medicamento di sorte alcuna, pochi giorni auanti si fece aprire la finestra di camera sua per la quale da lontano si uedeua S. Dionigi, et accennandolo disse, là fra poco deuo fare il mio ultimo uiaggio.

Disse ancora di non uoler fare come il Cardle di Richelieu, e che uoleua perdonare a tutti, et essendo di già tornati molti Pnpi e sig.ri richiamati espressamente stati lungo tempo esiliati, e trouandosi alla sua presenza egli stesso con la propria bocca gli domandò perdono. Dicendo in molti propositi male del Cardle, come che egli si era dannato, e uoleua far dannare ancora lui. (15)

Poco auanti la sua morte predisse uagellando la gran battaglia di Rocroy, dicendo che uedeua che i suoi haueuano uinto e che l'inimico era stato rotto. Non per questo lasciò mai i negozi di stato, e sino in quelle due hore di proroga che li fece la morte, fece dua marescialli di Francia che uno fu Monsù del Ospital, e laltro....

Haueua la Reg.ª in questi ultimi giorni fatto raddoppiare la guardia a S. Germano, perchè uiueua con gran gelosia sì come il Duca d' Orliens, che per hauer sentito dire al Pnpe di Condé, quale anc' egli era andato a S. Germano con pochissima della sua gente, che uoleua mandar per la sua casa hauendo in questa parola il Duca equiuocato sospettò di qualche tradimento et in uno instante fatto sapere a Parigi concorse gran numero di nobiltà per assistere al Duca: il che uisto dalla Reg.ª che non sapeua niente, si trouò in grande strettezza, e durò fatica a rinuenirne la cagione, perchè nessuno de i dua Pnpi la sapeua onde ella poi ordinò che nessuno di loro andasse a S. Germano, se ella non gl' e n' auuisaua.

Sentita dunque la certeza della morte si uedde tutto Parigi commosso et armato, e cercò il sig. Amb.ʳᵉ di spedir corriero a Firenze per auuisarla, ma in uano per la prohibitione del Mtro della posta di non dare caualli a nessuno che solo hebbe permissione di far ciò l' Imb.ʳ di Sauoia.

Epitaphe satirique.
Ci gist un Roy qui sous un prestre
Joua un indigne rolet
Il eust cent vertus de valet
Il n'en avait pas une de maistre.

Morì il Re di età di anni 42, et otto mesi, e nel istesso giorno che morì suo padre, e quasi su la medesima hora, e nel medesimo giorno ancora della sua creatione, et osseruorono alcuni che ancora in giouedì morì la Reg.ª sua madre, et il Cardle Duca. Questo fu il giorno del Ascensione di N.° Sig.ʳᵉ

Uenuta del nuouo Re a Parigi.

Il giorno dopo che fu uenardì 15 di Maggio, hauendo lasciato il cadauero del morto Re in cura de i Sacerdoti, e delle guardie s' incamminorono uerso Parigi in una carroza il nuouo Re uestito di paonazo la Regina il Duchino D Angiu et il Duca di Orliens e la gouernante del Re, marciando auanti di loro tutte quelle guardie che si trouauano a Parigi in ordinanza in numero di circa $\frac{m}{6}$ e poi dopo queste seguitauano più di $\frac{m}{7}$ gentilhuomini a cauallo con armi sendo ancora dreto la carroza del Re altre guardie.

Una lega lontano da Parigi andò a riscontrare il Re il Duca di Monbason Gouer.^{re} della città, et il Parlam.^{to} quali tutti da per loro fecero il complimento al nuouo Re, e Reg.^{a} essendo andati in habito a tal funtione. Era questo giorno un bellissimo tempo che con le uoci del popolo accompagnaua ad applaudere, et acclamare il nuouo Re sentendo per tutto doue passaua con bassa, e modesta uoce, dire *uiue le Roy, uiue le Roy,* et era così grande la moltitudine che fuori della città era uscita che quasi fino a S. Germano haueua ricoperto non solo la strada, ma tutte le colline a lei uicine, che assolutamente non si poteua ueder più degna cosa, nè in altro luogo che in un Parigi; perchè se io uoleua dire che fussero più di $\frac{m}{500}$ persone forse direi poco, et oltre a l'infinità dell'altri caualli che in sù, e in giù camminauano, ci era concorso più di $\frac{m}{6}$ carroze, e per tutta la strada di S. Honorato erono alle finestre, e tetti quantità di persone che per la moltitudine de i tappeti, e uarietà di essi faceuano bellissima uista. Il sig. Amb.^{re} con il sig. Gio. Rucellai, dopo hauer dato una girata fuor di porta, e goduto di quella bella uista se ne tornò in una casa dirimpetto al Hostel di Uandomo, doue era Mad.^{a} d'Ampus, et altre Dame.

Si credeua per essere arriuato il Re poco dopo le

21 hora in Parigi che uolessi andare in Parlam.ᵗᵒ ma se ne tirò a dilungo al suo Palazo Reale del Luure, passando (come ho detto) per la strada S. Honorato, che haueua tutte l'altre strade di qua e di la, che in essa rispondeuano sbarrate con le solite catene di ferro.

Spedì il sig. Amb.ʳᵒ il suo Corriero la Dom.ᵃ 17 di Maggio per non hauer potuto far ciò prima per le difficultà fatteli da questi Ministri, et hauta la licentia dal Mtro delle poste per hauerli rappresentato che a Firenze non si trattiene mai Corriero che passi a Parigi. Si incamminò detto Corriero su le 15 hore alla uolta di Italia per riportarne i nuoui spacci per l'imbasceria, essendo diuenuti nulli i passati per la morte del Re.

Il Re morto esposto a S. Germano.

Dicono nel hauere sparato il Re hauer ritrouato lo stomaco pieno di uermi, e fra l'altre uno grandissimo che l'attrauersaua tutto che per ciò sentiua in uita grandissimi dolori. Fu sempre in questa malattia, come si è detto, deuotissimo e faceua ogni mattina dire la messa in camera sua, e si comunicaua.

Il Lunedì 18 di Maggio sentendo che ancora a S. Germano staua esposto il corpo del Re per la moltitudine del popolo che andaua a uederlo si risolse il sig.ʳ Amb.ʳ con le ssig.ᵉ Camerate trasferiruisi, doue arriuato, e passato per il Castello uecchio, nel quale S. M. era stata lungo tempo malata, e dal quale un mese auanti la morte era uscito, e fattosi portare nel Castello nuouo. Un tiro di archibuso lontano dal uec-

chio, doue passata la sala del puntello nella quale
erono alcune guardie si entraua in una gran camera
parata di bellissimi arazi d'oro, e seta, doue era il
corpo di S. M. posto in un gran letto di uelluto rosso
trinato d'oro, il quale staua a diacere tenendo sotto
il capo due gran cuscini coperto con le lenzuola come
se fussi stato malato; ma però scoperto dalla cintura
in su, e uestito d'una camiciuola bianca, et un berrettino da notte in capo bianco con giglietti, e con
un Crocifisso fra le mani, e per essere egli nella lunga
malattia assai estenuato li haueuano dipinto il uiso
che pareua sano con le basette aricciate, e la sua
zazzera molto bene accomodata; il letto era tutto
aperto per lasciare libera la uista al popolo che numeroso da Parigi, e d'altroue concorreua e non uolle
il Re essere trattato come è di costume dei Re e persone grandi della Francia prohibendolo espressamente
per suo testamento cioè di tenere il corpo del Re
morto, o l'effigie sua al naturale, in un simile letto
con gran pompa per spatio di 40 giorni continui,
seruendolo a tauola, e di tutti gli altri ministerij come
si fussi uiuo, come seguì pochi mesi sono al cadauero
del Cardle di Richelieu. Uolse dunque il Re esser trattato priuatamente e nè meno esser uestito col manto
Reale, nè con Corona, o scettro. A piedi del letto era
una gran Croce d'oro ritta, con 12 candellieri similmente d'oro con candele accese, et a i quattro an-
goli del letto erono da capo due guardie scozese dette
del corpo, con la loro sopra ueste ricamata, coperta

di uelo nero, con le loro partigiane, e da piedi due Araldi d'arme con le loro sopra ueste di uelluto con gigli d'oro coperta del medesimo uelo nero, sì come una maza ancora d'argento che tengono in mano, erano a dirimpetto al letto tre Altari, doue continuamente la mattina si celebrauano messe, et intorno al letto erano accomodate alcune panche per comodità di molti Padri di diuerse Religioni che salmeggiauano assistendoui ancora alcuni Uescoui, e Prelati.

Allato a questa camera ne era un altra non troppo grande, doue morì S. M. Si riscontrorono nel ritorno per la strada molte compagnie di caualli che andauano a S. Germano per accompagnare il cadauero del Re a S. Dionigi il giorno seguente, come seguì accompagnato ancora da fanteria in sul farsi notte con solo trecento torcie e priuatamente.

Questo medesimo giorno ragunatosi il Parlam.^{to} andò la Reg.^{a} per pigliare il possesso del sua reggenza, et il nuouo Re con il Duca d'Orliens, et il Pnpe di Condè, et altri Pnpi e Duchi, e Pari di Francia. Andando dal Luure al Palazo del Parlam.^{to} in carroza che per ancora non era coperta da bruno sì come non haueuano la liurea nera le guardie, nè i lacchè, erono per tutta la strada in ordinanza, et in parata quantità di soldati delle guardie, et arriuati al luogo furono riscontrati come è solito le Maestà Loro da alcuni di quei Presidenti, e Consigl.^{ri} et altri Ministri, et assiso il Re nella sala del Parlam.^{to} nel suo trono di giustitia e la Reg.^{a} accanto et il Cancell.ʳᵉ a i sua piedi e gl'altri Pnpi disposti a i lor luoghi disse il piccolo Re: *Ie suis uenu*, e lasciando il resto che replicò la Reg.ᵃ sua madre, *en mon Parlement, pour uous asseurer de mes bons intentions, mon Canchellier uous dira le reste*, et hauendo il Cancelliere fatto un lungo discorso concluse che sì come per compiacenza, e rispetto che si doueua alla buona memoria di S. M. si era nel altro Parlam.ᵗᵒ approuato e uerificato il suo testamento e conseguentemente la formula della reggenza della Reg.ᵃ così hora per procedere con maggiore equità e conforme alle altre reggenze passate s'intendeua dare la libera reggenza del Regno alla Reg.ᵃ Madre, senza la limitatione de i uoti di quelli del Consiglio non ostante detto testamento del Re suo marito che la sottopose alla participatione, e consenso di detto Consiglio. Parlorono a fauore della Reg.ᵃ il Duca d'Orliens, et il Pnpe di Condê, e così fu stabilito quanto si è detto come più amplamente si potrà uedere in fine di questo Diario in un piccolo trattato in lingua franzese stampato. (¹⁶)

Il Martedì 9 di Giugno si hebbe nuoua di Firenze del arriuo del nostro corriere quale in 9 giorni haueua fatto il uiaggio, e che in breue sperauano douerlo rispedire a questa uolta con gli spacci per il sig.ʳᵉ Amb.ʳᵉ

Si fecero in questo tempo che si aspettaua la speditione di Firenze molte amicitie di Dame con le quali andauano alcune delle sig.ʳᵉ Camerate con loro a spasso in carroza per il corso, et alle quali essi presentarono molte para di guanti alla Frangipana(¹⁷) assai stimati in quell paese sì come, essenze, e manteche odorifere, e fiori al naturale tutto portato d'Italia che molto gradite sono queste cose da quelle sig.^{re}

Comperò il sig.^r Amb.^{re} per pochissimo prezo perchè al sicuro erano stati rubati, due canini il maschio, e la femmina però in diuersi tempi di color di topo con bellissimi orecchioni, e bellissimo muso, e piccoli assai, et in particolare il mastio chiamato Fauorî la femmina haueua nome Siluïê, li prese S. E. per donare alla Gran Duchessa, e li costorono manco di due doppie l'uno che hauendo poi fatta gran diligenza sì come la Pnp.^a di Guisa per la detta Alt.^{za} ancora per tutto Parigi non fu possibile trouarne alcuno nè di belleza, nè di prezo simile a loro perchè non si uergognauano di chiederne ancor che più brutti e più grandi 40 e 50 doppie del' uno.

Si andaua trattenendo tutta uia il sig. Amb.^r incognito uestito di nero in habito corto se bene conosciuto da tutti et honorato poi che sì spesso si andaua al corso, et altri luoghi pubblici come s'usa.

Il Lunedì 15 di Giugno su le 4 hore comparue Barattieri nostro Corriero con i nuoui spacci per S. E. di fare le doppie condoglienze con la Reg.^a et con il Re, et altri Pnpi, e perciò mandò il sig. Gio. Rucellai a darne parte al sig. Cardle Mazarrino, sì come egli stesso mostraua hauer desiderato di sapere, et insieme pregarlo a uoler con caldeza negoziare i particulari circa il titolo, et ancora per la speditione del entrata.

Era da S. Eminenza stato fauorito molte uolte detto sig. Gio. di tenerlo a desinare seco in compagnia di molti altri sig.ri che soleuono frequentare la sua camera, et anticamera, nella quale egli spesso andaua sì per reuerire il sig. Cardle come per godere della conuersatione del sig. Abate Bentiuogli molto suo amico.

Haueua di già la Reg.ª data la prima audienza di condoglienza alli Amb.ri il uenerdì 29 di maggio, e poco auanti era entrata (come dicono là) nella quarantena, perchè sogliono le Reg.e dopo la morte de i Re stare 40 giorni continui riceuendo però le uisite d'Amb.ri et altri Pnpi in una camera tutta parata di nero insino il pauimento con le finestre serrate, et alcuni pochi lumi di candela, piena di Dame, e Caualieri come appunto fu questo giorno che il sig. Conte Ferd.º Bardi dopo gl' altri Amb.ri e Residente d' Inghilterra, andò in nome del Gran Duca a passare questo offitio con la Reg.ª e con il Re, i quali ministri prima si erono radunati in una stanza, alla quale si sale per una scala a chiocciola a man dritta entrato nel Luure assai male parata e con alcune sediacce, e panche, per iui aspettare l' hora del audienza, la quale quando è arriuata uiene ad auuisarlo l' Introduttore delli Imb.ri, che era il Conte di Burlon, o uero Monsù Girò sotto Introduttore o ambi insieme, uenendoli come ho detto a pigliar in questa stanza per condurli d' auanti a Lor Maestà, e poi finita l' audienza accompagnarli sino nel cortile alla

Audienza d'Anbasciatori.

loro carroza o uero nella medesima stanza, doue alcuni di loro si spogliono delli abiti Ambasciatorj, come il Nuntio del roccetto, l'Amb.ᵣᵒ di Uenezia della togha, e questa è la briga sola de i trattenitori o introduttori, non seruendo all'Imb.ʳ se non quell giorno, dell audienze ordinarie che come ho detto sono intimate a Luure, et il giorno delle straordinarie gli uanno a pigliare a casa, lasciandoli liberi tutti gl'altri giorni, e senza suggezzione.

Andò dunque il sig. Ferdinando Bardi a questa audienza accompagnato per la curiosità dal sig. Gio. Rucellai et il sig. Luigi Antinori, dopo hauere aspettato lungo tempo in quella camera, e già incamminatosi il Residente d'Inghilterra, se gli auuiò dreto per meno briga delli introduttori, e per non far tante cirimonie, non badando a queste bagattelle in quel paese, e per esser più pronto alluscita di quello a sbrigarsi della sua funtione; sì che hauendo finito questo Resid.ᵉ entrò il sig. Conte nella camera del Re, e Reg.ᵃ con quei sig.ʳⁱ e gl'introduttori d'auanti gridando che si facessi ala per la moltitudine delle Dame, e Caualieri che ui erano, non usono alle porte portiere, ma parauenti, o bussole che dalli Uscieri, così chiamati, sono aperte, e serrate.

Staua la Reg.ᵃ dreto al letto a riceuere l'audienze tutta ammantata di bianco con ueli in capo, e con i capelli nascosti e tirati sù et il Re alla sua mano dritta uestito di paonazo, i quali poco si scorgeuano per essere la camera così scura, e uenire dal aria, che quasi a tutti gl' Amb.ri la Reg.a haueua auuisare doue era il Re, dicendo *Uoy ci le Roy* la quale con gratissima audienza riceuette questo ossequio stando a sentire, e rispondendo cortesissimamente. La quale finita detto sig. Conte si licentiò dal introduttore, e questo medesimo giorno uenne ad habitare nella nostra casa stando egli prima in una camera guarnita nel foborgo S. Germano hauendo lasciato la sua casa per douersene presto tornare a Firenze come seguì.

Si era molte uolte andato a caccia per la campagna uicina di Parigi doue si era trouata quantità di starne, quaglie, e lepre potendo quasi per tutto andare in carroza attrauersandosi anco i campi.

Altri giorni si andaua su le 22 hore al solito corso della Reg.a Madre, e poi alle Tuillerie a pigliare il fresco, doue si trouaua per quei bei stradoni quantità di Dame e Caualieri.

È da notare la confusione che si fa fra i titoli di Madame, e Madamoselle fra le donne perchè tanto si dice Mad.ma alla Reg.a che ad una Pnpss.a et ad una gentildonna ordinaria, et ad una bottegaia bassa, o serua, e Madamoiselle si dice ad una fanciulla Pnpss.a; che per antonomasia, così si chiama senza dir altro la figl.a del Duca d' Orliens, ad una fanciulla gentil donna, e alle maritate, e fanciulle cittadine, o borgese. *Dei Titoli.*

Fra gl' huomini si da sempre del uoi ancora a i Pnpi a i quali incambio di Monsieur se gli dice Monseigneur, e Monsieur per antonomasia era il Duca d' Orliens, come adesso è il Duca d' Angiù fratello del

Re e per antonomasia ancora si chiamaua il Cardle di Richelieu, Monseigneur quando era uiuo.

Al fratello del Re e zio se gli da della Reale alteza, et a gli altri Pnpi e Pnpess.ᵉ del sangue del Alteza sola, questo titolo pretende ancora il Duca di Longauille, et alcuni gle ne danno.

Breue descriz.ᵉ dello Stato della Corte, e Gouerno.

Fu la Dom.ᵃ 14 di giugno licentiato dalla Reg.ᵃ e leuato di P.ᵐᵒ Seg.ʳⁱᵒ di stato Monsù di Chauigni non lo priuando però del Consiglio, nè di Gouer.ʳᵉ del bosco di Uincenna. Questo era figl.º di Monsù Bouttiller soprintendente delle finanze pochi giorni auanti stato priuato anco esso di tal carica e conferita nelle persone dell Presidente Bailleur, e di Monsù d'Auau, e la carica di sopra del Seg.ʳⁱᵒ al Conte di Brienne cioè Monsù della Uille Oclers. Questi cercò di reggere il Cardle Mazarrino quanto potesse per essere Chauigni come suo fratello giurato, et al quale egli si professa molto obbligato in tempo del Cardle morto, ma non potè resistere al impeto di quelli che non li uoleuono nel maneggio che forse era il Duca D'Orliens e la Reg.ᵃ stessa per mutare nel suo gouerno la fatione del già Cardle da i quali questi dependeuano (et il quale Cardle tanto haueua fatto contro a S. M. che sino era arriuato ad hauere ardire di processarla, e di farla repudiare al Re per darli forse, come si diceua, la Duchessa d'Esguillon sua nipote che apponendoli che ella teneua pratica con Spagna, osò dicono di mandare Monsù de Sighier Cancelliere a cercarli le sue scritture, e sino il seno, che perciò fra la caduta di questi Ministri si teneua sicura anco quella di detto Seghier, quale o per essere espertissimo nel offitio, o per hauer saputo ben sincerarsi con la Reg.ª si è attenuto forte, e più non dubita di mutatione. Era malissimo trattata dal Card¹ᵉ la Reg.ª la quale se uoleua gratia alcuna bisognaua ricorressi alla Duchessa di Eghiglion sua nipote, che allora si trattaua quasi da Reg.ª e con gl'introduttori del Re, erano ammessi gl'Amb.ʳⁱ alla sua udienza. Gli faceua allontanare tutti i suoi maggiori confidenti, la priuaua di uisite di monache sue amiche, mandò in esilio molte Dame, e sig.ʳ Principali fra le quali Madama di Senesse quale dubitaua che fussi stata causa che la Reg.ª non hauessi uolsuto accettare un letto, che egli gli uolse presentare nel parto del Delfino; la quale Dama adesso è tornata sì come tutte l'altre, et è gouernante del Re e p.ª Dama d'honore della Reg.ª: che prima era gouernante Mad.ª di Lansac la quale anco essa per essersi portata rozamente a tempo del Card¹ᵉ con la Reg.ª ha pagato la pena con la cacciata, che poco dopo la morte del Re seguì, fece anco la Reg.ª come reggente libera richiamare la Duchessa di Cheuresa, et il Duca di.... il che espressamente ueniua prohibito dal Re morto) e così in questo tempo che stemmo a questa Corte si ueddono queste et altre uariationi che resero più curiosa, e di aggradimento maggiore la nostra dimora.

Il Card¹ᵉ Mazarrino fra queste torbulenze che come dependente maggiore dal fu Card¹ᵉ doueua hauerne il maggior crollo più stabile, e fermo per il suo buon gouerno seppe resister a gl' impeti che se gli poteuano presentare per che come il più informato di tutti gl' interessi del Regno, e come forestiero il più disappassionato si seppe guadagnare notabilissimamente la gratia con le sue arti della Reg.ª sì come di tutti gl' altri Pnpi, che necessario lo tiene e stima al suo gouerno, poi che e dopo la morte del Re immediatamente et in altri tempi ancora ha chiesto licentia di tornarsene a Roma con grandissima instanza alla Reg.ª la quale oltre all' altre repulse che ella gli ha fatto li disse che se fussi stato lontano cinque cento leghe l' hauerebbe mandato a cercare sì che si tiene per certo che egli sia per durare non ostante qualche persecutione che gli possa uenire perchè mostratosi disinteressato alla Reg.ª e parlatoli chiaramente, dicendoli che ella non lo poteua far maggiore perch' era Cardle, nè più ricco perchè si contentaua di quello che gli haueua dato il Re che erano uicino a cinquanta mila scudi d' entrata, e che nel suo Regno haueua tanti huomini di ualore, e di gouerno, che molto meglio di lui l' hauerebbono seruita, e che perciò non li faceua di mestieri la sua persona. Ma nessuna di queste ragioni furono bastanti a rimuouere la Reg.ª sì che adesso è il maggior Ministro che sia in Francia, e quello che fa ogni cosa, et ha lunghissimi congressi con la Reg.ª oltre al Consiglio ordinario che si fa ogni giorno dopo desinare fuor delle feste, e dopo cena si trattiene con S. M. quasi sempre due hore dopo meza notte. Era la sua anticamera quando si dubitaua di qualche mutatione per qualche giorno restata priua di quel concorso ordinario, la quale ben presto si riempiè de i più grandi del Regno non si uergognando in quella aspettare i Pnpi di Loreno il Cancelliere, il P.ᵐᵒ Seg.ʳⁱᵒ et altri sig. Principalissimi non passando quasi settimana che il Duca d'Orliens et il Pnpe di Condê non uadino a desinare da lui doue sono benissimo trattati come si può credere in una casa adobbata di arazi, argenti, et altri mobili suntuosissimi di quelli della Reg.ᵃ Madre e del Cardle Infante comperi da lui, in diuersi tempi.

Era andato questo giorno al bosco di Uincenna a consolare Monsù di Chauigni il quale poi è stato tanto aiutato da lui (se bene poteua starsene con la sua quiete hauendo più di $\frac{m}{100}$ scudi d'entrata) che fece che non andassi per Imb.ʳᵉ a Roma come subito si disse e poi che non uadia al congresso di Munster.

Si credeua che il Uescouo di Boues douessi preualere a ciascheduno nel fauore con la Reg.ᵃ per essere egli stato in tempo de suoi disgusti sempre appresso di S. M. e seruitola (il che non sarebbe seguito se fussi stato huomo di gran ualore perchè il Cardle hauerebbe anco questo allontanato) ma hauendo conosciuto che non era troppo habile in gran negozi, e maneggi si è mantenuto in uno stato di confidenza ordinaria, ha fatto la Reg.ᵃ dimostratione di gratitudine seco con hauerlo messo nel consiglio, e chiestolo con grand' instanza al Papa per Cardle. Questo si credeua non douessi essere grand'amico di Mazarrino per hauer egli in occasione di luogo in Chiesa seco disputato, e rispostoli (come dicono) malamente così uanno adesso in su questo principio, e con questa diuersità dal tempo della uita del Re le cose di stato molto quiete, e pare che s'incamminino per seguitare, mostrando la Reg.ª grandissima uolontà d'aderire alla pace, cosa molto desiderata da tutto il Regno, il quale ha fatto dimostrationi grandissime del affetto che gli porta, che assolutamente credo non sia Pnpssa al mondo la più amata.

Lo stato della Corte nel tempo della morte del Re era senza questa mutatione de i Ministri già detti, e si andaua fabbricando un altro Cardle di Richelieu nella persona del Cardle Mazarrino per il gran fauore del Re quale gli addossaua tutti i negozi e la sua autorità al sicuro sarebbe peruenuta maggiore che non è adesso per non hauere egli dependenza da quelli del consiglio, nè limitatione, ma solo alla persona del Re che del tutto si riposaua sopra di lui. Basterà solo che io habbi toccato questo poco dello stato presente della Corte, non pretendendo io farne una esatta relatione nè uscire della traccia d'un semplice diario, doue ho messo confusamente quello che mi è caduto nella mente.

Furono in questi tempi da i soprintendenti delle finanze offerti alla Reg.ª per promessa de i partitanti di primo lancio sedici milioni di lire che poco dopo crebbero sino a uentidue e questi erono da poterli hauere dalla sera alla mattina per i bisogni della guerra, et altri affari, che se bene il Re da alcuni anni in qua ha tenuto in piedi tanti eserciti, non per questo pare tocco quel Regno, sì di habitatori, come di danari, et allegria, solamente sono imposti alcuni dazi che non eccedono, eccetto però quello del uino che è grandissimo del resto tutte le città terre, e uillaggi si ueggono piene di gente, e mai si sente discorrere fra essi di cose malinconiche.

Andò questa medesima mattina di nuouo il sig. Gio. Rucellai dal sig. Card.le Mazzarrino, dopo che fu tornato dal Bosco di Uincenna per pregare S. Emin.a della speditione, quale promesse hauer a cuore sì come del titolo ancora dicendo che si facesse sapere al Conte di Burlon che fusse da lui per discorrere di questi trattamenti, al quale il sig. Amb.r haueua fatto sapere il ritorno del corriero acciò anco esso cooperassi alla speditione.

Questa mattina S. E. diede le liuree nere a i lacchè, paggi e cocchieri, et altra gente di seruitio.

Uenne a uisitare S. E. Monsù Girò sotto introduttore, e perchè arriuò all'improuuiso il sig. Amb.r non lo potette riscontrare se non alla porta della camera, nè uolse passare il primo nè tampoco la mano anco in camera a sedere l'accompagnò S. E. a capo le scale partendo prima il sig. Amb.re e seco parlò in franzese.

Il giouedì 18 di giugno dopo tante ambiguità circa il mezo giorno comparue Monsù Girò con auuiso che la Maestà della Reg.a haueua risoluto di compiacere

Risoluzione circa il Titolo d'Eccell.za

il sig. Amb.ᵣₒ con darli il titolo di Eccellenza come desideraua, fu sentita questa nuoua con indicibil contento per essere stato un particulare nel quale s'erono incontrati molti intoppi, e di questo s'accorse subito il sig. Amb.ʳ che detto Girò entrò in camera dal darli questo titolo non usato prima da lui. Si aggiustò con detto per poter fare l'entrata pubblica il sabato seguente a un luogo chiamato Picpus, conuento de i frati scalzi di S. Fran.ᶜᵒ molto bello lontano una lega da Parigi, e lì ritrouarsi per riceuere l'incontro delle carroze del Re, e Reg.ᵃ et altri Pnpi e sig.ʳⁱ come se allora si fussi arriuati. Perciò il sig. Amb.ʳᶜ mandò il suo Auditore a dar parte del entrata che era per fare il sabato seguente dopo desinare alli infrascritti

Al Pnpe di Conde. Duchessa D'Anghien. Contss̄ᵃ di Suesson, con ordine di trattarli di Alteza. Quali tutti fecero rispondere in franzese. Al Cardle Mazarrini per il quale rispose il sig. Abate Bentiuogli che S. E. sarebbe restata seruita, al Cardle Rosciafocò, e Cardle di Lione quali risposero in franzese, a Monsig. Nuntio con ordine di darli del Ill.ᵐᵒ quale rispose che hauerebbe seruito il sig. Amb.ʳᶜ della sua carroza con rallegrarsi seco che hauessi spuntato della corte quello desideraua, per potere hauer occasione di essere con lui, e trattare liberamente. All'Amb.ʳ di Sauoia con ordine di trattare d'Eccl.ᵃ il quale la rese. All'Amb.ʳ di Uenezia con ordine di trattare d'Eccel.ᵃ quale fece rispondere in terza persona. Al Amb.ʳ di Olanda. Di Malta, e Resid.ᵉ d'Inghilterra con ordine di trattarli

— 203 —

in terza persona quali tutti risposero in franzese. A Resid.ᵉ di Parma. Al Resid.ᵉ di Mantoua con ordine di darli del Ill.ᵐᵒ quale rispose con l'Eccel.ᵃ. Alla Duchessa e Pnpi di Guisa con ordine di darli del Eccel.ᵃ quali la resero. Al Duca di Retz di casa Gondi con ordine di Eccl.ᵃ rispose in franzese. Alla Duchessa dal Beuf con ordine d'Eccel.ᵃ quale la rese anco in franzese. Al Duca di Cheureusa. Et a i sig. Lumaghi, et altri affetionati, non hauendo giudicato bene il sig. Amb.ʳ mandare a quello di Suetia, pretendendo di essere il primo uisitato, come seguì al sig. Amb.ʳ Alessandro del Nero che per questo non si uiddero.

Il uenerdì 19 di Giugno uenne la mattina a uisitare il sig. Amb.ʳ il sig. di Uoeture introduttore delli Amb.ʳⁱ del sig. Duca d'Orliens, quale S. E. riceuè a più di meza sala, quali diede la mano, e l'accompagnò al fine della scala partendo tutti insieme, e parlarono in franzese.

Il sabato 20 di Giugno finalmente si concluse la nostra entrata e uestitosi S. E. con l'habito paonazo con il ferraiolo del medesimo, uenne Monsù Girò a raffermare l'entrata per questo giorno dopo desinare, uenne anco un mandato del Imb.ʳᵉ di Uenetia a fare scuse che non poteua seruirlo della carroza come haueua promesso per una uisita soprauenutali. Fattasi dunque colatione per essere di buon ora c'incamminammo a Picpus doue haueua fatto ordinare S. E. una bella colitione, per la seruitù di quelli che fussero per uenirlo a fauorire. Montò nella sua carroza a sei

Entrata pubblica in Parigi.

con il sig. Conte Bardi, e sig.ᵣₑ Camerate, il sig. Baldacchini, sig. Barducci, sig. Caualiere fra Pietro Corsini, et sig. Fran.ᶜᵒ Antinori, hauendo prima inuiata tutta la sua famiglia per altra strada a cauallo. Arriuato a questo luogo destinato come si è detto per iui esser riceuuto da i Ministri del Re, e Reg.ᵃ il Priore del Conuento al quale il sig. Amb.ʳᵉ fece lasciare buona limosina riceuè S. E. e lo condusse in una camera, a ciò accomodata con molte sedie doue si trouò il sig.... del Bene fratello di Monsig. Uescouo, con quattro suoi nipoti che con due carroze a sei erono anticipatamente uenuti per seruire il sig. Amb.ʳ poco dopo comparue un gentilhuomo del Pnpe di Condè con carroza a sei, quale complì in franzese dandoli di Eccell.ᵃ ringratiando il sig. Amb.ʳ in franzese anco esso S.ᵃ A.ᵃ del honore, poco dopo arriuò una carroza a sei della Contessa di Suesson senza alcuno dentro, appresso una altra carroza a sei con gentilhuomini del Cardl Rosciafocò, a i quali S. E. rispose in franzese senza titolo, arriuò quella del Cardle Mazarrino pure a sei con suoi Gentilhuo.ⁱ drento. Quella di Monsig. Nuntio a sei con suoi seruitori con dar del Eccl.ᵃ Quella del Resid.ᵉ d'Inghilterra, Parma, e Mantoua, e quella del Amb.ʳ di Malta, entroui quattro Caualieri del istessa Religione con i quali tutti parlò in franzese come ancora al mandato del Duca di Retz, uennero ancora i sig.ʳⁱ Lumaghi con carroze a sei, et altri sig. per seruire S. E. quali tutti trattennero in confuso nella detta camera sino a tanto che uenne auuiso essere arriuato al Conuento il sig. Marescial di Bassompiero, et il sig. Conte di Burlon introduttore, e Monsù Girò con una carroza paonaza a sei del Re, et altra a sei della Reg.ª coperta da bruno. Andò il sig. Amb.r a riscontrare il Marescial a più di mezo il Chiostro del conuento, doue il medesimo Marescial complì in nome del Re, e dette il ben uenuto a S. E. dicendo che per parte di S. M. era uenuto a riceuerlo sì come il sig. Conte di Burlon, e Girò trattandolo tutti di Eccel.ª riuerirno tutte le sig. Camerate il sig. Marescial, quale è di bellissimo aspetto, ancor che attempato, e de più compliti Caualieri che sia in Francia. Questo tenne il Cardle 12 anni nella bastiglia perchè trouandosi un giorno con la Reg.ª la quale seco dicendo in spagnolo *sea alabado el Santiss.º Sacram.to* rispose il Marescial *a jamas*, fu subito accusato di hauer detto che uoleua seruir la Reg.ª per sempre in qual si uoglia impresa ancora in quelle da intentarsi contro la persona dell'istesso Cardle, che così ci contò egli medesimo. Quiui dunque finito il complimento senza ritornare in camera si incamminorono uerso le carroze, et entrato in quella del Re il sig. Amb.r in primo luogo il sig. Marescial nel secondo, et il sig. Conte Bardi nel terzo, et il sig. Conte di Burlon nel quarto, Monsù Girò con alcune sig. Camerate nella carroza della Reg.ª che era la seconda, la quale era seguitata da quella del Pnpe di Conde, e poi ueniua quella della Contessa di Suesson, poi quella del Cardle Mazarrino, e delli altri Cardli, poi quella del Nuntio, poi quella della Duchessa di Guisa, e tutte l'altre poi in confuso, comparendo in quell'instante quella della Duchessa d'Albeuf che accrebbe il numero di 28 carroze a sei, e dodici a quattro. Andauano auanti la prima carroza del Re sei paggi, e 25 huomini neri di S. E. tutti a cauallo uestiti da bruno, et attorno la medesima carroza 25 lacchè con penne al cappello che rendeua una uaghissima uista con la quale comitiua, e corteggio si entrò in Parigi su le sei hore in circa, et in questo mentre nacque differenza fra la carroza di Guisa, e quella del Cardle Mazarrino perchè pretendeua la prima passarli auanti, il che si prouò a fare molte uolte, ma non li riuscì perchè forse presago il Cardle di quello li poteua riuscire pretendendo come è solito il suo luogo subito dopo quelle de i Pnpi del sangue, haueua mandato con essa sei lacchè, che con le spade nude ferirono et i caualli, et i cocchieri di Guisa essendo aiutato anco dalla carroza del Nuntio che li succedeua, e che pretendeua quel luogo sì che conuenne a quella di Guisa restare in dreto, et andarsene per altra strada. Si entrò per la porta S. Antonio seguitando la gran strada di detto nome si uoltò per il Cimiterio di S. Gio. doue si uende quantità di robe mangiatiue, si tirò giù per la strada della Uerreria, poi dal Cimiterio S. Innocentio per la strada della Ferroneria, doue fu ammazato Enrigo quarto dirimpetto a un pozo attaccato al muro di detto Cimiterio, si entrò nella strada

S. Honorato, e si uoltò alla Croce de Tiroyr, per la strada Abrosec, e poi si uoltò per la strada de Betisier, doue si arriuò al Hotel di Monbason nostro alloggiamento con tutto il corteggio di carroze; entrò solo quella del Re con il sig. Amb.r drento nel cortile perch' era piccolo, doue scesi rese gratie S. E. al sig. Marescial e Conte di Burlon mentre che uoltaua la carroza, nella quale entrati detti sig.ri si partirono auanti che salissi le scale S. E., fu di nuouo a complire il mandato del sig. Pnpe di Conde, e del Rnd.e di Parma, o Mantoua, non essendo potuti passare gl' altri per la stretteza della strada, e per l' imbarazo delle carroze; si raccomandò S. E. a Monsù Girò per l' espeditione della prima audienza.

Poco dopo uenne a uisitare S. E. il March.se di Montespan Guardaroba maggiore del Re in nome della Reg.a fu riceuuto a capo le scale li dette la mano tratto d' Eccell.a quale egli rese et accompagnò sino la carroza partendo tutti due nel medesimo tempo. Mandò il sig. Amb.r il sig. Mario Baldacchini dalla sig.a Duchessa di Guisa per participarli il disgusto grande che egli haueua sentito nel mal trattamento fatto dalli lacchè e carrozieri del Cardle Mazarrino a quelli di S. E. quale gradì molto questa dimostratione. Si sentì poi da i lacchè del Cardle Mazarrino che quei di Guisa gl' haueuano sfidati a battersi insieme con quelli del sig.r Ambr e sapendo S. E. che li suoi non haueuano colpa nessuna per esser sempre stati attorno la sua carroza, mandò il suo Mro di casa a parlare a Monsù di Bellone, et al sig. Abate.... quali la sig. Duchessa haueua mandati con la carroza; per sapere se fussi uero che i loro lacchè l' hauessero con i suoi al che fu risposto con molta marauiglia che sapeuano molto bene di doue ueniua l' affronto, e che conosceuano quelli che haueuano fatto l' insolenza e che uedeuano che questo era un tiro per uoler mettere i lacchè del sig. Amb.^{r} nella loro partita; seguirono per la parte di Mazar.^{o} molte scuse con la sig.^{a} Duche.^{a}, mandando l' Abate Bentiuogli e nel negotiare gettarono la broda a dosso al Nuntio se bene la sig.^{a} Duchessa o per questo, o per altro mostraua poca corrispondeza con detto sig. Cardle, e così di questo particolare non si parlò più.

Fu uisitato questo giorno S. E. da Monsù di Furgis gentilhuomo mandato dal sig. Duca d' Orliens, e Caualiere di conditione per essere stato Amb.^{r} residente in Spagna per S. M. Christ.^{a} Fu riceuuto alla porta, e datali la mano con titolo d' Illmo rendendo egli l' Eccell.^{a} l' accompagnò tutte le scale ritirandosi al partire della carroza. Andò questa mattina S. E. fuori per la prima uolta alla messa alla Chiesa de Padri Bernabiti con dua sue carroze, et una del sig. Conte Bardi tutte a bruno, con più di 20 lacchè, e cinque paggi facendo poi un giro per la città. Dopo desinare fu fatto sapere a S. E. per parte del sig. Conte di Burlon che la M.^{a} della Reg.^{a} haueua stabilito darli l' audienza il martedì seguente a quattro hore dopo mezo giorno. Uenne poi a uisitare S. E. il sig. Arnolfini che tiene la p.ᵐᵃ Accad.ᵃ del Re quale fu riscontrato poco fuori di camera senza darli la mano, fu accompagnato tutta la sala, doue anco accompagnò un mandato del Maresl d'Estré quale era uenuto a scusare il suo Pad.ᵉ del non esser uenuto a reuerir S. E. per trouarsi egli a Coure, ma che al suo ritorno harebbe fatto il debito suo.

Il Lunedì 22 di giugno, dette S. E. la sua carroza a sei non uolendo egli uscir di casa al sig. Gio. e Gio. Fran.ᶜᵒ Rucellai e sig. Luigi Antinori per andare a S. Dionigi due leghe lontano doue si faceuano quel giorno l'essequie del Re, arriuati alle porte di S. Dionigi terra assai grossa si ueddero quelle tutte parate di nero con fregi di uelluto et armi del Re, e drento erono sbarrate molte strade per la quantità delle carroze, che da Parigi concorreuono, era disposta per esse molta soldatesca, la quale era raddoppiata alle porte della Chiesa quale anc' esse oltre al essere serrate erono sbarrate con un cancello potendo solo passare una persona alla uolta che non saprei ridire in qual maniera per esser tanta gente a Parigi e per non entrare più che $\frac{m}{5}$ o $\frac{m}{6}$ persone nel coro della Chiesa doue si faceua la funtione, si ouuiasse così alla confusione, che con tant' ordine, e quiete era ciascheduno introdotto, se bene a dire il uero non s'arrisicaua che persone di qualità sì di donne come d'huomini. Era la Chiesa che già in altro luogo si è descritta tutta parata di nero et in particolare il coro quale staua ben serrato con le guardie alla porta, fre-

Essequie del Re a S. Dionigi.

giauano quei parati molti teli di uelluto i quali ad ogni tanto haueuano un arme del Re, et erono fatti di qua, e di la molti palchi a gradini per le Dame, e Cauli.^{ri} nel mezo fra le manganelle era rizato un gran catafalco tutto pieno di candele, sotto il quale era il corpo del Re in una cassa coperto da una gran coltre di uelluto nero, con una Croce di lama d'argento, et attorno haueua molti della guardia scozese con le loro uesti ricamate, coperte di uelo nero et innanzi uerso l'Altar grand un Altarino con Croce e candellieri d'oro. Haueua anco sopra la cassa lo scettro, e la mano di Giust.^{a} coperto con uelo nero, dauanti a quest'altarino sedeuano noue Araldi, o uero Re d'Arme, con le loro sopra ueste di uelluto rosso con gigli d'oro. Qui drento furono introdotti questi sig.^{r} et accomodati da Monsù Girò in buonissimi luoghi in mezo delle principali sig.^{re} di Parigi quali allora tutte si uedeuano senza maschera, e fra di qua, e di la passauano il numero di più di 500 quali per essere stato il tempo di tal funtione così lungo, che passò più di 6 hore, durando solo la funtione 3 hore; haueuano portato da far colitione, e ce n'era uenute ancora dell'Ugonotte come la Duchessa, e Pnpss.^{a} di Roano, et altre quali al alzar del Sig.^{e} non si mossono da sedere. Ne i primi palchi uicini alle manganelle, e ne i primi gradini erono molte Pnpesse, e fra l'altre Madamusella figl.^{a} del Duca D'Orliens quale un pezo per stare incognita tenne la maschera al uiso, che poi per il caldo si cauò. Erano due gran palchi di qua, e di là dal Altar magg.ᵣₒ per seruitio de i Musici della Cappella del Re tutti coperti di uelluto nero con frangia d'argento grandissima che uniua con l'ornamento del Altare sopra il quale erano gran candellieroni d'argento, dal corno del Euangelio eran luoghi delli Amb.ʳⁱ i quali non erano se non questi pochi cioè l'Amb.ʳ di Portugallo, l'Amb.ʳ di Uenetia, quello di Sauoia, e di Malta, non ci essendo Residenti quali doueuono interuenirci; dirimpetto a questi era il luogo del Cardle Mazarrino solo in sur una panca con il suo habito paonazo, e dreto a lui circa 25 Uescoui in habito, e mozetta nera con il roccetto senza trina. Uenuto il tempo di cominciar la Messa si parò il Cardl di Lione gran Limosiniere per dirla, assistito da i Padri della Badia di detto luogo e da Preti, in questo mentre si aprì la porta del coro di doue uenne il Duca d'Orliens con una uesta di panno nero o gramaglia, con uno stracico lungo più di 20 braccia, et un grandissimo capperuccio in capo, et una berretta come da Preti in mano, il Pnpe di Conde, et il Pnpe di Conti suo figl.ᵒ con il medesimo habito, ma però con la coda più corta dopo questi Pnpi del sangue uennero molti Duchi, e Pari di Francia con il medesimo habito, e con il collare, del ordine di S. Spirito però chi era caualiere e questi si messero nelle manganelle a mano dritta per entrare, nel primo luogo però uerso l'altar grande il Duca d'Orliens; dal altra parte delle manganelle entrò il Parlam.ᵗᵒ et i Presidenti, e Consigl.ⁱ et altri Magistrati con il lor abito, e roboni di panno lucchesino, e uelluto, e dreto a questi come in pricissione gl' Araldi con certe aste lunghe in mano sopra le quali in una ci erano i guanti di maglia del Re coperti di uelo in un altra gli sproni anco essi coperti, in un altra lo scudo del Re cioè l'arme anc'essa coperta, in un altra la sopra ueste d'arme pur coperta in un altra il manto Reale, e l'elmo coperto anco esso, in un altra la bandiera di Francia, e questi stauano mentre si diceua la messa a sedere d'auanti il catafalco. All'offertorio messosi il Cardle a sedere per riceuere l'offerta si rizò dal suo luogo il gran Mro di cirimonie, con uno de medesimi habiti con la coda lunga, e fatto prima una profonda reuerenza all Altare poi al corpo del Re, poi a gl'Amb.^{ri} poi al Cardle poi a Pnpi del sangue, e poi alle Pnpesse o Parlamento; prese una candela di cera bianca, con drento noue doppie presentatali per mano del primo Araldo quale innanzi haueua fatto tutte le medesime riuerenze e la portò al Duca d'Orliens, quale con essa uenuto in mezo fece tutte l'istesse profonde riuerenze e poi nelle mani del Cardle offerse la candela, la quale immediatamente fu presa, e da i Monaci, e da i Preti che furno per abbruciar la barba al istesso Cardle perchè tutti a due la pretendeuano, e fu dichiarato che fussi de i Monaci della Chiesa; e seguì un poco di differenza ancora con l'Imb.^{ri} quali minacciorno di uolersene andare se non haueuano la riuerenza auanti il Parlamento come parue che per errore, o a posta seguisse nelle prime reuerenze delli Araldi quale ben presto anc'essa fu aggiustata, uennero con l'istesse reuerenze di Araldo, e Cirimoniere gl'altri dua Pnpi del sangue, con minore candela, e manco doppie. Si seguitò la Messa con Musica flebile senza strumenti, e dopo alcune orationi per l'anima del Re fu fatta dal Uescouo di Sarlatt una lunghissima e tediosa oration funerale si aprì da una parte di detto coro a piè de i gradini una tomba, doue dalle guardie scozesi fu portato e messo il corpo del Re tenendo i quattro lembi della coltre i P.^{mi} Presidenti, e poi spogliatisi i noue Araldi delle lor sopra ueste le gettorono nel istessa tomba, sì come tutte quelle insegne d'isproni e guanti ch'ho detto, chiamate ad alta uoce dal P.^{mo} Araldo, e portate da i P.^{mi} sig.^{r} e Pnpi della Corte, fu gettato nella tomba ancora lo scettro, e la mano di Gius.^{a} e tutti i bastoni di comando de i Capitani, e Colonnelli delle guardie coperti di uelo; in testa della qual tomba assisteua a sedere il gran Mtro con una maza d'argento in mano coperta anco essa di uelo, e finite di gettare tutte queste cose gridò ad alta uoce il P.^{mo} Araldo tre uolte *il Re è morto*, et in capo a un poco gridò tre altre uolte *Uiua il Re* alla qual uoce si sentì risonar tutta la Chiesa di tamburi, e di trombe e campanelli, e pifferoni tutte queste cose anco esse coperte di uelo. Furno richiamati l'istessi che buttorno l'insegne nella tomba con il medesimo ordine a ripigliarsele, e così fu finita la cirimonia della Chiesa nella quale ancora erano più di 400 huomini con le torcie su l'asta di legno tutti uestiti con un zimarrone nero; andorono tutti questi Pnpi (che era più di 21 hora) e magistrati a desinare ne i saloni del istessa Badia, et alla tauola il gran Mro spezò il baston di comando in segno di mestizia, e si fecero ancora altre cirimonie più puntuali, come si potrà uedere in fine di questo diario nel ragguaglio franzese stampato.

Dicono che tutta questa cirimonia costassi più di $\frac{m}{200}$ scudi.

Si erono fatte e si faceuono tutta uia in moltissime e quasi in tutte le Chiese di Parigi le esequie per S. M.^{ta} molto sontuose con orationi funerali èt il Giouedì 25 di questo si feciono alla Cattedrale Chiesa di Nostra Dama con l'interuento della Regina quale andò ad offerta et haueua un manto nero con la coda lunga più di 20 braccia quale li era retta da Madamoiselle, dalla Princ.^{a} di Conde, e dalla Duchessa di Longauille che pur anchesse haueuano lunghissimi strascichi del resto poco altro ci fu di curioso, che le dame portono un manto di uelo nero increspato su le spalle.

Alle carroze da bruno, sì come all altre ancora, non porta l'hussa cioè coperta sopra il cielo della carrozza, o di panno da bruno, o di colore o ricamata da altro tempo, inbullettata, se non la Regina e il Re e Madam.^{le} che glaltri particolari la portono messa senza bullette, e sono le carrozze differenti dalle nostre perchè sono lunghe, le portiere si mandon giù e si sta per ordinario, perchè ce n'è delle più piccole, 2 per portiera e ne i primi luoghi cioè da capo e da piedi si sale sopra quelli della portiera e non si uede niente, bisognando sempre abbassarsi per scorgere chi passa, sono più forte et hanno le ruote più grandi e più grosse delle nostre, il cochiere sta altissimo, e dreto alla carrozza sempre montano i lacchè e paggi, i caualli hanno la copertina conforme alla liurea con certi piccoli fiochi o nappe alla testa, i fornimenti a 6 sono cortissimi che non si possono mai impastoiare perchè non toccano terra quando dessino a dreto quei caualli di mezzo, e quei dauanti, a un mezzo braccio.

Il Martedì 23 Giugnio mandò S. E.ª il M.º di Camera dal s.r di Uoiture Introduttor dell' Amb.ri del s.r Duca di Orliens per intendere quando poteua hauer audienza da S. A. R.e, quale riportò che era destinata per il uenerdì seguente un hora doppo mezo giorno. Uenne anco questo dì un mandato da ss. Prc.i di Guisa per pigliar l'ora di uenir dal s.r Amb.re

Essendo come si è detto stata destinata questo medesimo giorno per doppo desinare su le 4 hore l audienza di LL.r Maestà, uenne a pigliar S. E. il sig.r Marechal di Guisha (non essendo potuto uenir il Mar. di Basompiero) insieme con il Conte di Burlon, e Mons. Girò, con la carrozza del Re paonaza, et altra della Regina a bruno, a leuar S. E.ª di casa e condurlo a palazzo, il s.r Amb.re per non dar disagio al s.r Marechal scese subito abbasso doue mentre uoltaua la carroza si complì, era nel suo habito paonazzo con gran coda con mantelletta e rocchetto et un uelo pao-

Audienza del Re e Regina.

nazo al cappello entrò il p.° il s.ʳ Amb.ʳᵉ in portiera il 2ᵈᵒ il Marechal il 3° il Conte Bardi il 4° il Conte di Burlon tutti in portiera, le Camerate entrorono nella carroza della Regina dreto ci era quella del s.ʳ Amb.ʳᵉ e la seconda e poi quella del Conte Bardi e Barducci tutte a bruno, arriuati al Luure, entrò solo nel cortile quella del Re, Regina, e del Amb.ʳᵉ non entrando per ordinario se non quelle delli principi e principesse e Amb.ʳⁱ e Cardli, smontato di carroza con tutta la sua corte auanti fu condotto da detto Marechal nella solita stanza doue aspettano li Ambasciatori et il Conte di Burlon andò dalla Regina per ueder quando era tempo del audienza. Si trattenne intanto con le s.ᵉ Camerate et altri ss.ⁱ a discorrere con il Marechal quale è un garbatissimo e lesto personaggio non li mancando materia da trattener e parla la lingua italiana come la franzese. In capo quasi a un hora uenne il Conte di Burlon a dire che S. Mᵗᵃ aspettaua S. E. e che era uscita di Consiglio aposta per darli audienza, sì che scesi la scala e rimontata quella uerso l appartamento di S. M.ᵃ anchessa a lumaca, nella quale ad ogni tanto era uno suizero della guardia si arriuò in una stanza, e poi in un altra delle guardie, doue da una parte erono archibusieri con archibusi tutti neri, e dal altra alabardieri, al entrar di essa S. E. fu riscontrato dal Capitano di dette guardie che chiamano del Corpo del Re, e doppo passato per un andito si entrò nella camera del audienza quale era tutta piena di principi e princ.° e quella appunto descritta nel audienza del Conte Bardi. Staua la Regina dreto al letto ritta, et il Re pur in piedi sopra una sedia tenuto dal Conte di Chaureau figl.° di Mons. di Bettunes, et al comparir del Amb.ʳᵉ si mosse la Regina un poco, e sinchinò quasi che abbracciandolo per riceuerlo, e baciato prima la uesta al Re e poi uoltatosi alla Regina fu subito fatto coprire dicendo il Re *mettez uostre chappeau* coprendo nel istesso tempo ancora lui e sempre stette la Regina in piede riceuendo lambasciata, che non stette altre uolte ai Cardli hauendo uisto l Amb.ʳᵉ nel altro uiaggio che fece, tornare il Cardle Bichi da pigliar la berretta dal Re, a riuerir la M.ᵗᵃ della Regina quale sedeua et egli staua in piedi; parlò in italiano et espresse molto bene i sensi del Granduca e de SS.ᵐᵗ Principi nella morte del Re e Reg.ᵃ Madre e presentò le lettere prima al Re quale con cenno della Regina le prese e poi alla Reg.ᵃ, che rispose con estrema cortesia in franzese con attestazione di affetto più che ordinario uerso la Ser.ᵐᵃ Casa, e doppo hauer fatto uarij discorsi presentò le Camerate, et essendo il primo Gio. Rucellai in habito da prete, dicendo l Amb.ʳᵉ questi esser l Abate Rucellai li fece cortesia più che ordinaria ricordandosi del Abate Rucellai di già che era stato tanto in Francia e ui morì, dicendo che amaua molto questa casa, e che l abate era molto suo buon amico, e li fece cortesissime accoglienze et offerte, e non hauendo uisto il Re per l' oscurità lei stessa le ne mostrò, et accennò dicendoli che il Re li daua le mani a baciare quali con ogni reuerenza baciò e si licenziò, laltre andorno poi doppo di lui, et il s.ʳ Baldacchini, dicendo il s.ʳ Amb.ʳᵉ chi erono alle quali non parlò solo facendo segnio col capo. Si partì S. E. essendosi mossa S. M.ᵗᵃ dua passi. Era uestita la Regina et il Re nel istesso modo che nella prima audienza delli Amb.ʳⁱ il medesimo Cap.ⁿᵒ delle Guardie accompagniò S. E. fino doue lo riceuette, e scese le scale montò in carroza con il medesimo ordine e se ne tornò a casa doue smontati aspettò che uoltassi la carrozza acciò ui rientrassi il Marechal, e Conte di Burlon e fatti i complimenti si partirono come anco Mons. Girò: e fu sempre da questi 3 trattato di Eccell.ᵃ Erono le ss. Camerate tutte uestite a bruno con finissimi panni d Olanda, et Gio. Rucellai da prete con sottana e ferraiolo molto lungo. Fece dare S. E. come s'usa buona mancia a portieri del Re e Regina et innanzi haueua fatto il simile ai cochieri di LL. M.ᵗᵃ

Il Mercoledì 24 Giugnio andò S. E. con tutta la sua corte alla messa a PP. Minimi della piaza Reale, chiesa unica in Parigi doue si suole zerbinare un poco se ben adesso non più hauendo fatta uno di quei padri una solenne brauata pochi giorni auanti ad alcuni ss.ⁱ e Principi che poco modestamente si portauono quali obedirono con gran puntualità, e si rimessono in deuozione. Quiui si uedde la libreria di quei padri et alcune curiosità di prospettiua del Pre fra Gio. Franc.º Nicerone stato in Italia molto tempo et in particolare a Roma alla Trinità de Monti doue ha fatto quelle figure nel chiostro et orologio in prospettiua persona anco nelle Matematiche intelligente.

Questo medesimo giorno doppo desinare uenne l Amb.^re di Uenezia a uisitar il s.^r Conte Bardi che staua nella medesima casa e poi uolse come priuatamente uisitar anco s.^r Amb.^re quale lo uenne a piglar alla porta della sala del appartamento di detto s.^r Conte, in abito con ferraiolo paonazzo conducendolo al suo appartamento con darli la mano, e parlar l' uno e l' altro sempre in 3.ª persona, assistendoui sempre detto s.^r Conte in 3.º luogo e doppo un lungo discorso, e moltissime buone dimostrazioni di cortesia laccompagniò sino alla carroza lasciandolo partire, e doppo andò S. E. al Corso della Reg.ª Madre con le ss. Camerate e 2da carroza a spasso.

Il Uenerdì 26 di Giugnio essendo stata intimata per questo giorno l' audienza del s.^r Duca d Orliens, come si disse, su lun hora in circa uenne il s.^r di Uoitur, a pigliar S. E. quale scese abbasso et entrò nella sua carrozza con alcune ss. Camerate, in luoghi in confuso stando il s.^r Amb.^re in portiera, e con la carroza del s. Conte Bardi e la sua 2da s' inuiò uerso il Lusenburg, doue entrata sola nella corte la carroza del s.^r Amb.^re e smontato, fu S. E. riceuuto dal Cap.º delli Suizeri di S. A. R. detto Mons. di Coursy, e salito le scale doue erano li Suizeri in parata alla porta della sala si trouò il s.^r Douaille Cap.^no della Guardia di S. A. R.^le che similmente riceuè S. E. e lo serui

Audienza del Duca di Orliens.

sino nella camera del s.ʳ Duca, essendo prima passati per una sala che ui erono archibusieri e alabardieri della guardia in parata, e poi per una gran camera. Era in quella del s.ʳ Duca un letto con cortine di panno nero aperto soppannato di taffettà bianco, et un baldacchino nero sotto il quale in piedi era S. A. R.ˡᵉ accompagnato da moltissimi Cau.ʳⁱ Si mosse al arriuo del s.ʳ Amb.ʳᵒ 3 o 4 passi, e l accolse cortesissimamente abbracciandolo con grande e profonda reuerenza facendolo subito coprire. Li espose in italiano la sua ambasciata e li presentò le lettere; al quale S. A. R.ᵉ rispose con uiuissimo senso, con dire che il Granduca non mancaua mai dobbligare la sua persona e tutta la casa Reale et altre simili parole, e doppo hauer a lungo fatto uarij discorsi S. E. li presentò le ss.ᵉ Camerate, quale accolse con ogni cortesia e si licenziò con render egli profondissima riuerenza, et accompagnarlo 3 o 4 altri passi, tornò a casa S. E. con Mons. di Uoiture, quale partì nella sua carroza a uista del sig.ʳ Ambasciatore.

Il Sabato 27 detto andò S. E. al Accademia del Arnolfino a ueder la Caualleriza et il giorno priuatamente andò per render la uisita al Amb.ʳᵒ di Uenezia ma non lo trouò in casa per il che ne fece poi scuse.

La domenica 28 Giugnio uenne il Segr.ʳⁱᵒ di Monsig.ʳ Nunzio a rappresentare il disgusto che detto Mons.ʳ haueua di non poter hauer campo di trattar con il s.ʳ Amb.ʳᵉ nè poterlo uedere perchè apunto haueua riceuuto di Roma ordine espresso di non trattar con Ministri di Principi della Lega cioè di Uenezia, Toscana Parma e Modana.

Questa mattina andò S. E. con le Camerate ad accompagnar il s.ʳ Mario Baldacchini che d'ordine di S. A. andaua in Spagnia per risederui segretario. *Audienza della Duchessa d' Orleans.*

Doppo desinare circa le 4 hore uenne il s.ʳ di Uoitur per introdur S. E. dalla s.ʳᵃ Duchessa di Orliens trattandolo come quando uenne la prima uolta trouò le medesime guardie e fu riscontrato dai medesimi Cap.ⁿⁱ Alla porta della sala fu riceuuto da Mons. di Fontané primo Scudier di Madama. Si passò nella camera di S. A. R. la quale staua da una parte in piedi con moltissime Dame e Prin.ᵉ attorno, e Mad.ˡᵉ sua figliastra da mano dritta e Mad.ᵐᵉ di Cheureuse da mano manca, et molti Cau.ʳⁱ Si mosse 2 passi, li espose l ambasciata quale fu gradita assaissimo parlando in italiano il s.ʳ Amb.ʳᵉ et S. A. R. in franzese con farli moltissime interrogazioni della gran Duchessa et d altri particolari; è questa sig.ʳᵃ assai bella e bianchissima stata esiliata sempre et era 9 anni che non haueua uisto il Duca suo marito uenuta di pochi giorni auanti di Fiandra e si dice che hora sia grauida. Presentò S. E. le ss. Camerate e si licenziò accompagnandolo S. A. R.ˡᵉ due altri passi, fu raccompagnato dal Conte di Fontane sino alla scala, e col s.ʳ di Uoiture se ne tornò a casa.

Haueua il sig. Amb.ʳ più uolte fatto instanza al Conte di Burlon per sbrigarsi dalle uisite de i Pnpi, e Pnpesse del sangue, fra le quali per esserci qualche difficultà, et in particulare in quella di Madama di Longauilla, che pretendeua dell' Alteza come princ.ᵃ del sangue e che haueua il breuetto di esser tale ancorchè maritata e che ancora il Pnpe di Conde suo padre, e Pnpssa sua madre, uoleuono spuntar questo titolo in uniuersale per lei non gl' e ne dando se non l' Amb.ʳᵒ di Sauoia, perchè nè il Nuntio, nè l' Imb.ʳ di Uenetia nè altri le ne dauano; che se non si compiaceua, nè il detto Pnpe, nè detta Pnssa di Condé uoleuono la uisita e per metter più al punto e per difficultar maggiormente non uoleua che si uisitassi la duchessa di Loreno, la quale differenza s' aggiustò come si dirà a suo luogo, et arrecò non poco disturbo per l' ispeditione di S. E. e per non s' essere sino qui mai attrauersato cosa nessuna. E perchè alla fine di questo mese entraua il semestre del sig. Conte di Berlise altro introduttore, haueua prolungato detto sig. Conte di Burlon l' audienze per uscire da l' imbroglio di questi trattamenti e scaricarne il peso addosso detto sig. di Berlise.

Se bene non faceua il sig. Amb.ʳ le uisite dei Pnpi, e Pnsse del sangue come solito, e douere auanti le altre dubitando che questo negotiato potessi andare in lungo pensò in tanto di sbrigarsi d' alcune uisite di Ministri particulari, et

Il giorno 30 uisitò il sig. Conte di Burlon quale il giorno seguente fu a rendere la uisita, uisitò S. E. il Conte di Brien P.ᵐᵒ Seg.ʳⁱᵒ di stato, e poi il sig. Cardl di Lione con la sottana, e ferraiolo paonazo solo.

Dopo desinare questo medesimo giorno del P.mo di Luglio uenne Monsù Girò a cauare di casa S. E. per condurlo alla audienza di Madamuselle, e passando da casa il sig. Conte di Burlon si messe in carroza, e s'inuiò uerso le Tuillerie, doue saliti quella bella scala si entrò in un gran salone doue erono alcune guardie, e passate alcune stanze si trouò Madamuselle in piedi sotto un baldacchino con buon numero di Dame attorno, uenne a riscontrare S. E. più di quattro passi, e l'accompagnò altri, e tanti. Questa è di età di 17 anni assai bella, e fiera al possibile che fra l'altre sue bizarrie al tempo della fiera di S. Germano si dilettaua andare incognita per quella moltitudine per sentirsi dir del male, e far de i pizicotti. Che per questo il Re suo zio molte uolte la gridaua, e quando domandaua di lei diceua ch'è di quella paza di mia nipote; hora sta un poco più sauia perchè Madama Fiesco sua Gouern.te è più rigida che non era la passata; mentre S. E. gl'esponeua l'imbasciata perchè non troppo bene intendeua italiano cominciò a ridere, sì che conuenne che il sig. Amb.r parlassi franzese, hauendo ella detto al Conte di Burlon che non intendeua, fece poi uari discorsi con gran familiarità e con le camerate ancora. Haueua appresso di se una bellissima nana di età di più di 20 anni non più alta di un braccio, et un dito, con giustissima proportione di membre et in particolare del uiso, dicendo non se n' esser trouata mai altra simile. E presa licenzia da S. A.

Se n'andò di quiui a uisitare la sig.ᵃ Contessa di Suesson la quale sta in un bellissimo suo palazo doue smontato fu riscontrato da i suoi Gentilhuomini, e dal' istessa sig.ᵃ Contessa quattro passi fuori della camera, nella quale entrata prima lei condusse il sig. Amb.ʳ a sedergli accanto dou' erono moltissime altre Dame fra le quali Madamusella di Longauill sua nipote, e Madamusella de Uuertu sorella della Ducchessa di Monbason, molto belle, e fra queste sederono ancora le sig.ʳᵉ Camerate, trattenendosi con loro sino che durò l'audienza, e licentiatosi da S. A. fu accompagnato da lei sino doue fu riceuuto.

Non dette S. E. il saluto del bacio a queste Dame per essere ecclesiastico, e uestito di paonazo. Andò anco a queste con il roccetto per esser princ.ˢᵉ del sangue.

Il giouedì 2 di Luglio s'incamminò S. E. per uisitare il sig. Cardle Mazarino, e per la strada riscontrò la Reg.ᵃ che andaua a spasso con la guardia degli Suizeri, et Archibusieri a piedi, et una carroza auanti di Caualieri, alla quale fermato, S. E. riceuè cortesissimo saluto dall Maestà Sua che staua dalla parte del Cocchiere. Arriuato al palazo del sig. Cardle ch' è uicino a Luure fu riceuuto alle scale dal suo Mtro di camera, et altri gentil huomini, e da S. Eminenza riscontrato a più di meza sala con il ferraiolo et entrati in camera si posero a sedere tutti a dua con il sig. Conte Bardi ancora e dopo una lunga audienza fu accompagnato a capo le scale hauendolo trattato sempre con titolo di Eccellenza.

Dopo desinare andò a uisitare il gran Cancelliere di Francia et alla porta fu riceuuto da un Cap.º delle guardie del corpo del Re che sempre assiste a detto gran Cancelliere, con due delle guardie scozese con la loro sopraueste ricamata turchina a gigli d'oro, fu riscontrato per star a terreno fuori della porta della camera doue gli diede audienza uestito d'una ueste di raso lunga da Senatore, e serratisi in camera soli, e non come è solito dell'altri di lasciare entrare ogn'uno fecero lunghi discorsi presentandogli ancora S. E. una lettera del Gran Duca l'accompagnò sino alla carroza, mouendosi al partire di essa, e parlò sempre in franzese.

Il Uenerdì 3 di Luglio uenne a uisitare S. E. il sig. Amb.ʳ di Sauoia quale riscontrò a capo le scale, si trattorno di Eccellenza e l'accompagnò sino la carroza mouendosi quando essa.

Dopo desinare fu S. E. a uisitare Monsù di Auò soprintendente delle finanze, dal quale fu riceuuto a capo le scale con darli la mano, et il titolo, et accompagnarlo sino alla carroza, fu poi per uisitare molte uolte il sig. Marescial di Bassòmpier senza mai trouarlo perchè non hauendo la casa in ordine faceua dire di non c'essere, tenendo una camera guarnita che per suo ordinario staua a Sciagliò un miglio lontano da Parigi, quale poco dopo arriuò in casa di S. E. per far seco scuse e renderli grazie della uisita, dicendo di hauerla come riceuuta.

Andò poi S. E. a uisitare la Contessa di Burlon

quale lo riceuette a meze le scale, e da lei per forza fu accompagnato fino da basso, e perchè questo fu all'improuuiso S. E. pigliandola per la mano la ricondusse di sopra.

Il Sabato 4 di Luglio andò S. E. da Monsù di Chauignì quale per stare a terreno lo riceuè alla porta del cortile parlò in franzese, et il sig. Amb.^{r} in 3.ª persona l'accompagnò sino alla carroza lasciandolo partire.

Dipoi fu a uisitare il Presid.^{e} Baglior soprintend.^{e} delle finanze trattò nella medesima maniera che Chauigni solo che parlando franzese diede anco del Eccll.^{a}

Dopo desinare andò a uisitare il Cardle di Roscia focò alla Badia di S. Geneuieua, et alle scale fu riceuuto dal suo nipote, et altri Gentilhuomini. Lo riscontrò alla porta della camera in ferraiolo che per hauer 85 anni a pena si poteua muouere durando fatica a cauarsi il cappello; mostrò grandissimo gusto di questa uisita e se bene è così uecchio è in ceruello più che mai, diede sempre il titolo d'Eccl.^{a} e l'accompagnò due camere d'auuantaggio non permettendo il sig. Amb.^{r} che uenissi più auanti perchè andaua con uno di qua, e l'altro di la che lo reggeuano.

Andò poi S. E. a Chagliò uilla del sig. Marescial di Bassompier per sodisfare al suo debito della uisita, doue nè meno lo trouò.

Uenne a uisitare S. E. il Marl d'Estrè lo riceuette a capo le scale si trattorono egualmente d'Eccl.^{a} et accompagnò sino alla carroza partendo in un medesimo tempo.

Il Lunedì 6 di Luglio uennero a uisitare S. E. i sig.ri del Bene furono riscontrati tutta la sala, et accompagnati tutte le scale.

Questa mattina S. E. andò a uisitare l'Imb.r di Sauoia che li fece i medesimi trattamenti riceuuti.

Andò parimenti a render la uisita al Marl d'Etre trattato nel medesimo modo.

Rese parimenti la uisita a i sig.r del Bene.

Dopo desinare andò a render la uisita al Marchese di Montespan Guardaroba magg.re del Re, dal quale fu riceuuto a mezo le scale, accompagnandolo sino alla carroza uedendolo partire.

Fu preso equiuoco dal paggio perchè credendo andare a casa questo Marchese s'andò al Hostel dell'Amb.ri Straordinari doue staua il Duca di Bellegarde suo zio, e qui smontati, e saliti al suo appartamento riceuette questo Duca la uisita senza sua saputa nè meno del Amb.r

Dopo andò S. E. a uisitare la Contessa di Brien la quale poi regalò di galanterie d'Italia. È questa sig.a di grandissimo sapere e di cortesia inestimabile, perchè fece grandissima forza d'accompagnarlo fino alla carroza.

Andò parimenti a uisitare la Marescialla d'Etré fu riceuuto alla porta della sala, e nè meno da questa uolse S. E. la mano, e intanto le sig.r camerate si tratteneuano in queste uisite a sedere con l'altre Dame, e sig.r ch'erono in lor compagnia nella medesima stanza.

Il Martedì 7 di Luglio uennero il Resid.⁰ e nuouo Seg.ʳⁱᵒ del Duca di Parma a uisitare il sig. Amb.ʳ quali riscontrò a meza sala senza darli la mano, et accompagnò tutte le scale li trattò alcuna uolta d'Ill.ᵐⁱ e loro sempre del Eccl.ᵃ

Il dopo desinare andò il sig. Amb.ʳ a uisitare la Duchessa di Eguilion, nipote del già Cardle di Richelieu, quale S. E. haueua conosciuto in altro tempo ch'era più giouane, e più bella ancor che adesso si mantenga molto bene, si è data del tutto alla deuotione, e mostra di andare con sprezatura grande ma però tiene il grado più che ordinariamente perchè non furono grandissime le accoglienze che fece al sig. Amb.ʳ trattò con S. E. come l'altre Dame sendosi posti a sedere sotto il baldacchino, si uedde una bellissima sala adorna con pitture a fresco di man d'un Italiano ci sono bellissimi giardinetti con fontane in mezo, et un bello, e ricco gabinetto con grandissime inuetriate che guardano uerso il giardino di Lussemburg.

Andò S. E. a render la uisita al Marl di Ghiscia e da esso fu riceuuto a piedi delle scale, e gl'altri trattamenti furno come quelli degl'altri Marescialli.

Uenne il sig. Conte di Burlon a uisitare S. E. per l'ultima uolta andandosene a certi suoi luoghi.

Fianzaglie di Madamusella di Uandomo con il Duca di Nemurs. Questo medesimo giorno andò Gio. Rucellai a uedere la cirimonia che si faceua delle fianzaglie, o impalmamento della figl.ᵃ del Duca di Uandomo con il Duca di Nemurs(¹⁸) nella camera propria del Re e come usa per i Pnpi, e Pnpsse del sangue legittimi, o naturali.

Era andato molte uolte detto Gio. o con l'Abate Bentiuogli o con il March.^{se} di Uillar fratello di Madama d'Ampus, o da se nel gabinetto, e camera della Reg.ª e del Re, essendo di già conosciuto da quelli Uscieri già regalati da lui che li faceuano cortesia e perciò haueua uisto in questa congiuntura del bruno la Reg.ª in diuersi habiti, cioè nel primo ordinario auanti che morissi il Re nel secondo alla prima audienza del Imb.^r con quei ueli bianchi nel terzo nel suo gabinetto fuori di funtione, ma però in tempo di quarantena il quale era d'una zimarra nera come quelle che in Italia portano i Prelati in casa ma con mostre di più di quattro dita di largheza di Hermellini, et un fazoletto grosso al collo con i capelli nascosti, e certi fazoletti bianchi in capo sopra la cuffia che ripiegati ueniuano a pendere del pari di qua, e di la della tempie sino a gl'orecchi. Il quarto ch'era dopo la quarantena era un habito ordinario tutto nero con il fazoletto più sottile, et i capelli pur nascosti, e la cuffia di uelo nero con una punta di essa uerso la testa, e questo è l'habito che porterà per due anni che poi si uestirà di colore, uolendo, con pizi e gioie, che così usano le uedoue non portando ueste di color di fuoco nè giallo o simili.

Suole ogni giorno esser piena la camera, e gabinetto della Reg.ª di Dame e Caualieri quali si trattengono discorrendo mentre che S. M. è in consiglio che uscendo poi se ne ua nel suo gabinetto a sedere, e lì discorre con chi li piace sedendo solo le Pnpsse, et intorno a lei si forma un circolo; si siede ancora in diuersi luoghi per l'istesso gabinetto fuori della uista però della Regina facendosi diuersi mucchi di Dame e Caualieri quali solo usano andar lì per godere di quella conuersatione e come dicono al cerchio e poi se ne uanno senza dire altro entrando nelle loro carroze a spasso al corso, o altroue. Arriuando alla porta della camera, o gabinetto, usano per farsi sentire dal Usciere grattare la porta molto piano senza battere che ben presto sente il Portiere, quale subito entrato riserra la detta bussola, o porta a chiaue, e nella medesima maniera si fa al Re il quale non ha se non una gran camera, con il suo lettino paonazo soppannato di bianco con i balaustri attorno, et il letto di Madama di Senesse sua Gouernante dal altra parte pur paonazo, del quale è parato tutta la camera, nella quale ancora è una rastrelliera di diuerse bagattelle, come balestre, archibusi, bambole, e simili per trattenimento di S. M. quale presentemente è seruito da 70 o 80 bambini della sua età o poco più de i primi sig.ri della Francia, andandocene solo 7, o 8 il giorno per trattenerlo quali stanno sempre scoperti, e mai il Re ancor che piccolo burla seco da ragazo, non ridendo quasi mai con loro, e conoscendo di essere Re, ama in estremo un tal Francini fiorentino, giouane di 17 in 18 anni molto ingegnoso che si dice sarà suo P.° Ualletto di camera. Il padre di questo giouane, andò in tempo della Reg.ª Madre a Parigi huomo di bassi natali, e fortuna, et essendo là fatto da lei sopra le fontane da condursi nella città, e sopra quelle delle uille ancora, ha saputo far sì, che si troua adesso più di $\frac{m}{8}$ scudi d'entrata, et ha maritato la sua figl.ª ch'era bellissima al fratello del Presidente Baglieur che si chiama Mons.ʳ di Perè. Con questi ragazi si trattiene ancora il Duchino d'Angiou fratello di S. M. che ha poco più di 3 anni.

Cena il Re di buonissima hora a una tauola piccola, e bassa doue portono molte uiuande, e s'imbocca, e trincia da se con quattro guardie del corpo attorno, et un balaustrato per amor della gente, e questo era nella galleria de i ritratti, doue si fece la cerimonia delle fianzaglie che fu così.

Erono questo giorno più di 200 Dame, e molti Caual.ʳⁱ e Pnpi nella camera del Re i quali per non ci capire per un andito passorno nella galleria sopradetta seguitandoli la Reg.ª et il Cardle Mazarrino, dreto a quali era Mada.ˡˡᵃ di Uandomo con una bellissima ueste, et un manto assai lungo, rettoli da Mada.ˡˡᵃ dal Beuf, et entrati in quel balaustrato la Reg.ª con gl'altri Pnpi del sangue; disse il Cardle alcune orationi, e poi con il notaro sottoscrissero la scritta del parentado la Reg.ª il Re, e gl'altri Pnpi del sangue come è solito e l'Amb.ʳ di Sauoia essendo il Duca di Nemurs di quella casa, e così fu finita la ceremonia.

Aggiustamento della pretensione della Duch.ᵃ di Longauilla.

Il Mercoledì 8 di Luglio uenne da S. E. Monsù Girò, al quale il sig. Amb.ʳ disse quello che si era risoluto in proposito della uisita del Pnpe di Condé, cioè che S. A. sarebbe uisitato dal sig. Amb.ʳ e la sig.ᵃ Pnpssa e sig.ᵃ Duch.ᵃ D'Anghien, e che la sig. Duch.ᵃ di Longauilla si sarebbe tralasciata, come ancora la sig.ᵃ Duch.ᵃ di Loreno, conforme al gusto che haueua mostrato S. A. quale in maniera nessuna non si sarebbe uolsuto disgustare nè progiudicare: e di tanto ancora si era contentata la sig.ᵃ Duch.ᵃ di Loreno, quale era restata con il sig. Amb.ʳ d'essere uisitata in priuato per aggiustare queste differenze.

Il Uenerdì 10 di Luglio spedito S. E. il suo dispaccio per Italia inuiò il suo bagaglio uerso Lione consegnato al sig. Gio. Batista Forno in 13 gran colli a soldi dua e mezo la libbra da Parigi a Lione.

Il sabato 11 di Luglio uenne il Conte di Berlise nuouo introduttore a uisitare S. E., sì come poco dopo tornò Monsù Girò con referire che il Pnpe di Conde era contentissimo di riceuere la sua uisita con i patti accordati di sopra.

Era questo giorno arriuato di Fiandra il Duca di Guisa rimesso in grazia della Reg.ᵃ, quale il sig. Amb.ʳ andò a uisitare trouandolo nel suo giardino, doue passeggiarono un gran pezo dandoli la mano, e trattandolo d'Eccll.ᵃ l'accompagnò con gl'altri duoi Pnpi alla carroza partendo insieme.

La Domenica 12 di Luglio mandò S. E. da Monsig. Nuntio quale per l'innanzi gl'haueua fatto sapere il desiderio di uoler uedere il sig. Amb.ʳ come amico, e familiare, ancor che tenessi ordine di Roma di non si trouare con i Ministri dei Pnpi della Lega; a concertare doue S. Sig.ᵃ Ill.ᵐᵃ uoleua trouarsi per fare questo abboccamento, quale elesse il Conuento de Padri Carmelitani, e uestitosi S. E. in habito nero da prete e dopo la Messa passeggiando per il giardino comparue Monsig. Nuntio con il quale abboccatosi passeggiò gran pezo, e fu trattato di Eccell.ᵃ Licentiatosi rimase Monsig.ʳ nel giardino et il sig. Amb.ʳ se n'andò a casa.

Dopo desinare andò incognito nel medesimo habito a render la uisita al Imb.ʳ di Uenetia, si trattorono in terza persona. L'incontrò alle scale, et accompagnò alla carroza lasciandolo partire.

Tornato a casa riceuè la uisita di Madama di Perè figl.ᵃ del Francini, e la uisita di Madama d'Ampus ancora.

Uestitosi poi di paonazo andò a uisitare la Marchese di Rambugliet e poi a spasso per la città.

Mandò da i Resid.ⁱ di Parma per renderli la uisita quali risposero di non poter riceuere il fauore per uarie occupationi che in buona lingua uoleuan dire che non stauano in maniera di poter riceuere un Amb.ʳ del Gran Duca come meglio s'erano fatti intendere al sig. Conte Bardi.

Il Lunedì 13. di Luglio andò S. E. a uisitare il sig. Forno, e sig.ʳⁱ Lumachi, e dopo a render la uisita al sig. di Berlise introduttore quale lo riceuè a

Uisita del Pnpe, e Pnpssa di Condê.

piedi delle scale, e li disse che il Pnpe e Pnpssa di Conde, e Duchessa D'Anghien attendeuano quell giorno la sua uisita: come seguì uenendo detto sig. Conte a pigliare il sig. Amb.^{r} e montati in carroza, con sua Corte, e sig.^{re} Camerate si incamminò a L'hotel di Conde, e salito ad alto la sig. Pss.^{a} riceuè S. E. alla porta della camera, e postisi a sedere sotto un baldacchino, con la Duchessa della Tremuglia Ugonotta e le sig.^{re} Camerate a sedere anc' esse con molte principali Dame che ui erono finita la uisita fu accompagnato fino al medesimo luogo, e dal sig. Berlise, e Monsù Giró; fu introdotto poi S. E. dalla sig.^{a} Duchessa d'Anghien in alcune stanze terrene la quale per esser grauida di 9 mesi lo riceuè uestita in letto a diacere con molte bellissime Dame attorno fra le quali la più bella era una delli Strozi di Lione. È questa Duch.^{a} piccola non troppo bianca, nè troppo bella figliola del Marechal di Brese, e nipote del Card. di Richelieu. Ma la Pnpss.^{a} sua suocera non ostante l'età conserua ancora quelle belleze ch'hanno fatto per il passato tanto romore.

E perch'era a buon hora non essendo tornato il Pnpe dal Consiglio si tornò a casa e poi con l'istesso Berlise si ritornò a L'hotel di Conde. Fu riscontrato il sig. Amb.^{r} e trattato con il maggiore eccesso di cortesia di tutti gli altri, fu riscontrato dico a mezo le scale dal sig. Pnpe e per forza li dette la mano, non la pretendendo nè uolendola il sig. Amb.^{r} trattò sempre d'Eccll.^{a} e l'accompagnò sino alla carroza lasciandolo partire, non ostante le repulse che in ciò faceua il sig. Amb.ʳ fece molte cortesie alle sig. Camerate, e fra l'altre a Gio. Rucellai domandandoli di doue egli era Abate che trouandosi sorpreso non seppe quasi fingere un nome, li fece mille offerte dicendo che era molto amico della sua casa. E partiti se n'andorono a spasso per la città.

Mandò S. E. per il passaporto per le sue robe inuiate a Lione acciò là da quella Dogana non fussero aperte nè pagassero gabella per tutto il Regno come seguì.

Il Martedì 14 di Luglio andò S. E. a render la uisita a Monsù de Furgis gentilhuomo del Duca d'Orliens il quale lo riceuè alla carroza doue anco l'accompagnò; di quiui andò a uisitare l'Imb.ʳ di Sauoia per licentiarsi, pensando in breue partire. Andò a uisitare Monsù di Uoetur introduttore del Duca d'Orliens.

Il Giouedì 16 di Luglio uenne il sig. Card.ˡᵉ di Lione a render la uisita a S. E. quale riceuè in mantelletta, e roccetto alla carroza doue anco l'accompagnò.

Andò dopo S. E. a uisitare il Uescouo di Bouès molto fauorito della Reg.ᵃ dal quale fu riceuuto a meza scala in zimarra et accompagnato fino alla carroza parlando sempre in franzese.

Dopo desinare andò a uisitare la sig.ᵃ Duch.ᵃ di Guisa quale haueua molte Dame nella sua camera, trattenendosi con loro le sig.ʳ camerate al solito.

Tornato a casa uenne Monsù d'Auò a render la

uisita a S. E. quale lo riscontrò a capo le scale gli diede la mano, e l'accompagnò alla carroza.

Ultima Audienza del Re e Regina.

Il Uenerdì 17 Luglio uenne da S. E. Mons. Girò a farli sapere che per oggi doppo desinare si era fermata l'ultima audienza del Re e Regina.

Andò poi S. E. a render la uisita pubblica all Amb.re di Uenezia, quale lo riceuè scendendo 3 scalini conforme fu fatto a lui, quando uenne a uisitarlo publicamente, diede la mano, si trattorno in terza persona, e laccompagniò alla carrozza ritirandosi al partir di essa.

Doppo desinare su le 2 hore uenne il Marechal di Guicha con il s.r di Berlise e Mons. Girò con la solita caroza paonaza del Re, e della Regina nera, et entrati nella prima il s.r Amb.re il Marechal Berlise s. Conte Bardi e sig.r Barducci quale questo giorno doueua pigliar il possesso della sua carica di Residente, et esser da detto s.r Conte Bardi presentato alla Reg.a e le s.re Camerate intrormo in quella della Regina con Girò s'incamminò al Luure con la sua solita corte, doue entrorono nel cortile le solite tre carrozze, e smontato fu condotto nella medesima stanza ad aspettare di doue poi fu introdotto all audienza passando di più di laltra uolta la camera medesima doue hebbe la prima audienza e poi un corridore et entrando nel Gabinetto ordinario della Regina doue stanno pendenti alcune lumiere di cristallo, e del resto è adornato modestamente, era pieno di Dame e Princ.se e Princ.i con le dua finestre aperte che guardono uerso il fiume nel mezo delle quali è posta una grandissima spera doue appunto era in mezo al Re e duchino d'Aniou a sedere la Regina. Al comparire del s.r Amb.re leuatasi la Regina in piedi con far far il simile a suoi figlioli, si mosse un passo, e se l inchinò e laccolse con la solita cortesia fattolo subito coprire e riuerito prima il Re poi la Regina poi il Duchino quale li porse le mani a baciare con una grazia indicibil sì che S. E. disse alla Reg.a di hauer hauto lhonore di baciar le mani a due più bei Principi di Europa, il che aggradì in estremo S. M.ta e doppo un lungo discorso stando sempre le M.ta loro in piedi si licenziò e si trattenne nel medesimo Gabinetto fintanto che anco il s.r Conte Bardi si licenziò per uenir in Italia e presentò per nuouo Residente di S. A. S. il s.r Gio. Batista Barducci. Si tornò per il medesimo cammino et il s.r Marechal l'accompagniò fino alla carrozza del Re non uolendo il s.r Amb.re che si pigliassi più incomodo, doue entrati con il s.r Conte di Berlise se n'andò a casa.

Salito ad alto e riuestitosi d abito nero di lungo andò conforme l'accordato a uisitar incognito la s.ra Duchessa di Loreno con solo il s.r Conte Bardi che da S. A. con tal occasione si licenziò. S. A. riceuè il s.r Amb.r in letto per non si sentir troppo bene, e parlò sempre in franzese. Ritornato a casa si riuestì di paonazo per riceuer la uisita che ueniua a renderli il Presid.e Bailleur, quale tratto d Ill.mo rendendo all Amb.e d'Eccell.a riscontrò a capo le scale accompagniò fino alla carrozza, e tutti questi Ministri furono prima uisitati dal s.ʳ Amb.ʳᵉ come si è uisto.

Il Sabato 18 Luglio un hora dopo mezzo giorno uenne a render la uisita a S. E. il s.ʳ Prin.ᵉ di Condé lo riceuè alla carroza in rochetto e mantelletta haueua lui medesimo portate le risposte delle lettere, che il s.ʳ Amb.ᵉ li haueua presentate, e doppo un lungo discorso l'accompagniò sino alla carrozza discorrendo con grandissima cortesia di Firenze con le ss.ᵉ Camerate.

Andò poi S. E. a spasso et a bagnarsi dal Isola Machenolla dirimpetto al Corso della Reg.ᵃ Mre, doue erono nel aqua molte dame che portono una camicia lunga sino a piedi di panno grosso e rozzo e maschera e con le quali ordinariamente si ua con gran libertà, e questo giorno ci era gente innumerabile perchè era caldo ma non già al usanza di Italia perchè il fiume era assai fresco.

La domenica 19 di Luglio uenne a render la uisita a S. E. il s.ʳ Conte di Brien p.° Segretario quale riceuè a meza scala et accompagniò sino alla carrozza lasciandola partire. È questi piccolo di statura, et homo da bene e di buonissima condizione e cortese di età di 50 anni molto amato dalla regina, al quale al entrar in carica donò $\frac{m}{400}$ franchi per darli a Chauigni che lasciaua detta carica. Ha una bellissima abitazione sul fiume dirimpetto quasi all Luure.

Riceuette il s.ʳ Amb.ʳᵉ honori singulari circa i buoni trattamenti et in particolare da questi primi Ministri quali non sogliono render le uisite, nè meno si pretendono da loro.

Doppo uenne a render la uisita il Uescouo di Bouès, quale riscontrò tre scalini. Andò poi S. E. a uisitar Mad.^{ma} la Duchessa di Cheureusa la quale lo riceuè alla porta della camera doue anco l'accompagnò, e tornato a casa uennero i ss. Prin¹ di Guisa a render la uisita.

Il Lunedì 20 di Luglio uscì la mattina incognito come haueua fatto anco altre uolte per suoi affari S. E. e doppo desinare uenne il s.^{r} Cardle Mazzarrino quale si scusò non esser uenuto prima per le grandi occupazioni, uenne con corteggio di due carrozze. Lo riceuè alla carrozza in rochetto, doue l'accompagniò. Mandò poi a sollecitar Mons. Girò per le spedizioni delle lettere acciò potessi partir il giorno 22 come haueua stabilito.

Il Martedì 21 Luglio andò il s.^{r} Amb.^{e} a licenziarsi dal s.^{r} Cardl Mazzarrino che lo trattò con eccesso di cortesia, tornato a casa uennero molti Nazionali come i ss. Uerucchi et altri s.^{r} Abate Bentiuogli, il s.^{r} Amb.^{re} di Sauoia a render la seconda uisita per eccesso di cortesia.

Il doppo desinare uenne a pigliar S. E. Mons. di Uoeture introduttore del s.^{r} Duca di Orliens per condurlo a pigliar licenza da S. A. R. dalla quale presa e riceuuto i medesimi trattamenti, aspettò che il s.^{r} Conte Bardi si licenziassi anch egli per tornarsene in Italia come si è detto, e non uolse S. E. che il s.^{r} di

Uoetture l' accompagnassi a casa per procedere con maggior libertà.

Andò poi S. E. a uisitar per l' ultima uolta la sig.^{ra} Duchessa e ss. Principi di Guisa, e poi mandò di nuouo a sollecitar i suoi dispacci.

Il Mercoledì 22 Luglio giorno di S.ª Maria Maddalena, nel quale si era stabilita la partenza di Parigi, e fermato 2 cochi per la seruitù, et una carrozza a 4 caualli comodissima per il s.^{r} Amb.^{e} e ss. Camerate e s.^{r} Conte Bardi per prezzo di 40 doppie sino a Lione, come più puntualmente si può uedere in fine di questo diario in una listra dell altre spese ancora del Uiaggio. Diede ordine che si caricassi sopra i carri il bagaglio, e tutti già erono uestiti da campagna. A mezzo desinare comparue il Conte di Berlise e Mons. Girò, quali a S. E. presentarono per parte della Regina una croce di 5 diamanti, che quello del fusto della croce era lungo quanto un pinocchio col guscio di ualore di $\frac{m}{T}$ scudi. (^{19}) E perchè questi regali prima si faceuano con qualche fraude di ministri non li uedendo il Re disse la Regina che da qui auanti li uoleua prima uedere lei, e questo dissono che l haueua cauato a posta di uno suo proprio studiolo che ueramente era bello assai, e credo lo stimassero anco più di quello ho detto e doppo Mons. Girò presentò a S. E. il dispaccio delle risposte delle lettere, e con tal occasione il medesimo Berlise regalò anco per parte della Reg.ª il s.^{r} Conte Bardi di un goiello di n.° 7 diamanti o faccette bellissimo di ualore circa 1500 scudi, regalo solito farsi al Residente quando se ne ua e resoli infinite grazie S. E. mandò a casa il s.ʳ di Berlise due collane d oro che una per il s.ʳ Conte di Burlon, di 60 doppie 1 una che così è solito et un altra per Mons. Girò che in tutto costauono 140 doppie. Haueua di già S. E. uenduto i caualli e carrozze con poco scapito e licenziato i lacchè et altra seruitù presa a Parigi, con darli buone mancie oltre alla liurea lasciatali.

Haueuano per il passato usato uenir i giardinieri del Re a portar mazzetti di fiori a S. E. essendo solito darli buona mancia.

Si doueuano far ancora alcune uisite ma per sbrigarsi si tralasciorono, e quella della Duchessa di Orliens non si fece perchè non staua bene rispetto alla grauidanza dubitandosi che si fussi sconciata.

Uoleuono le ss.ᵉ Camerate nel tempo che stettero a Parigi far molti uiaggi, come andar in Inghilterra potendo arriuar in Londra in 6 giorni, ma per le crudeli guerre che ui erono e per non esser sicuro il cammino non si risoluettero, sì come a ueder la battaglia seguita di Rocroy, alla quale andò Gio. Rucellai e con sua particolar curiosità uedde n.° di 8000 morti sparsi per più di 2 miglia di paese che in uero rendeuono terrore e spauento che ancora non li haueuono cominciati a seppellire come poi fecero, erono tutti spogliati che si uedeua biancheggiar la campagna e già cominciauano a puzare, et anco lassedio di Tionuil cominciato quindici giorni auanti la partenza loro di Parigi non ci essendo che 4 giornate, che pure anche questo cammino diceuano non esser del tutto sicuro, ma non si seppero risoluere.

Haueua Gio. Rucellai in questo tempo fatte da per se solo molte uisite, et in particulare alla sig.ª Duchessa, e Madamusella di Guisa, quali hebbe l'honore di salutar col bacio e a tutti a tre i sig.ʳⁱ Pnpi di Guisa. Al sig.ʳ Pnpe di Conde hauendolo riuerito parecchi uolte dal quale sempre riceuè fauori di estrema cortesia, e di gratissima accoglienza. Alla sig.ª Pnpss.ª di Condè dalla quale molte uolte era stato ammesso nel suo gabbinetto, e da questa prese ardire la prima uolta di andare perch' haueua mostrato discorrendo con il sig. Amb.ʳ (hauendo di già inteso che con lui ci era un Abate Rucellai) desiderio di uederlo che essendo andato a riuerire S. A. la ritrouò nel suo gabinetto che non era ancor finita di uestire, doue fu fatto entrare, et honorato di salutarla col bacio, e di lungo e di cortese discorso sopra l'amicitia, e memoria che teneua della casa Rucellai. Uisitò ancora il sig. Cardle Mazarrino. E molt' altri Caualieri e Dame, con le quali haueua preso amicitia, et in particolare Mad.ª D' Ampus Madamusella figl.ª della Barona d'Usselles di casa Alamanni quale barona morì dua giorni auanti il Re, e li dolse in estremo perchè da lei haueua riceuuto, et era per riceuere infiniti fauori, sì come dal Baron suo marito. Uisitò anco Madamoselle Manon Bernardini figl.ª di un tal Bernardino Imbotti fiorent.º che insegnaua a molte accademie, matematica, fortificationi, saltare a cauallo et altri esercizi cauallereschi. (²⁰) Questa era giouane di bontà belleza, e spirito strasordinario.

È in Parigi una conuersatione Cricca, o Camerata, o setta, chiamata degli Importanti, e tutti sono sig.ʳⁱ Principali, e giouanotti de i quali ne è capo il Duca di Bofort e di Mercurio figl.ⁱ di Uandomo. Questi pretendono riformar la Politica a lor modo, non stimando nessuno che noi in buona lingua gli chiameremmo Auuentati, et Inconsiderati.

Lasciorono tutti tanto il sig. Amb.ʳ che le ssig.ʳ Camerate buona quantità di danari in Parigi, non ci essendo città al mondo che più inuiti allo spendere di quella prouuedendosi ciascheduno di molte belle galanterie, che in Italia sono stimate assai, e più care come di libri di stampe, di acconciature d'oro d'Inghilterra che le più belle, e larghe uagliono 40 o 45 soldi il braccio et i nastri rasati larghi 12 e 14 soldi il braccio di cappelli di castoro 27 o 30 testoni l'uno, de i più fini, e d'una libbra di peso, di aghi i quali costono 16 soldi il cento tanto i piccoli che i grandi de i migliori, cioè 4 testoni il migliaio, di spilli che gl'ordinari si hanno a 14 soldi il migliaio di giglietti di Fiandra finissimi di oriuuoli, di panno rosso di Berri a 19 lire il braccio largo più di dua braccia, di panno d'Olanda finissimo a 25 lire il braccio largo poco meno di 3 braccia, e di scarlatto d'Olanda finissimo della medesima largheza a 40 lire il braccio tutto di moneta fior.ⁿᵃ

Nota di lettere del S.ᵐᵒ Gran Duca, Gran Duchessa e Pnpi di Toscana, presentate dal sig. Amb.ʳ in Corte Christ.ᵃ a diuersi con i titoli di essi.

Del S.ᵐᵒ Gran D.ᵃ in cond.ᶻᵃ della morte del Re.

Per il nuouo Re.

Alla Sacra Xssm.ᵃ Real M.ᵗᵃ del Re di Francia S.ʳ Oss.°

Con la inza — Per la Reg.ᵃ

Alla Sacra Xssm.ᵃ Real M.ᵗᵃ della Reg.ᵃ di Fran.ᵃ S.ᵃ Oss.ᵃ

Con la inza — Per il Duca d'Orliens.

All S.ᵐᵒ Sig. il Sig. Duca D' Orliens Sig. Oss.° Parigi.

Per il Pnpe di Condè.

All S.ᵐᵒ Sig. il Sig. Pnpe di Condè Parigi.

Per il Sig. Duca di Longauilla con ordine d' intendere le sue pretensioni, e però S. A. manda due lettere diuerse.

All Ill.ᵐᵒ et Eccll.ᵐᵒ Sig. il S.ʳ Duca di Longauill Parigi.
All Ser.ᵐᵒ Sig. il Sig. Duca di Longauill Parigi.

Per la Duchessa di Loreno.

Alla Ser.ᵐᵃ Sig.ᵃ mia Cugina Oss.ᵃ la Sig.ᵃ Duch.ᵃ di Loreno Parigi.

Per il Card.lc Mazarrino.

All Eminss.° e Rndss.° Monsig. mio Col.mo il S.r Cardl Mazarino Parigi.

Per il Cancelliere di Francia.

All Ill.mo et Eccl.mo S.r il Sig. Cancell.re di Francia Parigi.

Per il sig. Bouttiller soprint.e delle finanze.

All Ill.mo Sig. il Sig. di Bouttiller soprin.te generale delle finanze Parigi.

Per Monsù di Chauigni P.mo Seg.rio di stato di S. M. due lettere con diuersi titoli.

All Ill.mo et Eccl.mo S.r Msù di Chauigni P.mo Seg.rio di stato di S. M. Xssa Parigi.

All Ill.° Sig. Msù di Chauigni P.mo Seg.rio di stato di S. M.a Xssma Parigi.

Per l' Introd.re dell'Amb.ri

All M.to Ill.ra Sig. il Sig. Introd.re dell'Amb.ri Parigi.

Per il Duca di Sauoia.

All Ser.mo Sig. il Sig. Duca di Sauoia.

Per la Duchessa di Sauoia.

Alla Ser.ma e Sig.a Mad.a Christiana di Francia Duch.a di Sauoia.

Per il Go.ʳᵉ del Delfinato.

All Ill.ᵐᵒ et Eccl.ᵐᵒ Sig. il Sig. Duca de Dighieres Gouer.ʳᵉ del Delfinato Grenoble.

Per il Gou.ʳᵉ di Lione.

All Ill.ᵐᵒ Sig. Monsù d'Alincurt Gou.ʳ di Lione.

DELLA SER.ᴹᴬ GRAN DUCHESSA.

All Re, e Reg.ᵃ come le passate.

DEL SER.ᴹᴼ PNPE CARDLE.

All Re, e Reg.ᵃ con i medesimi titoli, ma con sopra coperta.

Per il Duca D'Orliens.

All Ser.ᵐᵒ Sig. mio Oss.ᵒ il Sig. Duca d'Orliens Corte Xssma.

Per il Pnpe di Condè.

All Ser.ᵐᵒ Sig. mio Oss.ᵒ il Sig. Pnpe di Condè Corte Xssma.

Per il Cardle Mazarrino.

All' Emin.ᵒ e Reued.ᵒ Sig. mio Oss.ᵒ il Sig. Cardle Mazarrino Corte Xssma.

Per la Duch.ᵃ di Sauoia.

Alla Ser.ᵐᵃ Sig.ᵃ mia Oss.ᵃ Mad.ᵃ Duch.ᵃ di Sauoia.

Del sig. Pnpe Don Lorenzo.

Per il Re.

Alla Sacra Xssma Real M.ᵗᵃ del Re di Fran.ᵃ Sig. mio Oss.°

Con inza — Per la Reg.ᵃ come sopra del Re.
Per il Pnpe di Conde, come il Gran Duca.
Per il Cardl Mazarrini, come il sig. Pnpe Cardle.
Per la Duch.ᵃ di Loreno, come il Gran Duca.

Del sig. Pnpe Gio. Carlo.

Per il Re, e Reg.ᵃ come il Gran Duca.

Per il Re morto.

Alla Sacra Real M.ᵗᵃ del Re Xssmo.

Con coperta — Per la Reg.ᵃ come sopra.
Per il Cardle Mazarrino, e Lione come il s.ʳ Pnpe Cardle.

Del Pnpe Leopoldo.

Per il Re, e Reg.ᵃ come il Gran Duca.
Per il Re morto, come il Pnpe Gio. Carlo.
Per il Cardl di Lione come il sig. Pnpe Cardle.

Dell Pnpe Mattias.

Per il Re.

Alla Sacra Xssma Real M.ᵗᵃ del Re di Fran.ᵃ Sig. Oss.° con coperta.

Per la Reg.ᵃ

Alla Sacra Xssma Real M.ᵗᵃ della Reg.ᵃ Mre di Fran.ᵃ Sg.ᵃ Os.ᵐᵃ con coperta.

— 248 —

Partenza di Parigi.

Dopo essere stati fermi in Parigi 4 mesi, e 13 giorni dalli 10 di Marzo sino li 22 di Luglio, sbrigatosi del tutto il sig. Amb.ʳ dalla corte Xssma, mandò questo giorno la sua famiglia a montarne i cocchi conforme l'uso di Parigi che s'erono fermati sino a Lione, e montato in carroza del sig. Residente Barducci, con altra carroza, doue era il sig. Fran.ᶜᵒ Antinori, et altri sig.ʳⁱ e Madamusella Fiorauanti, quali ci accompagnorno una lega fuor di porta S. Uittorio, doue montati nella carroza a uettura S. E. le Camerate et il Conte Bardi s'incamminorono per Italia, e a sette leghe si arriuò la sera ben tardi a Issonne piccolo uillaggio, doue si stette male alloggiati. Miglia 14.

A dì 23 Luglio gior.ᵃ 2ᵃ.

Partiti da Issonne di buon hora camminando per una bellissima pianura dopo cinque leghe s'arriuò a Migli nella Prouincia di Gastinois si stette assai bene, e si mangiò de Perniciotti; rimontati in carroza seguitando per la spatiosa, e bella pianura dopo cinque altre leghe la sera si arriuò a Uertò piccolo uillaggio doue non si hebbe troppo buon uino. Questo giorno si fecero 10 leghe. Miglia 20.

A dì 24 Luglio Uenerdì g.ᵗᵃ 3ᵃ.

Partitisi di Uertò per la strada turbatosi il tempo si camminò con pioggia per una bellissima pianura, e forse la più uaga di Francia per le belle, e uerdi praterie piene di ruscelletti, e boschetti che pare una scena, et a 7 leghe si arriuò a Mont'argis città assai ben grossa con un Castello sopra una collinetta, che la domina; drento il quale è un palazo doue è una sala lunga 66 passi, e larga 26 dalle finestre della quale si gode tutta quella bella campagna a questa si sale per una scala grande in croce, e già ci era bellissimo giardino et era ben tenuto ogni cosa, cominciando adesso andare in rouina, sotto la città scorre il fiume che sbocca nella Senna, e entra nel canale della Loira per la comodità di condur le barche si desinò a l'hosteria del Angelo, ch'è la migliore della città, doue si stette ragioneuolmente, et incamminandoci per strade dirotte, e cattiue la sera sul tardi si arriuò a Nogian piccolo luogo, dopo 4 leghe si alloggiò a l'hosteria del cappel rosso doue non si stette troppo bene. Questo giorno si fece undici leghe. Miglia 32.

A dì 25 Luglio Sabato Gt.ª 4ª.

Sentita la messa in Nogian, douendosi hoggi far piccola giornata, a sei leghe si arriuò a Briara terra grossa poco distante dalla riua della Loira si stette assai bene, e poco lontano al gran Borgo di Briara è la già detta tagliata che comunica la Loira con la Senna, e camminando poi dopo desinare con buonissime strade sempre per una bella campagna s'arriuò la sera dopo tre leghe a Boni piccolo, ma buono Castello doue si alloggiò con buon uino, e migliori altre comodità. Questo giorno si fecero noue leghe. Miglia 27.

A dì 26 Luglio Dom.ᵃ g.ᵗᵃ 5ᵃ.

Si partì questa mattina di buon hora da Boni camminando sempre a uista della Loira per buonissime strade si passò alcuni fiumicelli, e per alcuni castelletti si trouò per la bella campagna quantità grandissima di alberi di noce, e si uiddero lauorare i contadini con i buoi, non facendo come quelli del Isola di Francia con i caualli, dopo cinque leghe si arriuò a Cosne buonissima e grossa terra cinta di mura, e fossi, si smontò ad un hosteria in un grosso borgo per difuori s'andò a sentir la Messa in una bella chiesa de Padri Domenicani, nella quale questo giorno si faceua la festa di S. Anna si desinò con mediocre uino, con Perniciotti, et altre buone comodità camminando poi sempre a uista della riuiera a quattro leghe si passò per mezo di Pugli grosso Castello, passando iui uicino un fiumicello, dopo tre altre leghe la sera di buon hora si arriuò alla Charitè buona, e grossa terra del Cardle di Lione, si hebbe de i Perniciotti, e si fecero questo giorno 12 leghe. Miglia 36.

A dì 27 Luglio Lunedì g.ᵗᵃ 6ᵃ.

Partiti questa mattina dalla Charitè, e caminando per strade buone la state salendo, e scendendo collinette benissimo cultiuate a uigne a 3 leghe si passò per mezzo di Pugbes grosso castello auanti il quale è un bagnio d'aqua medicinale detto i bagni di Pugues, del aqua del quale se ne beue in buona quantità passando presto, questa è di colore bianchiccia et è fresca, e sa d'inchiostro surge nel mezo d'un claustro, doue sono alcune logge di legnio per spasseggiar quando pioue; gioua a molti mali, come alla renella, alla milza rinfresca il fegato; ui concorre gran gente ci sono medici pagati aposta e lì intorno buone abitazioni per ss.^{ri} grandi che uanno a purgarsi, e noi ci uedemmo molte dame, e Caualieri.

Passati auanti sempre a uista della riuiera si arriuò alla desinata a Niuers città principale del Duca di Mantoua che ora ne sono in possesso le prin.^{se} Anna, e Maria di Niuers, che la prima si ritrouaua nel suo palazzo quale è nel alto della città con un gran prato auanti, et è di figura quadra lunga con una scala a lumaca nel mezo della facciata che esce in fuori con due torrioni su le cantonate belli tetti, è stretto e non troppo lungo a questo è attaccato altro palazetto basso, per la parte di la dal prato ci era molta erbaccia e mal tenuto, auanti a questo ci è una bella piazza tutta con le case ad un modo cioè con il padiglion del tetto a scalini, la città è posta su la Loira con un bellissimo ponte di pietra, e lunghissimo, ci sono belle strade e case non è tutta in piano, ci è un bel duomo Chiesa assai grande di tre naui; di qua e di là del altar grande ui sono i sepolcri di tre duchi con figure grandi di marmo fine con le loro inscrizioni, e l'Altar maggiore di bellissimi bassirileui di marmo, con un bellissimo coro fuori di essa e un bellissimo et alto campanile di pietra con statue in quadro con risalti tondi su le cantonate molto simile di architettura a quello di Firenze et il più bello che si sia ueduto in Francia. Si desinò al Osteria del Lion d'oro trattati assai bene, et in una chiesa lì uicina erono aqquartierati 300 soldati prigioni di quei 6000 della battaglia di Rocroy che haueuono spartiti per il Regnio dandoli 8 soldi de nostri il giorno per uno il Re, et alli offiziali un testone doppo messosi in cammino si passò per la Rue des Enfers così detta per esser strada cattiuissima di uerno, e perchè è simile si passa poi per quella di tous les diables, et a due lege si arriuò a S. Pier de la Mottier, si smontò al Osteria del Lion d'Argento in nel borgo fuori della terra doue si stette benissimo alloggiati, è questa terra grossa e cinta di mura e fossi, e per di fuori ha un bel laghetto con cateratte per dar laqua ai fossi sul lago si fabbrica una bella chiesa e conuento de PP. Agostiniani e nella terra risiede il Giudicato di tutto il Niuernese. Si fecero questo giorno 10 leghe. Miglia 30.

A dì 28 Luglio Martedì Giorn.ª 7.ª

Si partì questa mattina da S. Pier di Mottier, e camminando per buone strade si passò dua fiumicelli, et a 5 leghe di cammino arriuamo a uista del fiume Allier grosso assai che poco a basso sbocca nella Loira, et alla uista di detto fiume camminando due leghe si arriuò a Molins città grossa e bella Metropoli del Borbonese e doue sta il Parlamento di questa prouincia, qui doueua uenir ad abitar la Regina Madre quando partì disgraziata dal Re e dal Cardle di Richelieu, perchè li era stata data per suo appannagio per la sua dote che perciò sopra le porte erono larme di casa Medici, ci è anco un bel palazzo per il Re e belle Chiese con bellissimi tetti, si passò per un grosso borgo, e poi entrati nella città si smontò in un altro grosso borgo fuori, al Osteria del Lion d'oro che si fabbricaua di nuouo, doue comparuero più di 50 donne con carettini per uendere astucci, che tutto quel borgo è pieno di botteghe fabbricandosi in questo luogo i megliori et i più belli della Francia, e faceuono a gara sì che per non far torto a nessuna che nè meno ci uoleuono lasciar desinare, pochissimi se ne comperò perchè anco erono molto cari non ne facendo a basso prezzo; che di quelli di argento smaltati ne domandauono almeno una doppia e delli ordinarij almeno 2 testoni. Partiti di qui si passò per alcuni uillaggi grossi per strade che d'inuerno sono pessime che perciò mette conto all'in giù nauicar la Loira; e guadati alcuni fiumicelli doppo 7 leghe si arriuò la sera a Uarenne grosso uillaggio cinto di muro, all osteria del Cignio per di fuori nel borgo si smontò e si stette benissimo, e si fecero questo giorno 14 leghe. Miglia 42.

A dì 29 Luglio Mercoledì Gior.ª 8ª.

Partiti da Uerenne e passati un fiumicello sopra un ponte di sassi, uedemmo che per quella campagnia ancora non erano segati li grani nè biade e credendo tutti di hauer a trouar per il cammino grandissimi caldi rispetto alla stagione, si erano alleggeriti al partir di Parigi di panni, che sentirono freddo più che ordinario, e dopo 4 lunghe leghe, si arriuò alla Palisse buon uillaggio in costa e passati un ponte di sassi sopra un fiumicello che scorre per mezzo del luogo saliti una buona erta si smontò al Osteria della Testa nera doue si stette male, è posto nella cima della collina il palazzo de ss.ri del luogo molto bello e comodo con bellissimi tetti e barco e giardino ha questo palazzo le scale per di fuora a chiocciola come quello di Niuers come torrioni con i fregi in cima dei tetti di piombo dorato e lauorato è padrone di questo luogo il s. di S. Geran, hoggi gouer.re del Borbonese, che anticamente era questo luogo de ss. della Palissa nominati dal Guicciardino in particolare Messire Iaques di Chabannes segneur de la Palisse 1574 che è sepolto con figure di marmo in una chiesa accanto a questo palazzo, in ginocchioni lui e la sua moglie, et innanzi a laltar grande altre figure de suoi antenati, doppo desinare circa a una lega di cammino si passò una montagna ben cattiua con bosco doue cascò un carrettone carico che impedì il nostro passaggio, e lo trattenne, e poi si saliua e scendeua alcune collinette di buona strada, e doppo 4 leghe si arriuò la sera alla Pacodiere piccolo uillaggio si alloggiò allo Scudo di Francia doue si hebbero buone comodità di Starnotti che ualeuono 6 crazie l'uno, et a laltra Osteria ci erono alloggiati 3 Messaggieri, si fecero 9 leghe. Miglia 27.

A dì 30 Luglio Giouedì Giorn.° 9°.

Partiti dalla Pacodine si lasciò il Borbonese e si entrò nella foreste, e camminando allegramente con tempo fresco salendo e scendendo alcune collinette passammo per mezzo di S. Germain et altro castello, et a 4 leghe si arriuò a Roana su la Loira, et desinammo al Osteria del Lupo doue l'altra uolta, e si stette benissimo. Qui scontrammo 1 Abate Marescotti Limosiniere della Regina che andaua per le poste a Roma a far nuoua instanza fussi fatto Cardle il Uescouo di Bouès, al quale il s.r Gio. Rucellai dette nuoua della promozione di 13 Cardli sentita dal Corriere che andaua a Parigi a Mons. Nunzio, in Niuers; e saliti la montagnia di Tarata a 4 leghe si arriuò la sera a S. Soforino piccolo uillaggio posto a mezzo la salita di dette montagnie si alloggiò al osteria della Testa Nera mediocremente trattati. Lì s'intese che a Grenoble doue si faceua conto passare era le Peste, e spedì perciò il s.r Amb.re il suo Corriero a Lione al s.r Malegonnelli pensando anco sfuggir Lione istesso per il sospetto che ancora ui era. Si fecero questo dì otto leghe. Miglia 24.

A dì 31 Luglio Uenerdì Giorn.ª 10ª.

Partiti da S. Soforino con buon tempo salendo la montagnia, allo scender di essa si turbò e cominciò a piouere con grandissimo fresco che a 4 leghe arriuati all Osteria di Tarara del Monton d Oro doue si alloggiò laltra uolta, bisognò far di buon fuochi per riscaldarsi e rasciugare chi era ito a piedi et hauendo desinato con buonissimo uino et altre buonissime uiuande. Si montò in carrozza per cattiue strade piouendo, a 3 leghe la sera si arriuò alla Bralla doue trouato il Corriere con il s.ʳ Malegonnelli che mediante i romori di peste di quei contorni per poter più liberamente passare a Chamberì e poi in Italia, consigliò a non passar per Lione con far le fede della Sanità per doue si passaua, e risoluè il s.ʳ Amb.ʳᵉ poi che il s.ʳ Conte Bardi passaua in Lione per il Rodano passar d' Auignione e poi a Marsilia per iui imbarcarsi per Liuorno come fece, di darli in sua compagnia 4 de sua seruitori per poter S. E. esser più sbrigato nel passar le montagne della Sauoia e già erano uenuti alla Bralla tutti i caualli che bisognauano per traino del s.ʳ Amb.ʳᵉ per Turino doue doueua d'ordine di S. A. complire di nuouo per la morte del Re. Si fecero questo dì sette leghe. Miglia 20.

A dì P.º Agosto Sabato Giorn.ª 11ª.

Era il giorno auanti seguito un poco d'inconueniente e maggiore sarebbe stato se con la fuga de i paesani non ci si fusse rimediato perchè hauendo il cocchiere per disgratia, ammazato una pecora con la carroza mentre il sig. Amb.ʳ era smontato per caualcare, e rimanendo nel borgo S. E., tirò auanti la carroza con le sig.ʳᵉ Camerate, e sig. Conte Bardi, la quale essendosi poco auanzata fu assalita da 3, o, 4 di quei paesani con forconi e bastoni, minacciando il cocchiere acciò gli douesse pagare il ualsente della pecora, e fu fortuna di coloro che per quell giorno, per inauuertenza non haueuano detti sig. nella lor carroza le solite pistole perch' erano necessitati a ualersene per l'insolenza loro, hauendole lasciate ne i cocchi con l'altra famiglia, e per farli piacere gle ne pagorono 30 soldi di Francia, e tornati a dreto facendo quelli del uillaggio nuouo romore, e forse non sapendo che se gl'era pagata una uolta, andorono intorno al sig. Amb.ʳ quale dubitando che le sig. Camerate fussero in pericolo gli dette due scudi, in questo mentre arriuorono i cocchi, doue erono 20 persone che uisto il tumulto smontarono tutti con le pistole alla mano, et archibusi per soccorrere il sig. Amb.ʳ il che uisto da quei paesani ch'erano in buon numero, e per il torto, e paura ch'haueuano si messero in fuga.

Questa mattina lasciata la carroza, et i cocchi al

sig. Conte Bardi per condursi sino a Lione e fatte due piccole some montò S. E. a cauallo con le sig. Camerate, e resto di sua seruitù s' incamminò per alla uolta di passare il Rodano in barca sotto Lione, et a due leghe in una ualle si uedde una bellissima anticaglia di 19 grandissimi archi d' un acquidotto fabbricato da i Romani antichi incrostato con quei quadrelli di pietra alla loro usanza, e questa era rotta nel mezo, e dopo quattro leghe dalla Bralla si arriuò al Rodano ad una casuccia detta il porto di Pierre Benitte, doue cominciò interrottamente a piouere, e di lì si passò il fiume in un grosso barcone perdendoci però gran tempo, e poi camminato una lega si arriuò a Uenisi piccolo borghetto, doue si desinò ragioneuolmente e con qualche sospetto per esser tutto quell paese infettato di peste, e camminato alquanto fuor di strada si arriuò dopo cinque leghe alla Uerpigliera doue si alloggiò alla medesima hosteria del altra uolta; e si stette bene si fecero questo giorno dieci grosse leghe. Miglia 30.

A dì 2 d' Agosto Dom.ᶜᵃ gior.ᵗᵃ 12.ᵃ

Partiti di buon hora dalla Uerpigliera camminando per strade cattiue dalla pioggia antecedente a una lega si trouò una quercia di smisurata grandeza, che 10 huomini non l' hauerebbero abbracciata con bellissimi rami, e freschi che ricopriuono una gran piaza, e dopo un' altra lega si passò per mezo di Borguin grosso uillaggio doue era una crudelissima peste, essendoui morto più di 500 persone e quelli che ui erono rimasti si erono fatti alcune capanne nel mezo dei campi e boschi, et al' aria tutti sconsolati si stauano, per questo borgo si passò galoppando cercando di andare per il mezo della strada per non toccare quelle infette muraglie, e poco lungi staua la guardia della sanità acciò quelli del luogo non passassero. Dopo du' altre leghe si arriuò di buon hora alla torre del pane doue si udì messa e si andò a desinare al hosteria del giglio, e poi camminando per strade acquose, e cattiue con gran pioggia dopo 4 leghe si arriuò al ponte a Bouoisin si smontò al hosteria della Posta doue l' altra uolta, doue si stette benissimo di qui il sig. Amb.ʳ spedì a Chamberì il suo Corriero al sig. Don Felice di Sauoia per sapere se il giorno seguente poteua essere a reuerire il sig. Duca si fecero questo giorno otto leghe. 24 miglia.

A dì 3 d' Agosto Lunedì gior.ᵗᵃ 13ª.

Si partì questa mattina di buon hora, e camminando per strade cattiuissime per le quali quasi sempre da Parigi in qua si era trouato da far colitione, essendo piene di uua spina, susine, nocciuole, e noce, e mele, a due leghe si arriuò alla Gubelletta, hosteria della posta doue si cominciò a salire la montagna di detto nome, e dopo quasi una lega di salita ben aspra, si trouò il Corriero di ritorno da Chamberì che portaua risposta del sig. Don Felice pregando S. E. a uolersi compiacere di non salutare il sig. Duca per il sospetto di esser passati per luoghi appestati del quale per esser così piccolo di età teneuano gran conto, esagerando molto intorno a ciò con mostrare di hauer gradito l'honore, che gli faceua il Gran Duca, e di hauerlo riceuuto, si cominciò a scendere la montagna, e le Camerate con il sig. Amb.r furono portate da i marroni sopra le sedie, i quali uanno su i sassi, e per i precipizi come se fussero gatti, e non si riconosceua da l'altra uolta in qua questa montagna per non ci essere più neue, e per ciò appariua la strada piena di buche, e cattiuissima alla fine della calata si trouò un gentil huomo mandato dal sig. Don Felice chiamato Monsù d'Asti quale da parte del sig. Duca ancora rappresentò a S. E. la mortificatione che S. A. haueua auto di non lo poter riceuere per la gelosia nella quale lo tengono, e rimontati a cauallo con detto gentil huomo dopo una lega girando le mura di Chamberì si smontò al hosteria di nostra Dama nel borgo accanto alla porta della città, doue prese licentia quel gentil huomo. A questa hosteria si trouò ordinato il desinare per ordine di detto sig. Don Felice molto ordinario che conuenne al Mtro di casa di S. E. pagare al hoste la cocitura. Dopo desinare partiti dal borgo di Chamberì per strade non troppo buone a due leghe si arriuò a Momigliano, doue è quella bella, e nominata forteza, si alloggiò all hosteria di l'altra uolta molto ben trattati. Si osseruò che in questo paese mettono i contadini a i buoi quando arano, o tirano il carro dua gioghi, uno appoggiato al ordinario alle spalle e l'altro legato alle corna. Questo giorno si fecero sette buone leghe, essendo quelle di Sauoia quasi di 4 miglia l'una.

A dì 4 d'Agosto Martedì gior.^{ta} 14ª.

Si partì da Momigliano, e pigliando dalla parte sinistra del fiume l'Isera si passò due ponti di legno, e camminando due leghe con strada acquosa che per essere cattiuissima il uerno fanno i passeggieri quella di la dal fiume ancor che più lunga, dopo un altra lega si arriuò alla gubella, e si passò il fiume sopra un ponte di legno accanto a quella gran palafitta che si fabbricaua l'altra uolta, e montati a cauallo dopo desinare si lasciò a mano dritta su la collina la forteza detta la Charboniere, e a quattro leghe di strada camminando sempre fra monti altissimi in cima de quali era gran quantità di neue, et a mezo erono ben coltiuati a grano, e biade ch'erano segate si arriuò la sera un poco molli alla Chambre piccolo uillaggio con portici grandi di legno su la strada, si hebbe buonissimo uino e poch'altre comodità, e si fece otto leghe.

A dì 5 d'Agosto Mercoldì g.^{ta} 15ª.

Partiti dalla Chambre camminando sempre lungo il fiume Lisera quale ha un acqua nera come se fussi piena di cenere e carbone e passati due uolte ponti di sassi a due leghe si arriuò a S. Gio. della Moriana passando lungo le mura si arriuò al ponte che si fabbricaua di nuouo, con grande, e grosse muraglie di qua, e di là dal fiume quale non era ancor finito, e passando il fiume Arch sopra un ponte di legno quale qui entra nella Lisera, e perde il suo nome, a due leghe si arriuò a S. Michele buon castello, si desinò al hosteria della posta con buonissimo uino, e pernici bianche, dopo desinare a meza lega si passò per un grandissimo precipitio alto più di 500 passi di strada stretta, e che sotto il piede cedeua, e nel fondo passaua questo fiume Arch così rouinoso, e spumante che metteua paura, questo si passò tre uolte sopra ponti di legno, et una sopra uno di sassi, et a due leghe si trouò S. Andrea buon uillaggio et ad un' altra, e mezo Modâna altro buon uillaggio, doue s' alloggiò benissimo con buon uini Trote fragole, et altre delitie, e si duraua fatica dal altra uolta che ci passammo a riconoscere questo cammino per non essere al basso la neue; si fecero questo giorno otto gran leghe.

A dì 6 d' Agosto Giovedì Gior.^{ta} 16.^a

Partiti da Modâna camminando sempre lungo detto fiume Arch a una lega si uedde una bellissima caduta d' acqua, che da quelli alti monti nello struggersi la neue precipitosamente cadeua e questa era la più uaga d' infinite altre che per il cammino si uedeuano, a tre altre leghe hauendo passato prima un ponte di legno e poi alcuni grossi uillaggi si arriuò alla desinata a Laneburg doue stemo l'altra uolta benissimo trattati di trote, et altre comodità, dopo desinare si cominciò a salire il monsenì, hauendo prima il Mro di casa di S. E. incaparate cinque cadreghe, o sedie da quei marron per il sig. Amb.^{r} e sig.^{r} Camerate per la scesa di detto monte che difficilmente si può caualcare, et arriuati alla fine della salita ma non già della montagna si sentì un grandissimo freddo per essere quelle cime tutte piene di neue e nel passare quella pianura doue è il lago ci neuicò a dosso sì come in quel luogho haueua fatto il giorno innanzi festa della Mad.^{na} della Neue. In quella pianura si uedeuano bellissime piante e fiori strauaganti che il sig. Amb.^{r} ne fece sbarbare alcuni ch'erono come di diacinti con molte campanelle paonaze et alcuni altri di fusto alto bianchi, e rossi pannocchiuti per portarli in Italia, doue dicono quei paesani uenire molti cauatori di herbe medicinali. Si montò nelle dette cadreghe, e scesi a basso con grandissima uelocità si arriuò alla Noualese, doue si beuue un buonissimo uino, e poi si montò a cauallo, e dopo una gran lega, si arriuò alla città di Susa, doue si alloggiò con grandissima incommodità, douendo andare in più d'un hosteria per esserci acquartierati de soldati. Si fece questo giorno dieci leghe, e dalla Noualese si cominciò a sentir parlare la lingua italiana.

A dì 7 Agosto Uenerdì Gior.^ta 17^a.

Haueua questa mattina il sig. Amb.^r spedito a Riuoli doue haueua inteso trouarsi la sig.^a Duch.^a di Sauoia con la quale doueua complire dando parte al sig. Conte di Cumiana come sarebbe stato quella mattina a S. Ambrogio; ordinò in oltre al suo seg.^rio ch'è questo che fu spedito, che non trouando detto sig. Conte di Cumiana presentassi la lettera a qualche seg.^rio di Madama, e soggiungessi in uoce quello occorreua, et inuiatosi poi uerso S. Ambrogio camminando per la ualle di Susa con pioggia dopo quattro leghe ui si arriuò, si desinò alla medesima hosteria di l'altra uolta benissimo trattati con uino squisito, e dopo desinare perchè non ueniua risposta nessuna si incamminò S. E. adagio, e poco dopo si riscontrò il Corriero che era ito con il Seg.^rio spedito, con risposta che Madama haueua dato ordine che S. E. fusse riceuuto, o riscontrato, come seguì con una carroza a sei un miglio lontano da Riuoli, nella quale era drento il sig. Begian gentil huomo di bocca di Madama, l'istesso appunto che seruì l'altra uolta il sig. Amb.^r mandato adesso in luogo del trattenitore, e complito con S. E. montò in carroza di S. A. con le sig. Camerate et arriuati a Riuoli smontò ad una casa d'un particulare ben piccola destinatagli per alloggiamento e salito ad alto in una camera parata con un bell letto pregò S. E. detto Monsù di Begian a domandare l'audienza a S. A. per sbrigarsi, e dare meno incomodo, poichè iui si ritrouaua con pochi Cortigiani, tornò con risposta di douer hauer l'audienza per il giorno seguente dopo desinare. E perchè l'altra uolta mostrò S. A. gusto di hauer essenze odorifere prese espediente il sig. Amb.ʳ di mandarle a donare adesso due cassette di odori molto bene accomodate, e ricamate, guanti, e fiori, et altre galanterie, quali furono gradite in estremo da S. A. regalando quei fiori parte alle sue Dame e parte ad altre sig.ᵉ che di Turino ueniuono a reuerirla. Si andò a cena doue stette anco Monsù di Begian, ed il trattamento fu simile al altra uolta, l'alloggio riuscì bene incomodissimo poi che fu di mestieri del letto destinato per il sig. Amb.ʳ distender le materasse in terra perchè S. E. e le sig. Camerate potessero dormire e la famiglia stette a proportione ben trattata.

A dì 8 Agosto Sabato G.ᵗᵃ 18ᵃ.

La mattina andorno le sig.ʳᵉ Camerate a spasso per la uilla con Monsù di Begian, questo è un Castello molto grosso di più di 500 fuochi in una collinetta, nella cima della quale è situato il palazo, e uilla di Madama, e di doue si uede tutto il Piemonte con quella quantità di castelli, e uillaggi che nella pianura di esso si ritrouono, circondato per la parte sinistra dalli alti monti della Sauoia e suizeri e per la destra dalle collinette del Monferrato quali formono un bellissimo Theatro al'occhio con una grande aper-

Uilla di Riuoli a Turino.

tura uerso la Lombardia che sembra un mare, non è questa uilla finita di fabbricare, ma sì bene quello ch' è fatto mostra una gran magnificenza di lunghe gallerie e fra l'altre un salone in uolta tutto ottimamente dipinto a fresco di storie della casa di Sauoia, che di grandeza, e belleza agguaglia la Clementina di Roma. A questa succedono gran cameroni di bellissima proportione tutti riccamente addobbati di paramenti d'oro, e d'argento, ci sono in oltre molti giardinetti che per la diuersità del sito alcuni son bassi, alcuni alti, con bei parterri, ueddono in oltre questi sig.^{ri} desinare la s.^{ra} Duch.^{sa} quale per maggior libertà magnaua con le sue Dame, e con alcune altre ancora uenute di Turino ma però alquanto distante da loro, e con loro, e con tutti molto familiarmente trattaua, soleua ancora quando andaua a spasso, non ostante l'esser uedoua, e la morte del Re suo fratello uestire di colore, e portare una penna rossa ad un cappellino come usa in Piemonte di paglia finissima che alcuni costono 25 doppie e questi sono senza capo bucati come quelli che portono le nostre contadine quando segano il grano, ma più piccoli assai, che giusto paiono diademe, e se li acconciono bizarramente ma questo giorno rispetto alla uisita era uestita di nero. Si andò a desinare uenendo subito la carroza a sei per condurre il sig. Amb.^{r} all'audienza, e nel istesso tempo comparue il sig. Conte di Cumiana trattenitore, di Turino, chiamato per ordine di Madama per seruire S. E. e così s'incamminorono uerso il Castello alla porta del quale si trouorono guardie di moschettieri in parata, e saliti ad alto si passò per la gran sala, e poi per una gran camera, e dopo in altra simile, riccamente parata con letto, e baldacchino, sotto il quale era a sedere Madama con buon numero di Dame e Caualieri attorno; la quale al comparir del sig. Amb.ʳ si leuò in piedi, e mossasi due passi lo riceuè con estrema cortesia gl' espose l' imbasciata, e fece altri uari discorsi parlando ella sempre in franzese, riuerirono S. A. anco le sig. Camerate, et a Gio. Rucellai disse che haueua sentito che la Reg.ᵃ l' haueua molto bene accolto, et altri particulari, usandoli infinita cortesia, e presa licentia fu seruito dal sig. Conte di Cumiana all' alloggiamento doue diede ordine S. E. s' incamminasse la sua famiglia a Turino e salito nella medesima carroza a sei di Madama il sig. Amb.ʳ con le Camerate, uolse anco il sig. Conte di Cumiana per più d' un miglio seruire S. E. quale poi prese licentia e diede ordine a i cocchieri che lo seruissero sino a Turino doue giunti la sera sul tardi con il sig. Bartolommeo Compagni ancora che fu sempre seruendo S. E. smontò all' osteria delle tre Corone essendosi dichiarata Madama particularmente dopo l' arriuo a Riuoli del Conte di Cumiana hauendo prima dato intentione di alloggiare anco a Turino il sig. Amb.ʳ di non uolere più alloggiarlo, e fu questo giorno impossibile trouar cauali per il seguente, facendo il sig. Pnpe Mauritio una festa a Chiauenna, doue si ritrouaua, e doue concorreua molta gente.

Disse Monsù di Begian che Madama spendeua nella sua Corte tanto in prouuisioni quanto in tauola, più di $\frac{m}{150}$ doble senza la guardaroba che costaua più di $\frac{m}{30}$ l'anno.

A dì 9 Agosto Dom.ª G.ᵗᵃ 19ª.

Questo giorno conuenne trattenersi in Turino per mancamento di caualli; e qui si cominciò a sentire il caldo, che per l'innanzi era sempre conuenuto lo star al fuoco. Mandò il sig. Amb.ʳ di Francia sapendo che iui era arriuata S. E. a reuerirlo, un suo Gentilhuomo, quale se bene staua incognito mandò il suo Seg.ʳⁱᵒ a ringratiarlo. Si andò a uisitare Aurelia moglie di Leandro Commediante che iui dal Pnpe Mauritio come uirtuosa era tenuta, si trouò finalmente con rigoroso prezo due cattiuissime carroze sino in Asti.

A dì 10 Agosto Lunedì G.ᵗᵃ 20ª.

Entrato S. E. in carroza con le sig. Camerate, e sig. Bartolommeo Compagni, che uolse seruirlo sino in Asti, e passando il Po sopra un ponte di pietra si camminò due miglia lungo di esso per strade cattiue, e si passò per mezo Moncalier grossa terra, quasi distrutta, e rouinata dalle guerre, come è tutta quella campagna all'intorno; s'arriuò alla desinata a Puerino altra grossa terra anco essa distrutta perchè pochi giorni auanti contribuiua alli Spagnoli et Franzesi che ora respira per la presa di Uilla Nuoua d'Asti.

Si stette assai mal dopo desinare camminando per bellissima campagna, ma distrutta per strade cattiue, e con pessime carroze che quella de i seruitori cascò noue uolte che durorono più fatica a condur lei che lei a portar loro, e pensando di poter arriuare in Asti fummo necessitati a posare alla Gambetta osteria della posta doue non era nè meno da dormire per i disastri della soldatesca di Madama che pochi giorni auanti si era impadronita di Uilla nuoua d' Asti a due miglia lontano quale si uede in una pianura con fortificationi di terra che la circondono; si cenò come si potette, e chi dormì in carroza, e chi in terra; si fecero questo giorno 20 miglia.

A dì 11 d'Agosto Martedì G.^{ta} 21^a.

Si partì di buon hora questa mattina in uista di bella campagna ma deserta passando alcuni fiumicelli dopo cinque miglia s'arriuò in Asti città poco auanti ripresa da i Franzesi che ancora si uedeuono le rotture della breccia; questa non è troppo grande e di figura lunga et ha nel piano una buona forteza di baluardi di terra, e nel alto un buon castello con cert'altri fortini per la collina, faceua quantità d'habitatori, e di gran nobiltà che adesso non arriueranno a $\frac{m}{3}$ e tutti destrutti, ci sono bei palazi et un bel Duomo Chiesa assai grande sotto le mura di essa scorre il fiume Borbo che subito sbocca nel Tanaro. Si smontò all'hosteria della Croce rossa doue subito uenne il sig. March.ˢᵒ di Tauánes franzese Gouer.ʳᵉ della città a uisitare S. E., et a uolerlo in tutti i modi a desinare con le sig.ʳ Camerate a casa sua, alla forza del quale non si potè resistere per essere egli il più cortese Caualiero del mondo, e perchè si era fatto tardi et anco conforme si credeua non si trouò caualli, consigliò il sig. Amb.ʳ di non si partire. Questo giorno poi che essendo lungo il uiaggio sino in Alessandria e per essere questi luoghi confinanti correua risico di qualche sinistro incontro delle soldatesche che scorreuano il paese. Così si risoluè di fermarsi questa sera in Asti doue per sorte si ritrouorono alcuni muli che tornauano di Turino per Genoua, et a questi supplì la cortesia di detto sig. Gouer.ʳᵉ che per forza fece trouare caualcature fece detto sig. nuoua instanza a S. E. acciò ancora andassi a cena seco, quale ricusò. Mandò a chiederli il Motto o nome delle sentinelle per quella sera per farli quest' honore e non uolendo S. E. fu necessitato per forza anco a questo condescendere si stette al osteria benissimo trattati.

Sta di presidio in questa città, quale come si è detto, è assai forte 1500 fanti franzesi.

A dì 12 Agosto G.ᵗᵃ 22ª.

Si montò questa mattina a cauallo uenendo anco il sig. Gouer.ʳ ad accompagnare S. E. ad un mezo miglio fuori della città ad un ponticello che quasi per hora è il confine dello stato delli spagnoli hauendoli anco dato un trombetta per maggior sicureza, et anco per il ritorno de i caualli. Questo si mandò innanzi a fare la chiamata alla Rocca d'Arras delli Spagnoli doue era il passo e subito a poca distanza si trouò una compagnia di Dragoni, con 20 altri offitiali a cauallo, et il Gouer.r della detta forteza di Arras che era uenuto per riscontrare S. E. con il quale complito si marciò con tutta quella comitiua e si arriuò sotto la forteza la quale è distante dal altra forteza chiamata la torre d'Anon un tiro di cannone poste tutt'a dua sopra collinette; il passo nel mezzo di queste è assai stretto e per soccorrersi l'una l'altra sono fortissime se bene quella di Anon ha una collina che la domina; sotto le mura di questa si passò. Stanno per presidio di queste forteze 700 soldati, si arriuò in uista del Tanaro fiume su la man destra e camminando circa un miglio prese licentia il sig. Gou.re con i suoi soldati dal sig. Amb.r lasciandone uno per conuoiare al ritorno il trombetta si seguitò auanti il cammino per campagne bellissime ma rouinate, e per buonissime terre, ora senza habitatori, come Felizano, e dopo 15 miglia di cammino si arriuò alle porte d'Alessandria della Paglia città assai ben grande camminando un pezo lungo le mura tutte fortificate con buoni bastioni, e terrapieni, è posta in una gran pianura, e per mezo ui passa il fiume Tanaro sopra il quale sono infiniti mulini di legno, sopra barche stemmo alle porte della città per buono spatio di tempo ad un sole cocentissimo aspettando la licentia dal Gou.^{re} di entrare, et aprendosi finalmente i cancelli uenne un soldato a bendare gl'occhi al trombetta et entrati nella città si passò sopra un gran ponte di pietra di 10 archi tutto coperto da tetto in su i pilastri; e colonne che pareua una galleria si scaualcò all osteria della posta doue si stette benissimo con quantità di neue. Stanno in questa città $\frac{m}{2}$ soldati spagnoli, è assai ben popolata, ci sono carroze, et un bel Duomo. Dopo desinare licentiò S. E. il trombetta al quale passato il ponte haueuano sbendato gl'occhi, e lasciatolo uenire all osteria, ma però con la guardia, e questo hauto buona mancia si partì. Qui fece bastonare S. E. un uetturino che haueua ferito il suo corriere con un coltello, e partiti d'Alessandria poco distante guadammo un fiume che sbocca nel Tanaro e seguitando il cammino per una bellissima campagna a mano manca si lasciò Tortona 6 miglia lontana ripresa ultimamente dalli Spagnoli e passando per alcuni luoghi rouinati dalle scorrerie de i soldati si uedeua per quei campi, e particularmente su la strada certi ordini di fossi a quattro, e cinque file per impedire credo io la caualleria, la sera su l'un hora di notte si arriuò a Noui terra grossa de Genouesi, doue S. E. haueua spedito innanzi il Corriero acciò secondo il solito non serrassero la porta di buon hora per esser luogo su i confini di molta gelosia, e ben guardato si lasciorono alle porte le pistole e si scaualcò all' hosteria di Lucretia Romana doue si stette assai bene. Ci sono molte belle case, e pulite sì come le Chiese ancora et è pieno di gente molto ciuile questo giorno si fecero 27 miglia.

A dì 13 d'Agosto Giouedì G.^{ta} 23ª.

Partiti di buon hora da Noui salendo alcune collinette camminammo con qualche sospetto di assassini per boscaglie benissimo tenute, e dopo cinque miglia arriuammo a Gaui terra grossa posta in piano fra i monti anco essa pulita con belle case con una buona forteza su l'alto della collina che la domina di figura strauagante con uarij ricinti di mura essendo quasi inaccessibile, e con alcuni altri fortini et all entrare ci erano certe fascinate per fortificazione e guadando alcune uolte un fiumicello che corre tra i monti arriuammo alla desinata a Ottaggio altra grossa terra posta fra i medesimi monti anco essa con belle abitationi per esserci molte uille de i sig.^r Genouesi si desinò al osteria della Posta doue fumo trattati con regalo d'ogni delitia salendo poi la montagna con grandissimo caldo dopo 10 miglia s'arriuò alle Bacchette in cima di essa, doue sta la guardia della Repubblica rispetto i furbi che quiui oltre sogliono far del male, si gode una bellissima uista della Marina, restando Genoua sotto di un monte su la mano sinistra uedendosi solo le mura su la cima di esso, nuouamente fabbricate da quella Rep.ª tutte in forteza, e di 7 miglia di circuito; dopo 4 miglia di scesa si arriuò nel piano doue corre un fiume chiamato Pontceuere che si guadò molte uolte e si camminò sino in cinque altre miglia, dopo le quali arriuammo a S. Pier d'Arena borgo grossissimo tutto pieno di superbissime uille di quei sig.^{ri} riccamente fabbricate, e quasi tutte dipinte con tetti di lauagne ma non già come quelle di Francia che sono nere, essendo queste bigie si arriuò alle porte di Genoua che dalla torre del fanale si gode la più bella uista di quella città, uedendo il seno che forma il Porto et i uascelli, e poi le case con il resto della montagna che li sourasta ch'è assai bene alta con quelle mura nuoue che si è detto. Entrati dunque ne i cancelli doue erono guardie di Corsi al secondo cancello si lasciorono le pistole, e camminati un pezo sul mare si arriuò al osteria della Posta, doue secondo il costume fece l'hoste la lista de i passeggieri, e si alloggiò benissimo.

A dì 14 Agosto Uenerdì G.^{ta} 24ª.

Si andò questo giorno uedendo le belleze della città di Genoua la quale come si è detto è posta alle radici del monte bagnandola il mare, e facendoui un ampio porto nel quale è una darsina doue stanno le galere della Rep.ª et un Molo o sassaia posto nel mezo della bocca del porto che quasi sembra la corda del arco che forma il seno del mare uerso la città, et è questa gola più larga di un miglio a questa sassaia fatta di nuouo abbordano gl'alti uascelli. È offeso assai da i uenti libecci.

La Chiesa Magg.ʳᵉ è dedicata a S. Lorenzo, et è assai bella et in una cappella ui sono le ceneri di S. Gio. Batista quale in tempo di tempesta esposto alla riua del mare lo quieta.

Quella de i Giesuiti è di uaghissima architettura in croce la uolta tutta adornata di stucchi dorati, e pitture, i pilastri di marmo biancho scannellati di rosso, l'Altar Grande ricchissimo di colonne, e marmi, come anco l'altre cappelle, et ha una bella facciata, in questa si ueddero moltissime belle Dame. Ci hanno questi Padri dua altre Chiese.

La Nontiata de Padri Zoccolanti è marauigliosa per la riccheza delle pitture, e stucchi dorati della uolta, ha tre naui, con sei colonne di qua, e sei di la di marmo grossissime bianco scannellate di rosso, e le cappelle si uanno facendo con maggiore richeza sì come il Coro che non è finito essendoci un tauolato doue adesso risiede l'Altar grande, ha una cupola di 15 passi di diametro et è lunga la Chiesa sino a detta cupula 85 passi, e larga la Croce 59 che le naui piccole sono 10 passi, e la grande di mezo 15 è fabbricata tutta questa chiesa da un gentil huomo particulare dei Lomellini, detti di quei di Tabarca, e dicono, che costi sino adesso $\frac{m}{600}$ scudi.

Le strade per lo più sono strettissime fuori che la strada nuoua quale oltre all essere larga, è adornata di ricchissimi e gran palazi tutti di marmo come quello del Duca D'Oria, macchina singolarissima e quello dei Durazi, e molti altri.

Le case della città per lo più sono altissime e quasi tutte dipinte che rendono gran uagheza.

Il Palazo della Rep.ª doue stà il Doge è grande assai non molto adornato, ui è una bella, e ben tenuta armeria dicono per armare $\frac{m}{30}$ huomini. Alle porte di detto sta buona guardia di Suizeri sì come a quelle della città e niuno porta liuurea, et in tutto sono 1000.

I Senatori sono 18 e si fanno per uno, e due anni portono una gran roba nera lattughe, e gorgiere, et il Doge ueste di rosso. Stanno in Senato con grandissima Maestà et ogni mattina, e giorno si ragunano.

La Loggia de Mercanti è un uaso singulare duna sola naue lunga 55 passi e larga 35 ha attorno colonne doppie, è da due parti serrata con muricciuoli da sedere.

Dicono gl' habitanti che faccia più di $\frac{m}{120}$ anime è mercantilissima trouandosi per le botteghe tutto quello che si può desiderare; è di buona aria, ui sono quantità di lettighe e seggiole, e poco più di 20 carroze quali uanno per due sole strade.

Ci è il palazzo del Pnpe Doria, quale resta fra la città et il fanale rispondente sul porto, uasta macchina con bel giardino.

Tutti i tetti delle case sono come si è detto di lauagne bigie e la montagnia dentro il recinto delle mura nuoue quali sono assai forti con gran baluardi e molte sentinelle, aspra e poco uerdeggiante e poco ornata di case quale sono quasi tutte al basso.

A dì 15 Agosto Sabato Gior.^ta 25^a.

Si andò questo giorno a S. Pier d'Arena per mare con le 2 filucche che si erono incaparrate per Liuorno per 20 pezze da otto luna doue si uedde quella bella costa con quelle uille che riescono con i loro larghi stradoni su la riua del mare, che pare un paese incantato, queste hanno bellissimi giardini e sono di bellissima architettura e ben dipinte con tende alle finestre bianche e turchine con drappelloni per parar il sole che fanno uaga e maestosa uista, stauano quantità di Dame per le porte a pigliar il fresco con buona conuersazione.

La Uilla delli Imperiali è così singulare che poco più bella puol essere con infinite altre che troppo lungo sarebbe il uolerle descriuere.

Doppo desinare si andò a sentir cantare e sonare certe monache del ordine di S. Fran.° Zoccolante, a un conuento poco sopra la casa di Don Gio. d'Arras Amb.^re di Spagna salendo una buona erta uicine al Osteria. Stette sempre S. E. incognito in Genoua.

A dì 16 Agosto Domenica Gior.^ta 26^a.

Essendosi distinata questa mattina la partenza andorono le ss. Camerate alla Chiesa della Nunziata uicina al Osteria a far le loro deuozioni non potendo il s.^r Amb.^re per un poco di alterazione di stomaco andarci. Uolle non di meno per godere il benefizio del buon tempo inbarcarsi sì come fece con le dette ss. Camerate in una feluca, e con la famiglia nell'altra, e camminando sempre a remi con una grandissima calma senza punto di uento, a 30 miglia si passò da Sestri, hauendo uisto prima Porto fino e Chaueri, e camminando sempre uicino a terra, un poco sbalorditi senza hauer troppo mangiato doppo 45 miglia di buon hora arriuammo a Leuanto luogo assai bello sul mare con una bella palazzina tutta dipinta doue abita il Gouernatore, e in testa di un seno con buona fortezza e di Genouesi, e qui si stette con incomodità grande.

A dì 17 Agosto Lunedì Giorn.ª 27ª.

Douendo questo dì far lunga giornata per arriuare a Liuorno, si montò in barca su le 6 hore di notte, si camminò senza uento con buonissimo tempo, e doppo 15 miglia si passò per Porto Uenere e uerso il mezzo giorno si leuò un uento a Orza con il quale con grandissima uelocità ci conducemmo su le 22 hore a Liuorno essendosi fatto 75 migla. Giunti al porto di Liuorno uenne il Cap.º della Bocca Mons. la Rosa a complir con S. E. e poi saputolo il s.r Gouernatore Uerrazani uenne con carrozza in persona a riceuer S. E. e lo condusse per forza con le ss.e Camerate ad alloggiare in casa sua essendo laltra famiglia andata all osteria, si andò a uedere il porto nuouo e le nuoue fortificazioni, e poi ben tardi si cenò lautamente, se bene un poco trauaglati dal lungo uiaggio e dal mare; e fermate 3 carrozze per insino a Pisa doue si era spedito per 3 altre, si prese licenza dal s. Gouernatore quale diede ordine al sargente magg.ᵉ di aprir le porte al hora che comandaua S. E. uolendo partir di buonissima hora per esser la sera a Firenze, e si andò poi a riposare.

A dì 18 Agosto Martedì Giorn.ᵃ 28ᵃ et Ultima.

Fatte uenir su le 7 hore di notte le 3 carrozze, e mandato ad auuisar il Serg.ᵗᵉ Magg.ᵉ si montò in esse, e si aprì la porta con bel ordine e buon numero di soldati, e doppo 16 miglia di cammino arriuammo su le 10 hore a Pisa con un poco di pioggia, e mentre si mutauono le carrozze si andò a uedere il nuouo ponte che si faceua hauendo già finita tutta l' armatura e la centinatura, et i fianchi benissimo fondati per gettar poi la uolta di un arco solo che sarà unico al mondo, passando di larghezza più di 140 braccia con bellissimi pietroni di ornamento e di grossezza di uolta di 3 braccia, hauendo fatto dua belle piazze di qua e di la con demolire le case che prima ui erono.

Si montò nelle 3 carrozze fresche, e doppo 20 miglia si arriuò all Osteria della Scala doue si desinò malamente, e doppo una grandissima pioggia si rimontò in carrozza, et arriuati a Malmantile piouendo di nuouo dirottamente, si trouò quiui una carroza del s.ʳ Pnpe Cardle che haueua mandato per riscontrare il s.ʳ Amb.ᵉ hauendo spedito dalla Scala al s.ʳ Marchese Corsi, che arriuaua la sera e non il giorno doppo come haueua prima determinato; in essa era il s.ʳ Romualdo Cechi Aud.ʳᵉ di S. E. che 2 giorni prima era giunto in Firenze di Marsilia ed il s.ʳ Conte Bardi, entrati in detta carroza cessata la pioggia si arriuò alla Porta a S. Friano, doue si trouò detto s. March.ᵉ Corsi fratello di S. E. et infiniti altri ss.ʳⁱ che al Casino di S. Trinita haueuono saputa la uenuta non laspettando che il giorno appresso, fatti i complimenti rimontò in carrozza seruito da gran numero di altre carroze e andò a smontare a casa sua doue di nuouo fece con quei sig.ʳⁱ i complimenti, e da loro si licenziò; e rimontato con le ss.ᵉ Camerate in una sua carrozza, andò a palazzo, a riuerire S. A. S. e renderli parte del Ambasciata, et li altri Principi, e Gran Duchessa dai quali fu riceuuto con estrema allegrezza e cortesia sì come le ss.ᵉ Camerate ancora, e montato poi in carrozza, andò ad accompagnare ciascheduno delle ss.ᵉ Camerate in sua casa, e complì il suo uiaggio di 7 mesi felicemente con lode et applauso di tutti.

Spese di Caualli, Carrozze, Barche et altro da Firenze a Parigi, e da Parigi a Fir.ᵉ

Caualli da Firenze a Bologna l'uno . . . . .piastre	2	—	—
Lettiga per detto luogo . . . . »	8	3	10
Carrozze da Bologna a Milano l'una . . . . »	25	—	—
Carrozze da Milano a Turino l'una . . . . »	38	—	—
Caualli da Turino a Lione 4 doppie l'uno . . . . »	11	3	—
Caualli da soma da Turino a Lione l'uno . . . . »	12	6	—
Cadreghe, o sedie per passare e salire il Monsenì l'una . . . »	5	—	—
Ramazze per scender il Monsenì l'una . . . . »	—	4	—
Caualli da Lione a Roana l'uno . . . . »	2	4	—
Barche, mezzane per la Loira da Roana a Orliens doppie sei l'una . . . . »	17	1	—
Caualli da Orleans a Parigi una doppia l'uno e si è spesato dal Messaggiere . . . . »	2	6	—
Carrettone da Orleans a Parigi 8 doppie . . . . »	22	6	—

Le Poste per la Francia sono per ordinario di dua leghe l'una, et i Franzesi pagono 15 soldi che sono 30 di nostri et i forestieri 20 che sono 40 per Posta.

Ritorno.

La carrozza a 4 caualli da Parigi a Lione si pagò . . . . . .doppie	40
Cochi da Parigi a Lione si paga 2 doppie per testa . . . . »	2
Caualli con il Messaggiero da Parigi a Lione 5 doppie l'uno, e si è spesato . . . . »	5
Caualli da Lione a Turino 4 doppie l'uno . . . . »	4
Cadreghe o sedie per scender la Gobelletta ½ doppia l'una . . . »	½
Cadreghe o sedie per scendere il Monsenì l'una . . . . . . franchi	8
Carrozze da Turino a Asti doppie 6 l'una . . . . .doppie	6
Caualli da Turino a Asti doppie 1 l'uno . . . . »	1
Caualli da Asti a Alessandria doppie 1 l'uno . . . . »	1

Caualli da Alessandria a Genoua doppie 1 l'uno . . . . doppie 1
Filuche da Genoua a Liuorno 20 pezze da 8 l'una . . . . . pezze 20
Carrozze da Liuorno a Pisa piastre dua l'una . . . . piastre 2
Carrozze da Pisa a Firenze piastre 6 l'una . . . . » 6

Le Poste di Francia sono per ordinario di dua leghe l'una et i Franzesi pagono 15 soldi che sono 30 de nostri per Posta, i forestieri 20 che sono 40 di nostri e le leghe sono per lo più di 3 miglia l'una e uicino a Parigi più corte.

Posate fatte nel Viaggio da Firenze a Parigi con le Miglia.

Domenica lì 18 Genn.° 1642.

DI FIRENZE.

La Sera.

      Miglia

A S. Piero a Sieue . . . . —

Lunedì 19.

A Firenzuola . . . . —
A Scarica l'Asino . . . . —

Martedì 20.

A Loiano 38
Alla Certosa di Bologna 17

Mercoledì 21.

Alla detta . . . . —
Alla Samoggia 10

Giouedì 22.

A Modana 10
A Marsaglia 8

Uenerdì 23.

A Reggio 7
Al Ponte a Lenza . . . . —

Sabato 24.

Da Parma a S. Donnino . . . . —
A Firenzuola 38

Domenica 25.

Di là da Piacenza alle Case Rosse 14
A Casal Pistorlengo 8

      Miglia 150

Lunedì 26.

All'Olmo, nel fosso detto Brettonica 10
A Lodi 2

Martedì 27.

A Marignano 10
A Milano 10

Martedì 3 Febbr.°

A Bufaloro 10
A Nouara 16

Mercoledì 4.

A Uercelli 15

Uenerdì 6.

A Tronzano 10

Sabato 7.

A Seano 7
A Ciuas 6

Domenica 8.

A Turino 15

Sabato 14.

A Sant Ambrogio 13

Domenica 15.

Alla Noualesa 15

Martedì 17.

A Laneburg 18

      Miglia 157

Mercoledì 18.
A Sant-Andrea 22

Giouedì 19.
A S. Gio. della Moriana 16

Uenerdì 20.
Alla Gobella 24

Sabato 21.
A Momiglano 18
A Chamberi 6

Domenica 22.
Alla Gobelletta 8
Al Pont a Bouoisin 10

Lunedì 23.
A la Tour du Pain 12
A la Uerpillere 12

Martedì 24.
A Lion 20

Uenerdì 27.
A la Bralle 9
A Tarara 9

Sabato 28.
A St Soforin 9
A Roana 9

Domenica p.º di Marzo.
In Barca per la Loire.
A Giuordon 30

Lunedì 2.
In Barca, a Disisì 50

Martedì 3.
In Barca, alla Charitè 42

Mercoledì 4.
In Barca a Gien 52

Miglia 358

Giouedì 5.
In Barca a Orliens 50

Lunedì 9.
A Turj 20
A Estampes 20

Martedì 10 Marzo.
A Lony 15
A Parigi 10

Miglia 115

150
157
358
115

Miglia 780 in tutto e forse più.

Ritorno da Parigi a Firenze.

Mercoledì a dì 22 di Luglio 1643.

DI PARIGI.
A Issonne 14

Giouedì 23.
A Milli 10
A Uertèau 10

Uenerdì 24.
A Montargis 21
A Nogiars 11

Sabato 25.
A Briare 18
A Boní 9

Domenica 26.
A Cosne 15
Alla Charitè 21

Lunedì 27.
A Niuers 15
A S. Pierre de la Mottiers . . 15

Miglia 159

Martedì 28.
A Molins 21
A Uarenne 21

Mercoledì 29.
A la Palisse 12
A la Pacodiere. 15

Giouedì 30.
A Roana 12
A S.ᵗ Soforin. 12

Uenerdì 31.
A Tarare 9
A la Bralle 9

Sabato p.° d'Agosto.
Passato il Rodano sotto Lione.
A Uienicì 15
A la Uerpillere 15

Domenica 2.
A la Tour du Pain 12
Al Pont a Bouoisin. 12

Lunedì 3.
A Chamberi 18
A Momigliano 9

Martedì 4.
Alla Gobella 16
A la Chambre 16

Mercoledì 5.
Da S. Gio. della Moriana, a
 S. Michel 16
A Modána 16

Giouedì 6.
A Laneburg 16
A Susa 20
                         Miglia 292

Uenerdì 7.
A S.ᵗ Ambrogio 13
A Riuoli. 9

Sabato 8.
A Turino 6

Lunedì 10.
A Puerino. 10
A Gambetta 10

Martedì 11.
A Asti. 5

Mercoledì 12.
A Alessandria 15
A Noui 12

Giouedì 13.
A Ottaggio 15
A Genoua. 20

Domenica 16.
In feluca per mare a Leuanto. 45

Lunedì 17.
In feluca per mare a Liuorno. 75

Martedì 18 Agosto.
Alla Scala. 36
A Firenze. 20
                         Miglia 291

LAUS DEO.

159
292
291

Miglia 742 in tutto e forse più.

1643.

Spese fatte nel mio Uiaggio di Francia.

A Milano.

A dì 28 Gennaio per mancia	3	6	8
Per un paio di scarpe nere	5	6	8
Per nastro a 6 largheze nero	2	—	—
Al Sarto per hauer fatto raccomodar le maniche al giubone et il bauero	2	13	4
Al Pellicciaio per accomodatura della mia pelliccia	7	—	—
Al Sellaio per accomodatura della sella	4	6	8
Per altro	7	—	—
Per me	2	13	4
Per bucato et amidatura	4	—	—

A Uercelli.

A dì 7 Febb.° per assettatura della spada	1	6	8

A Turino.

A dì 9 d.° per cappio per ferraiolo e nastro	2	—	—
Per un paio di scarpe di uacchetta et assettatura e rimontatura delli stiuali grossi	16	—	—
Per imbiancatura di panni et amido et altro	4	—	—

A Lione.

A dì 25 d.° per una callotta di raso nero	3	6	8
Per me	1	13	4
Resi a Giuseppe	1	—	—
Per mancia a quel che mi portò i tartufi	1	13	4
	69	6	8

Segue l'uscita e somma la faccia di contro   69 6 8

In Parigi.

A dì 11 Marzo per porto della mia ualigia et altro	2	13	4
Per dua paia di cannoni puri da stiuali	10	—	—
Per un tamburo nuouo coperto di ceruio e col porta cappelli	16	6	8
A dì 14 d.° per un cappello di uigognia alla moda soppannato	20	—	—
A dì d.° per una sperina che si ripiega tutta	2	—	—
Per amido di collari e manichini	1	—	—
Per imbiancatura di panni	3	13	4
A dì 15 d.° per 2 anellini d'oro a catenuzza	20	—	—
Per 200 one di nouparelle di più colori	20	—	—
A dì 17 d.° al Sarto del s.r Conte Bardi per un uestito di panno d'Olanda nero a L. 25 l'ona cioè one 3 ½ giubbone soppanato di raso ferraiolo e calzoni con stringhe.	210	—	—
A dì 18 d.° per 6 collari e 6 paia di manichini con le sue ghiande	18	13	4
Per un cordone da bruno e nastro	2	—	—
A dì 19 per 2 tomi del Astrea	4	—	—
A dì 22 per un paio di bottini con sproniere e nastro	21	—	—
A dì 25 d.° per una sperina ouata di tartaruga	6	—	—
Per barbiere in tutto il mese	4	—	—
Persi in più uolte	98	—	—
Per 2 libriccini piccoli del hore alla charseline con fibbia d'argento uno rosso e l'altro turchino dorati	5	—	—
Per n.° 50 camicine di Chartres d'argento di B. 3 ½ l'una e 4 grandette di B. 10 l'una	21	10	—
Per acconciatura di sproni e mancia al mio lacchè	2	—	—
A dì 31 d.° per l'inuentaire di terres in 8 in 2 tomi per il sig.r Orazio Rucellaj	6	—	—
Romani utriusq. Imperii Geografica descrip.° in f.° sciolto per il sig.° Orazio Rucellaj	12	—	—
A dì p.° Aple per 2 cappelli di castoro soppannati	21	—	—
Per 2 astucci neri con oro	2	—	—
Per me	2	—	—
Per n.° 10000 spilli di più sorte a soldi 7	7	—	—
Per libriccino della Settimana Santa dorato	1	6	8
Per one 24 di ferrandina nera a s.¹ 2 l'ona	96	—	—
	704	10	—

Segue l'uscita e somma la faccia di là	704 10 —
A dì 4 d.º per un paio di calze bianche per il mio lacchè.	2 — —
A dì d.º per quattro pettini d'osso radi che 2 grandi...	2 — —
A dì d.º per 8 one di nastro rasato che 4 di turchino e 4 di bianco e nero a fiamme................	9 12 —
A dì 10 per più e diuerse stampe et assedij del Callotti quel di Rodo L. 10 e li altri L. 7	40 13 4
Per fogli bullette e cartone	2 — —
A dì 15 d.º per 3 oriolini da anelli d'ottone.........	— 18 —
Per 5 one di nastri d'oro e argento in 3 pezzi belli. ...	14 — —
Per n.º 5 breuiarij con le sue fibbie d'argento che 3 in 2 tomi piccoli e dua in un tomo solo per uno tutti dorati rossi e turchini......................	40 — —
Per un paio di scarpe al mio lacchè che fuggì	6 — —
A dì 16 per amido a collari	2 6 —
A dì ... per la liurea del mio lacchè cioè giubbone calzoni e mantiglia L.100 per 2 camicie L. 8 per 2 collari L. 2 per un bodrier L. 2 14 per una spada L. 8 per un cappello L. 6 e per un paio di scarpe L. 7 e mantenimento......................	133 14 —
A dì 23 d.º per una bibbia in 6 tomi piccola in uitello rosso con oro ricca	10 — —
A dì 24 per 6 uasi d'auorio che tre grandi comprati in ponte nuouo al incanto	10 — —
Per imbiancatura di panni del mio lacchè	1 — —
A dì d.º per accomodatura del mio giubbone	1 — —
A dì d.º per amido a collari e manichini e cannoni e altro.	3 — —
A dì d.º per bucato.......................	5 — —
A dì 30 d.º per 2 corone di uenturina	5 — —
A dì p.º Maggio per fattura d'un paio di sotto stiuali neri della ritondatura del mio ferraiolo di rascia........	4 — —
Per amido.............................	1 — —
Per barbiere...........................	2 — —
A dì 5 per la prima e seconda parte di gouerni, e pianta e profili delle città di Francia sciolte L. 16 e L. 3 per le città delli Suizeri e L. 3 per le carte di porti della Francia e L. 2 per le carte del alta e bassa Alemagna, e L. 2 per le carte di Francia e Spagna.........	26 — —
A dì 8 per legatura di detti libri cioè in un tomo la prima e seconda parte della Francia et in un altro le città di	
	1025 13 4

Segue l' uscita e somma la faccia di contro 1025 13 4

Suizeri l'alta e bassa Alemagna le carte della Francia e Spagna en ueau rouge. Et in un altro le carte di porti di Francia en parchemin.	8	—	—
A dì 10 d.° per un paio di cannoni a 2 cany	4	—	—
A dì 14 per amido sapone e altro	2	—	—
A dì 15 d.° per 5 carte di Cronologia.	2	10	—
A dì 21 d.° per il Razion. Temp. Pitauij.	3	—	—
A dì d.° per un paio di cannoni di Treilli neri	3	—	—
A dì d.° per amido e bucato.	2	—	—
A dì d.° per le scarpe al mio lacchè sino a	6	—	—
A dì 26 Maggio per 4 camicine di Chartres d'oro smaltato.	18	—	—
A dì 28 per rimontare i mia stiuali di camoscio in bronsè.	6	—	—
Per accomodatura della spera d'ebano	1	10	—
Per 5 tomi del Bellarmino legati in marrocchino rosso e dorati.	10	—	—
A dì d.° per 2 uedute di Parigi del Callotti.	2	—	—
A dì 30 d.° al mio lacchè per la blanchisseuse	1	—	—
A dì d.° per le coureur de nuit legato in parchem. uerde puro d'oro.	1	—	—
A dì p.° Giugnio per 2500 aghi della cappa a S.ᵗ 16 il cento.	20	—	—
A dì 3 d.° per 4 astucci dorati.	4	—	—
A dì d.° per 2 casse da ochiali di tartarugha con 2 paia di ochiali per una.	6	—	—
A dì d.° per 4 paia di ochiali che si ripiegano con i sua astucci di cuoio dorati.	6	—	—
A dì d.° per le parfaict Capitaine en ueau faulue	6	—	—
A dì d.° per one 24 di nonpareille d'argento	2	8	—
Per me.	2	—	—
A dì 4 Giugnio per Amor diuinus Caroli Scribani in 22.	—	10	—
A dì d.° per barbiere sino a questo dì	3	—	—
A dì 4 d.° per amido	1	10	—
Per 9 camicine di Chartres d'ottone.	1	7	—
Per 2 Assedij di Perpignano grandi.	3	—	—
A dì 15 per seta.	1	—	—
Per un Seneca dorato in rosso	7	10	—
Per un Iuuenale dorato in rosso	2	10	—
Per giunta e doratura alla bibbia tramutata in una rossa e piena d'oro.	6	—	—

A dì 16 per 19 aune di sargia di Roma cioè Bᵃ 34 per

1168 8 4

Segue l' uscita e somma la faccia di là 1168 8 4

farmi una sottana e ferraiolo per l'audienza a S.¹ 45 il braccio	85 10	—
A dì 17 d.º per un paio di scarpe nere	5 10	—
Per 2 ½ one di uelo nero per la cinta e cordone	7 —	—
A dì 18 per una polliantea legata in ueau nero con filetti d'oro	13 —	—
Per i discorsi del Galileo in ueau faulue	8 —	—
Per 3 paia di rose da scarpe d'argento falso	6 —	—
A dì 23 d.º per un cappello di castoro uechio e soppannato	6 —	—
Per rimontatura di mia bottini di uitello d'Inghilterra	6 —	—
Per n.º 56 carte di Cosmografia L. 12 10 con un frontespizio per il libro a S.¹ 4 l'una e n.º 78 a S.¹ 8 l'una	43 —	—
Per 8 one di nastro d'argento e nero falso a Sᵗ. 6 il br.º	2 8	—
Per un anelletto d'oro a catenuza	8 —	—
A dì 25 d.º per una mostra d'argento con la boetta per il s.ʳ Carlo Torrigiani	120 —	—
Per bucato e amido	4 10	—
Per diuersi auuisi e relaz.ⁱ franz.ˢⁱ	2 —	—
Per mancia alle porte et altroue	6 —	—
A dì 28 per la Cosmografia Sacra libro in folio per il sig.ʳ Orazio Rucellaj	27 —	—
A dì d.º per dua libri per il sig.ʳ Lionardo Dati cioè Filolaus de Sistem. mundi et Auctor finium regundorum in 4º	12 —	—
A dì 28 per silua aforismor. legato in marocchino rosso con oro	2 —	—
A dì p.º Luglio al mio lacchè per l'imbiancatura	1 —	—
Per noue braccia di Gigletto finto su la tela dist.	8 —	—
Per le profezie del Nostradamo	1 —	—
Per 5 bellissimi ritratti cioè quello del re morto regina, re, mad.ˡᵉ Cardinale Mazarino	4 —	—
Per il frontespizio del mio libro di Casa	— 16	—
A dì 3 per 3 cappelli di castoro a 9 S.ⁱ l'uno pagati a M.ʳ Colin Cappellaio Fausbourg S. Germain	162 —	—
Per barbiere	4 —	—
A dì 8 per le recueil de diuerses pieces pour seruir a l'istoire in 4º in uò foue	7 8	—
Per due libriccini della Madonna in 8 gr.ᵈᵉ neri dorati tutti e bella e grande stampa	10 —	—
Per imbiancatura e nastro e spazola	4 —	—
	1734 10	4

Segue l' uscita e somma la faccia di contro 1734 10 4

A dì 10 per 5000 spilli a 7 S.ᵗ il migliaio	3	10 —
Per relaz. et altre leggende franzese	2	— —
A dì 10 Luglio per un quaderno di fogli marbre......	2	10 —
A dì d.° a Giuseppe mio seruitore a conto di salario ...	30	— —
Per 20 stampe di Fiandra......................	1	— —
Per l'inuoltura del mio tamburo.................	9	— —
Per legatura del libro di Carte di Cosmografia.......	12	— —
A dì 15 per un collare di Uelein bello traforato......	2	10 —
Per le Satire di Gottier	1	— —
Per un uentaglio per il uiaggio.................	1	10 —
A dì 18 per una sedia per farsi portar al ostel di Guise.	3	— —
Per la Comedia.............................	4	— —
Per la uita del Soldato del Callotti	5	— —
Per un Globo celeste e terrestre in carta	10	— —
Per 13 Carte di Cosmografia per aggiugnere al libro grande.	5	— —
Per un anello et una pietra di diamante cioè L. 15 per tagliar le 2 pietre e L. 7 per l'oro e L. 6 per la fattura.	30	— —
A dì 20 Luglio per bucato et amido..............	4	— —
Per giunta di un paio di scarpe dato la solla e le scarpe uecchie................................	2	— —
Al Sarto per fattura d'una sottana e ferraiolo et un giubbone et altro saldo	40	— —
Per una seggiola sino a Castel di Conde...........	3	— —
Per 4 gangherini di ottone con i sua oncinetti e ferri da orioli.................................	3	— —
A dì d.° per 4 pezzi d'inchiostro della China........	3	— —
Per poluere d'archibuso per le pistole	1	10 —
A dì 22 d.° per mancia al mio lacchè.............	3	— —

A GENOUA.

A dì 26 Agosto per libbre 4 ½ di agro di cedro	8	— —
Per me....................................	2	— —
Per barbiere	3	— —
in tutto ...	1929	— 4

Robe mia nella balla del S.r Inbasciad.e

2. Dua tomi del Astrea in 8°.
4. Dua tomi del Inuent. di terres in 8 per il sig.r O. R.
5. Romani utriusq. Inperij Geograf.a descr.o in f.o sciolto per il s. O. R.
6. Fagotto con 24 one di ferrandina.
7. Un pachetto di diuerse stampe et assedi del Callotti legato con spago.
8. 5 breuiarij con le fibbie tutti dorati che 3 in 2 tomi piccoli e 2 in uno.
9. Una bibbia in 6 tomi dorata rossa con Iuuenale e Seneca dorati.
10. Un altro pachetto con libri di Cosmografia.
11. Le Carte di Francia in cartapecora in f.o
12. Petauio Razionar. tempor. in 8 uo noir.
13. Un pachetto di 5 tometti del Bellarmino tutti dorati rossi.
14. Le coureur de nuit in 8 in cartapecora uerde dorato.
15. Le parfait capitaine in 4° en ueau fauue.
16. La poliantea in f.o uo noir filet d'or.
17. Discorsi del Galileo in 4° ueau fauue.
18. Cosmografia Sacra in f.o uo noir fil. or s. O. R.
19. Filolaus de sist. mundi 4° uo foue del sig.r L. Dati.
20. Aucttor fin reg. 4° uo foue s. L. Dati.
21. Tre cappelli di castoro marcati con lacca sigillo turchino.

Danari hauti.

Portati di Firenze a dì 18 Gennaio 1643 in 30 doppie di Spagnia . . . . Lire	600	— —
A dì p.º Aprile in Parigi hauto dal s.ʳ Ambasciatore e per lui dal suo M.º di casa in 12 doppie dette Luigini . . .	240	— —
E pochi giorni doppo con commissione di andar io a S. Germano hebbi dal detto Maestro di casa in 8 doppie di Luigini e 4 franchi che ne spesi per il s. Amb.ʳᵉ franchi 7 5 sì che per me ne hebbi Lire	153	10 —
A dì 5 Maggio in Parigi haute dal detto s. Amb.ʳᵉ e per lui dal s. M.º di casa in doppie 10.	200	— —
A dì 16 Giugno in tanti cosi di s. 5 dal detto s.ʳ Amb.ʳᵉ e per lui dal suo M.º di casa	80	— —
A dì 18 d.º hauti dal detto	40	— —
A dì 24 d.º hauti dal detto	400	— —
A dì 8 Luglio hauti dal detto come sopra	90	— —
A dì 15 d.º hauti dal detto in 6 doppie.	140	— —
A dì 15 Agosto hauti dal detto a Genoua	100	— —
	2043	10 —

NOTE.

(¹) Don Duarte, ossia Edoardo, fratello del duca di Braganza, era soldato di gran valore e distinto luogotenente generale al servizio dell'imperatore Ferdinando III. Avvenuta nel 1640 la rivoluzione del Portogallo che si sottrasse a Spagna e proclamò il duca di Braganza come re Giovanni IV, la corte di Madrid (sborsando 42,000 talleri) riuscì a che l'Imperatore facesse arrestare don Edoardo a Ratisbona, e ne ottenne poi l'estradizione. Contro quest'infame tradimento protestò invano la Dieta dell'Impero, invano si sollevò l'indignazione universale (di cui fanno fede parecchie pubblicazioni di circostanza). Don Edoardo fu chiuso nel castello di Milano, dove sopportò con magnanimità durissima prigionia, finchè morì nel 1649, a quarantaquattr'anni, non senza sospetto di veleno. Il Re suo fratello tentò invano con tutti i mezzi di procurargli la libertà.

(²) Nel 1632, coi trattati di Cherasco e di Mirafiori s'era posto termine alla guerra per la successione di Mantova. Ma nel 1635 l'ambizione del Richelieu, che voleva sostituire in Italia la supremazia francese alla spagnuola, riuscì alla lega di Rivoli, per cui si riaccese in tutta l'alta Italia la guerra tra Francesi e Spagnuoli, complicata dalla guerra civile in Piemonte e dalla guerricciuola speciale per Castro e Ronciglione, e durò ora vivace ora stracca fino alla pace dei Pirenei del 1659.

(³) Tommaso di Savoia, fratello del duca Vittorio Amedeo I, capostipite della linea dei principi di Carignano. Aveva dato prove di segnalato valore e aveva acquistato fama di gran generale di cavalleria nelle guerre di Piemonte, di Fiandra e di Germania: nel 1642 generalissimo di Francia: insomma come militare degno avo dell'illustre principe Eugenio. Però, mentre questi come generale dell'Impero giovò alla grandezza di casa Savoia, il principe Tommaso per togliere la reggenza a Maria Cristina *donna straniera* non esitò, d'accordo col fratello cardinale Maurizio, ad accendere in Piemonte la guerra civile e a combattere per assoggettare lo Stato, nel proprio interesse, alla potenza spagnuola. I due fratelli fecer pace colla cognata, partecipando alla reggenza, nel 1642: ma durarono a lungo le animosità fra *Madamisti* e *Principisti*.

(⁴) Il principe, già cardinale, Maurizio aveva prima tentato di sposare la cognata vedova e di diventare così il vero sovrano di Savoia; ma non gli andò fatto.

(⁵) *Madama* duchessa di Savoia era Maria Cristina di Francia, figlia di Enrico IV e di Maria de' Medici; reggente dal 1637 per la morte del marito Vittorio Amedeo I. Il primogenito Francesco Giacinto le era morto nel 1638: le restava il duchino Carlo Emanuele II. Eloquente, magnifica, graziosa, bella, biondissima, cogli occhi azzurri, prima dissoluta, poi bacchettona, altrettanto dedita al favorito d'Agliè quanto al confessore Monod, vantava molta somiglianza di fattezze con Enrico IV suo padre; di questo non le mancava nè lo spirito altiero nè la propensione agli amori.

Non è da attribuirle il titolo di *Madama reale* (e si vede anche dal presente *Diario* che l'aggettivo di *reale* le veniva diplomaticamente negato), che fu assunto invece senza contestazione da Giovanna Battista di Nemours vedova di Carlo Emanuele II, reggente durante la minorità di Vittorio Amedeo II.

(⁶) La *gagliarda* o *volta gagliarda* era una danza che prendeva il nome dalla *gagliardia* dei movimenti, probabilmente imitata, adattandola agli usi cortigianeschi, dalle danze popolari dei paesi meridionali. Aveva un carattere libertino, anzi licenzioso. Giovanni Pretorius nel 1668 la qualificava così: « È un turbinio pieno di gesti disonesti, abbominevoli e di movenze impudiche: fu portata in Francia dall'Italia. »

(⁷) Bernardino Bianchi, cameriere e segretario dell'ambasciatore, scrivendo al marchese Corsi fratello di questo, conferma: « Il duchino è vispo, fiero, di bella presenza e affabile. »

Il Bianchi spediva periodicamente al marchese anche la copia del *Diario* compilato dall'abate Rucellai; copia in qualche punto alquanto abbreviata, ma più minuziosa circa l'etichetta. Gli parve, per esempio, nel riferire il soggiorno in Torino, di dover formulare così un titolo speciale:

« Ordine con il quale viene servito il signor ambasciatore e alloggiato in Torino per parte di *Madama* in casa del conte della Montà, non alloggiando *Madama* alcuno in palazzo, per non esser capace. »

Ai particolari dati dal Rucellai aggiunge i seguenti:

« Le ss.ᵉ camerate sono servite dallo scalco e altri d'acqua alle mani tanto al principio che alla fine della tavola.

» Il trinciante dà bere a S. E., e alle ss.ᵉ camerate altri servitori di Madama senza ferraiuolo.

» La tavola è posta sotto il baldacchino con la panattiera d'argento coperta per S. E., attorno il quale stavano alcuni suoi servitori scoperti, ma però non s'impacciavano di cosa alcuna. Assistono del continuo quattro valletti di piede con livrea di Madama per servizio di S. E. e per portar le torcie. Per la sala de' staffieri, per le camere e gallerie arde tutta cera in candelieri d'argento, come anco scaldaletti e la mattina un bacino e catinella d'acque odorifere a S. E. servite. »

(⁸) Evidentemente il Rucellai voleva dire *Chamberì*: ma abbiamo rispettato anche questo *lapsus calami* come tutte le altre scorrezioni d'ogni genere che abbondano nel manoscritto, essendoci proposti di darne colla stampa la riproduzione più fedele che fosse possibile, quasi fotografica, in modo che agli studiosi, oltre la sostanza delle cose descritte, fosse presentata anche la forma genuina colla quale si scriveva nel 1643 da un colto gentiluomo fiorentino.

(⁹) Il segretario Bianchi nelle sue lettere dice che i sei poledri, comprati per 1000 scudi « se fussero in Firenze varrebbero 2000 scudi; » pure lamenta le gravi spese occasionate dal ritardo cui fu costretta l'ambasciata per la malattia di Luigi XIII. Quindi monsignor Corsi « faceva regali di odori, guanti e fiori (graditi assai come cose singolari) » al Mazzarino e all'abate Bentivogli, influente a corte, per veder di sollecitare.

(¹⁰) L'odio del popolo parigino contro il Richelieu era profondissimo. Scriveva il segretario di monsignor Corsi: « Dicono la plebe che si dissotterrerà e s'appiccherà e s'abbrugierà per le istanze che ne fa la contessa di Soissons per avergli fatto ammazzare il figliuolo. »

(¹¹) È quel Simone Vouet che si gridava ristauratore della pittura, che non aveva tempo sufficiente alla moltitudine delle commissioni, ma che in realtà non fu più di un mediocre e servile eclettico. Lasciò una quantità innumerevole di opere, quadri storici, ritratti, pastelli, a Londra, a Parigi, a Venezia, a Roma e fino a Costantinopoli. Oltre la fecondità non gli si può negare la facilità, l'eleganza e un certo effetto pittoresco: ma al suo talento non si possono attribuire più che queste qualità superficiali. Dalla sua scuola uscirono scolari molto migliori del maestro, il Lebrun, il Lesueur, il Mignard: anche il re Luigi XIII gli fece l'onore di prendere da lui lezioni di pastello.

(¹²) Monsignor Girolamo Grimaldi, genovese, era stato vicelegato in Romagna, governatore di Roma e vescovo di Albano. Urbano VIII lo mandò nunzio, prima in Germania e poi in Francia. Lo fece nel 1643 cardinale (come lo furono altri due Grimaldi, suo zio e suo nipote), poi arcivescovo d'Aix: morì decano del Sacro Collegio.

(¹³) È notorio che Ugo Grozio fu uno dei più grandi eruditi e letterati del XVII secolo, gran maestro anzi quasi fondatore del diritto pubblico moderno. Sarebbe ozioso riassumerne la biografia o discorrere delle sue opere. Basterà qui ricordare che mal trattato dall'Olanda sua patria, fu invece accolto al servizio di Svezia dalla regina Cristina e dal cancelliere Oxenstiern. Mandato ambasciatore a Parigi, vi restò dal 1635 al 1645: non vi ebbe però grande successo come diplomatico, troppo franco e virtuoso per intendersela col Richelieu e col Mazzarino.

(¹⁴) Borso d'Este, marchese di Scandiano, figlio cadetto di Cesare duca di Modena: come generale di cavalleria molto si distinse nelle guerre di Germania e d'Italia.

(¹⁵) Circa la malattia e la morte di Luigi XIII, da diverse lettere del segretario Bianchi si rileva quanto segue:

« *20 marzo.* Lunedì notte a San Germano nell'anticamera del cardinale Mazzarino, che dorme per l'appunto sotto della camera del Re, un lacchè lasciò una candela accesa, la quale attaccò fuoco ad un pagliariccio che era quivi, quale hebbe ad abbrugiare quasi tutta la stanza, essendo stato detto che il Re fossi stato il primo a sentire il fumo che chiamò acciò si rimediassi: cattivo annunzio, dicono, nell'indisposizione in che S. M. si trova.

» Si parla di febbre ethica in S. M.

» *24 aprile.* Antinori e Baldacchini, tornati da San Germano, portano nuove che questa mattina S. M. ha mangiato due brodetti benissimo e che da sè medesimo si levò dal suo letto e se n'andò in un altro: dicono però che sia miglioramento della morte e che non ci sia più rimedio. Il Re ha detto da sè medesimo che è stato avvelenato, voce sparsa da alcuni senza fondamento; dico quello che sento dire. Li medici però hanno sempre detto il male esser febbre ethica. Il Re ha lasciato per testamento Mazzarino consigliere col Condé e soprintendente generale dei benefizi ecclesiastici.

» *1° maggio.* Il Re migliora alla gagliarda; se ne spediscono *fogli d'avvisi*. Al conto che facevano i medici doveva a quest'ora esser morto e si vede che campa per miracolo e per le grandi orazioni in tutta la Francia. Si comunica ogni mattina: questa mattina si è comunicato nel letto a sedere e ha ricevuto il SS. Sacramento con le braccia in croce.

» *8 maggio.* Il Re è peggiorato: nuove non ce ne sono perchè questa malattia le rinchiude in sè tutte.

» *15 maggio.* Il Re è morto ieri. Ieri mattina sentì la messa che ogni mattina si diceva in camera sua e finita la messa li pigliò un accidente che lo tenne morto dalle 11 ore che cominciò sino alle 13 che poi si vide respirare, e dopo 5 altre ore, sulle 18, spirò affatto. Hanno aperto il corpo del Re e l'hanno trovato tutto pieno di vermi, che dicono erano quelli che li facevano gli accidenti che d'ogni ora facevano credere fosse morto, e tutte l'interiora putrefatte. »

L'esemplarità cristiana colla quale seppe morire Luigi XIII è così confermata nelle *Epistolæ* di Ugo Grozio, ambasciatore di Svezia:

« Il Re Cristianissimo e in morte e presso a morte mostrò tutti i segni che era possibile mostrare di cristiana penitenza, di pazienza e di religione; giacchè riparò a tutti quelli che sotto il nome suo (dal Richelieu) erano stati iniquamente trattati e spontaneamente domandò loro perdono: i lunghi e gravi tormenti della malattia sopportò in modo da provare che egli non voleva altro che il divino volere; tutte le sue preghiere diresse a Dio per mezzo di Cristo; poco prima della morte contemplando il cielo dalle finestre disse che in breve ivi sarebbe l'anima sua, e nello stesso tempo guardando alla basilica di Dionigi martire, che ivi serebbe il suo corpo. Nessuno vi ha che dopo averlo veduto e avergli parlato non si sia sentito migliore. Disse poi specialmente dolergli di non aver potuto rendere la pace al mondo cristiano e sollevare il popolo dai gravissimi pesi: di che diede commissione alla Regina. »

Così il St. Simon riferisce il particolare che Luigi XIII presso a morte « s'occupait souvent de la vue de S.t Denis que ses fenêtres lui découvraient de son lit. » E dice solennemente: « On sait avec quel courage, quelle solide piété, quel mépris du monde et de toutes ses grandeurs il étonna tout ce qui fut témoin de ses derniers jours. »

([16]) A completare il proprio resoconto delle esequie, il Rucellai inserì nel manoscritto due foglietti stampati:

1° Le *Recit veritable des ceremonies faites à Sainct Denys en France, aux Pompes Funèbres et Reception du corps du trèsglorieux et invincible monarque Louis XIII, surnommé le Juste, le Mardy 19 May 1643, avec la Liste des Rois de France qui sont ensepulturez dans la dite Eglise et Abbaye.*

2° *La Séance du Roy Louis XIV, tenant son lit de justice en son Parlement, le 18 may 1643.*

3° I num. 79 e 82, in data 26 giugno e 1° luglio, di un periodico pubblicato a Paris *du Bureau d'Adresse* contenente la prima e seconda parte dei *Derniers devoirs rendus à Louis le juste*. — Dopo un enfatico esordio vi si dà qualche notizia delle dimostrazioni di lutto avvenute in Avignone, a Pau, a Monaco, a Lione e a Rouen. Quindi il *gazetier* soggiunge: « Mais j'entens nos parisiens qui se plaignent de ce que j'employe toute vostre attention à remarquer la bonne volonté des autres sans parler de la leur. » E dice brevemente delle processioni fatte in Parigi, quindi comincia a descrivere la cappella ardente a San Dionigi fino a metter a posto gli araldi e le guardie. Qui s'interrompe il racconto con disinvoltura ariostesca: « Il faudrait maintenant placer les autres personnes en leur rang, pour vous déduire le reste de cette action: mais la chaleur et la presse nous obligent à prendre haleine. » Ciò nel numero del 26 giugno.

La relazione viene ripresa e condotta a termine cinque giorni dopo. Nel suo insieme concorda colla pittoresca descrizione del Rucellai: ma naturalmente il *gazetier* trova che il vescovo di Sarlat orò *colla sua solita eloquenza*; ed ha alcuni particolari che al Rucellai forestiero dovevano sfuggire o furono riferiti con qualche inesattezza.

Gli araldi erano dodici invece che nove; e il loro capo il *Re d'armi*.

Il corteggio del duca d'Orleans e degli altri due *principi del lutto* era preceduto da trenta *crieurs* che suonavan le loro campanelle.

La spada reale, tenuta dal grande scudiere duca di St. Simon non fu gettata e poi levata, ma colla punta appena abbassata verso la tomba.

E fu il duca della Tremouille, funzionante da gran maestro, che disse *le Roy est mort*: e allora il Re d'armi ripetè ad alta voce rivolgendosi al popolo: *le Roy est mort, le Roy est mort, le Roy est mort: prions tous Dieu pour le repos de son ame.* Allora il duca disse: *Vive le Roy;* e il Re d'armi: *Vive le Roy,*

Vive le Roy, Vive le Roy Louis XIV du nom par la grace de Dieu, Roy de France et de Navarre, très-chrestien, très-auguste, très-puissant nostre très-honoré Seigneur et bon Maistre, à qui Dieu donne très-bonne, très-longue et très-heureuse vie. Crions tous Vive le Roy, Vive le Roy, Vive le Roy.

Alla fine del desinare il principe di Condé fece a tutti gli officiali un grave discorso sulla perdita fatta dalla Francia e ruppe il bastone di gran maestro, avvertendo gli officiali che la casa era rotta e di provvedersi, soggiungendo però che prometteva di ristabilirli nelle stesse cariche presso il nuovo padrone.

La relazione del *Bureau d'Adresse* finisce deplorando che S. M. la Regina nel suo dolore trascuri la sua salute « jusqu'au point de l'avoir fait malade et le mesme jour obligé à la saignée et aux autres remèdes. »

(17) Cioè profumati di *frangipane:* così si chiamava una concia d'ambra e di zibetto.

(18) Da questo matrimonio nacque Giovanna Battista di Nemours che sposò Carlo Emanuele II duca di Savoia e fu reggente, col titolo di *Madama reale,* durante la minorità del figlio Vittorio Amedeo II.

(19) Il Bianchi, segretario dell'ambasciatore, si contenta nelle sue lettere di attribuire a questa croce un valore di 1500 scudi. Non fu questa, del resto, la sola cosa che monsignor Corsi riportò da Parigi in Italia: per il marchese suo fratello comprò un cavallo al prezzo di 35 doppie: per sè si provvide d'un giovane che suonava benissimo il liuto: pare che ereditasse dal padre Iacopo, riputato musicista, la passione della musica.

(20) Questo Bernardino Imbotti è l'autore di un'opera stampata a Parigi nel 1646, corredata di diligenti incisioni e piuttosto rara, così intitolata:

La milice moderne, où sont comprises les évolutions tant de cavalerie que d'infanterie, où l'on voit la manière de marcher, de loger, de camper, de conduire des convois, de former des bataillons, de ranger des batailles, de combattre cavalerie contre cavalerie et cavalerie contre infanterie, par le sieur *Bernardino Imbotti*, professeur ès mathématiques.

È un completo e minuzioso trattato della tattica allora conosciuta: e quasi a completarlo, dal punto di vista strategico, vi è soggiunto in appendice un *Discours de l'art militaire* del contestabile di Lesdiguières.

I comandi per l'esercizio del moschetto vi sono riferiti anche in tedesco per uso degli Svizzeri al servizio di Francia.

E dedicando appunto il suo trattato ad uno Svizzero (Giacomo di Stavay maresciallo di campo), l'Imbotti dichiarava modestamente che intendeva con esso « de contribuer quelque chose à l'instruction de nostre jeune noblesse. »

À la noblesse infatti si dirige la prefazione firmata *Bary*: il quale raccomanda il libro « quoique l'on peut estre bon officier sans avoir esté académiste » e sul conto dell'Imbotti dice pomposamente:

« Celui qui l'a fait, a fait de grands capitaines, son nom est espandu parmy les estrangers, et de toutes les nations qui le connoissent, il n'y en a pas une qui n'envie à la nostre la gloire qu'elle a de le posséder. Si les Académies qu'il a instruites disoient icy le sentiment qu'elles ont de sa méthode, cet avant-propos auroit autant de feuilles qu'il a de lettres. »

INDICE.

PREFAZIONE . . . . Pag. v

VIAGGIO DI FRANCIA OUERO DIARIO DESCRITTO DA GIOVANNI RU-
CELLAI MDCXLIII. 1

Spese di Caualli, Carrozze, Barche et altro da Firenze a Parigi,
e da Parigi a Fir.ᵉ 281
Posate fatte nel Viaggio da Firenze a Parigi con le Miglia 283
1643. Spese fatte nel mio Uiaggio di Francia 286
Robe mia nella balla del S.ʳ Inbasciad.ᵉ 292
Danari hauti 293

    Note 295

De par le Roy

A nos Gouverneurs et nos Lieutenans généraux en nos provinces et armées, gouverneurs particuliers de nos villes et places, Maires et Eschevins d'icelles, Capitaines à garder de nos ports, portes, pragues et passages, et à tous autres nos officiers, justiciers et sujets qu'il appartiendra, salut. Le S.r Rucellaj envoyé ext.re de n.re cousin le Duc de Toscane auprès de nous s'en retournant en Italie. Nous voulons et vous mandons très expressément de le laisser seurement et librement passer par tous les lieux de vos pouvoirs et jurisdictions avec neuf personnes de sa suite sans luy donner aucun trouble ny empeschement, Mais au contraire toute sorte d'ayde et d'assistance en cas de besoin Car tel est nostre plaisir. Donné à Versailles le 25.e jour de Decembre 1690.

Par le Roy

Colbert

Veu à Pontarlier le neuf jan.r 1691
La Platière

www.ingramcontent.com/pod-product-compliance
Lightning Source LLC
Chambersburg PA
CBHW060351170426
43199CB00013B/1836